面向对外汉语教学的
副词定量研究

杨德峰 著

北京大学出版社
PEKING UNIVERSITY PRESS

图书在版编目(CIP)数据

面向对外汉语教学的副词定量研究/杨德峰著.—北京:北京大学出版社,2008.7

ISBN 978-7-301-14037-6

Ⅰ.面… Ⅱ.杨… Ⅲ.汉语—副词—对外汉语教学—教学研究 Ⅳ.H195.3

中国版本图书馆 CIP 数据核字(2008)第 100133 号

书　　　名:	面向对外汉语教学的副词定量研究
著作责任者:	杨德峰　著
责 任 编 辑:	旷书文
标 准 书 号:	ISBN 978-7-301-14037-6/H·2024
出 版 发 行:	北京大学出版社
地　　　址:	北京市海淀区成府路 205 号　100871
网　　　址:	http://www.pup.cn
电 子 信 箱:	zpup@pup.pku.edu.cn
电　　　话:	邮购部 62752015　发行部 62750672　出版部 62754962
	编辑部 62753334
印 　刷　 者:	世界知识印刷厂
经 　销　 者:	新华书店
	890 毫米×1240 毫米　A5　8 印张　210 千字
	2008 年 7 月第 1 版　2008 年 7 月第 1 次印刷
定　　　价:	17.00 元

未经许可,不得以任何方式复制或抄袭本书之部分或全部内容。
版权所有,侵权必究
举报电话: 010-62752024　电子信箱: fd@pup.pku.edu.cn

序

汉语副词是个语法功能很窄的词类。一般认为它只能作状语，而不能作其他句法成分。同时，副词又是个表示意义多种多样的词类。一个副词有时不止表示一种意义，像常用副词"也、都、才、就、再"等都有好几种意义。这自然与汉语本身的类型有关，也与副词自身的性质和特点有关。有鉴于此，汉语副词的研究历来为学者所重视。因其复杂多变。又成为母语非汉语者学习汉语的难点。

或曰，学习汉语副词，要逐个地学，一个一个地记，旨哉斯言。这是因为副词家族中的各个成员之间因语法化程度的不同而存在着种种差异，绝大多数副词都具有独特的个性。所以有人说，作为一个词类，副词是一个个性大于共性的功能词类。

关于副词，以往的研究，或从宏观调查和微观分析的角度出发，更多地侧重对具体副词的细密深入的分析；或从共时考察与历时探索相结合的层面加以研究，更多地揭示其语法化的历程及其变异的动因。

于是，在副词研究中如何弥补前人与时贤研究之不足，开辟新的研究思路，发现新的亮点，是研究者殚精竭虑思考的问题。为此就要另辟蹊径，从新的材料中，提出新的观点。《面向对外汉语教学的副词定量研究》一书，从定量研究的角度，对汉语副词进行了深入的发掘，多有新意。突出特点如下：

1. 服务教学，分类独特

该书以服务于汉语作为第二语言教学为目的，确立"意义为主，功能为辅"的分类原则，将《大纲》中的 337 个副词分为 9 类。分类标准不同于以往，统计结果也显示不同的景象。在 337 个副词中，语气副词 102 个,占 33.3%;情态副词 81 个,占 24%;时间副词 19 个,占 19%。三类相加,共占全部副词的 76.3%,数量之大,值得重视。再看,关联副词 8 个,占 2.4%,处所副词 1 个,占 0.3%,数量之少,是否值得立类,值得思考。

2. 功能考察,注重板块

该书不仅单独考察汉语副词的语法功能,还特别注重考察"副词＋动词/形容词"板块结构的功能,以及"(副词＋动词/形容词)＋的"的性质与功能,还特别考察了作状语带"地"的 56 个副词的详细情况,这很有助于汉语作为第二语言的教学与学习。

3. 句法分布,显现范畴化

该书对 337 个副词作状语的位置做了系统、全面的考察,提出了副词作状语的句法分布存在着范畴化问题。一般讲来处在主语之后,是原型句法分布,无标记;处在主语之前,为边缘句法分布,有标记。书中列出大纲中能够在这两种位置上易位的副词,则兼具典型范畴与非典型范畴。

作者著述之宗旨是追求定量性、系统性、实证性,希冀能对现代汉语副词研究,特别是对外汉语教学有所裨益。阅毕全书,其义自现,作者所祈之目标已经达到。

赵金铭
2007 年 2 月 20 日

前言

现代汉语的副词历来都是人们比较关注的一个词类,这方面的论述相当丰富。现有的研究主要集中在副词的性质、类别、词义、句法功能、语用功能、篇章功能等方面。这些研究既有宏观的,也有微观的;既有理论方面的,也有应用方面的。特别是近二十多年来,现代汉语副词方面的研究取得了显著的进展,正如张谊生(2000)所说:"人们对副词的研究已不再满足于以一种孤立主义的立场来对一个一个常用副词作出就事论事的分析,词典式地列举各个义项;而是尽可能在高度概括各种义项的基础上,沟通其基本义和派生义之间的内在联系,力求寻找副词的语法意义和语法形式之间的对应规律。""也不再满足于单纯的句法结构分析,而是尽可能地把句法研究同语义、语用研究融为一体"。但我们也应该看到,由于种种原因,现代汉语副词研究还存在着一些不足,这些不足主要表现在以下几个方面。

一、缺乏系统性

现有的副词研究多对个别副词的句法功能、语法意义以及语用功能等进行研究,个别副词的研究有的相当深入,但常常是只见树木,不见森林。副词作为一个系统,其内部成员到底有多少,这些成员在句法功能、语用功能等方面有什么不同,仍相当模糊。尽管近年来,有些学者(张谊生,2000;张亚军,2002)已经比较注意对副词做系统的研究,但是,总的来看,这方面还比较欠缺。关于这一点,张谊生(2000)也有同感,他指出"汉语副词的宏观研究一直处于缺乏条理、缺乏系统、亟待开拓、亟待改进的状态之中"。

二、缺乏定量分析

副词是一个封闭的系统,但是由于是个"大杂烩",因此现代汉语的副词到底有多少,至今也没有一个比较一致的结论。正因为如此,所以现有的研究常常多是举例性的,这么做虽然能够避免一些纠缠不清的问题,使得研究的问题更加单纯,但是也有着极其不利的后果,那就是由于缺乏一定范围、一定数量的研究,因此得出的结论常常与语言实际有很大的出入,因而不可避免地会影响到结论的可靠性。

三、缺乏实证性研究

语言研究一般而言属于人文科学,受个人主观因素的影响比较大,因此研究中能否很好地控制个人主观因素的影响就成了十分重要的问题。否则,就可能使得研究的基础发生动摇。以往的副词研究绝大多数是建立在个人语感的基础之上的,因此给出的例证不可避免地会存在一些问题,这样也就或多或少地影响了结论的可靠性或广泛性。另外,由于缺乏统计数据的支持,结论也常常带有片面性。

四、应用研究比较欠缺

现代汉语副词研究中有一种明显的倾向,即主要以描写、分析为主,重在对语言事实的挖掘,而不注意副词的应用。随着对外汉语教学事业的发展,副词应用方面的研究越来越迫切。我们在对外汉语教学中发现副词是外国学习者出错率最高的词类之一,他们经常不知道一个副词应该怎么使用,更不知道意义相近的副词区别在什么地方,尽管我们对副词的意义以及句法功能有些描写得相当细致,但是由于这些描写是站在国人的立场上,而不是站在学习者的立场上,所以还不能满足外国学习者的需要。

五、对比分析不够

现代汉语副词对比方面的研究也是一个十分薄弱的环节。从现有的论文和著作来看,绝大多数还是就汉语的副词而研究副词,很少副词对比方面的文章,即使有,也只是限于汉语和英语对比,汉语跟日语、韩国语等语言之间的比较研究可以说是凤毛麟角。20 世纪 80 年代以来,对外汉语教学事业有了突飞猛进的发展,对外汉语教学中迫切需要了解现代汉语的副词与其他语言中的副词的异同，只有这样，在教学中才能根据不同母语的学习者的情况来进行副词教学，副词教学也才能有针对性。此外，外国学习者出现错误时，也能够知道到底是语际负迁移的影响，还是语内负迁移的影响，也才能找到问题的症结所在。

尽管现代汉语副词研究中存在着这样或那样的问题，但是现代汉语副词研究方面取得的进展是有目共睹的，特别是近些年来，现代汉语副词研究又出现了一个小高潮。本书正是在这种高潮的感召下所做的一些尝试。

本书分为五章，第一章讨论了副词的分类问题，指出副词分类应该把意义和功能结合起来，并尝试从意义和功能的角度对《汉语水平词汇与汉字等级大纲》中的337个副词逐一进行了归类。第二章以这三百多个副词为对象，详细考察了它们作状语带"地"以及修饰谓词性成分形成的结构带"的"的情况，探讨了副词作状语带不带"地"的规律和影响副词修饰谓词性成分形成的结构带不带"的"的因素。第三章对这些副词的语气功能以及它们修饰动词性和形容词性成分形成的结构的功能做了比较系统的阐述，指出副词不仅具有修饰、限制功能，还具有语气功能；不同类别的副词对其修饰或限制的结构的句法功能也有一定的影响。本章还对"程＋谓＋的"的性质做了深入的分析，指出"程＋谓＋的"有些是自由的，有些是黏着的，"程＋谓＋的"的句法功能存在着范畴化现象。第四章对337个副词作状语的位置做了全面的考察，发现副词作状语的句法分布也存在着典型分布和非典型分布；另外，还对副词作状语的易位情况以及两项副词的共现顺序做了全面的研究。第五章考察了这三百多个副词在不同句型中的分布，并对由副词"就"组成的"A就A"格式及由"没"、"不"构成的双重否定句做了全面、深入的探讨。

在分析过程中，本书不拘泥于某种理论或方法，博采众长，为我所用，既运用了结构主义的理论，也运用了配价理论，还运用了认知语法的标记理论和范畴化理论等。本书的特点在于它的定量性、系统性和实证性。所谓定量性，就是以一定数量的副词为研究对象，具体说来就是以《汉语水平词汇与汉字等级大纲》中的337个副词为对象。所谓系统性，就是对这 337 个副词从分类、句法功能、语气功能以及在句中的位置和与句型的关系等方面做一个全面的、系统的考察，力争能使人们对这 337 个副词有一个比较系统的认识。本书的实证性在于很多结论是建立在对北京大学汉语语言学研究中心开发的现代汉语语料库中的文学语料进行统计的基础之上，这样做的目的，就是为了避免受到个人语感的影响，使得结论具有坚实的语言基础。总而言之，希望通过以上各个方面的探索，能为现代汉语的副词研究，特别是对外汉语教学提供一些借鉴和帮助。

目录

前言 >>> 1

第一章 现代汉语副词的分类 >>> 1
  一 **现代汉语副词分类概况** /1
    1.1 副词的意义分类/1
    1.2 副词的意义和句法功能分类/5
    1.3 副词的句法功能分类/9
    1.4 副词的句法分布和意义分类/10
    1.5 结语/11
  二 **《汉语水平词汇与汉字等级大纲》中的副词的类别** /12
    2.1 引言/12
    2.2 《大纲》中的副词的类别/13
    2.3 《大纲》中各类副词的比例以及分类的不足/21

第二章 副词的功能 >>> 24
  一 **副词的语气功能** /24
    1.1 引言/24
    1.2 语气研究概况/25
    1.3 副词表达的语气/29
    1.4 副词在语气系统中所占的位置/37
  二 **"副词+动词性成分/形容词性成分"结构的功能** /40
    2.1 引言/40

2.2 "副＋动"结构的功能/41
  2.3 "副＋形"结构的功能/57
  2.4 "副＋动/形"结构功能上的差异/68

第三章 副词在句中的位置 >>> 73
 一 副词在句中的位置/73
  1.1 引言/73
  1.2 副词在句中的位置/75
  1.3 结语/107
 二 口语中副词作状语的易位现象/110
  2.1 引言/110
  2.2 能够易位的副词/112
  2.3 影响副词易位的因素/113
  2.4 结语/119
 三 两项副词的共现顺序/121
  3.1 引言/121
  3.2 副词的共现顺序/123
  3.3 结语/141

第四章 副词与"地"和"的" >>> 144
 一 副词作状语带"地"的情况/144
  1.1 引言/144
  1.2 《大纲》中的副词带"地"的情况/145
  1.3 带"地"和不带"地"的区别/154
  1.4 带不带"地"的规律/156
 二 "副词＋谓词性成分"结构带"的"情况/158
  2.1 引言/158
  2.2 "副＋谓"结构带"的"情况/159
  2.3 影响"副＋谓"结构能否带"的"的因素/170
  2.4 与"副＋谓"结构带"的"相关的问题/171

三 **"程度副词＋谓词性成分＋的"结构的性质 /174**
3.1 引言/174
3.2 "程＋谓＋的"结构的性质/175
3.3 影响"程＋谓＋的"结构自由、黏着的因素/178
3.4 程度副词的类别及"程＋谓＋的"结构句法功能的范畴化/179

第五章 副词与句子 >>> 182
一 **副词与句类 /182**
1.1 引言/182
1.2 副词在各句类中的分布情况/184
1.3 副词与各句类的关系/195

二 **由副词"就"构成的"A 就 A"格式/198**
2.1 引言/198
2.2 "A 就 A"表示的语义/198
2.3 能出现在"A 就 A"中的成分/203
2.4 "A 就 A"的省略情况/206
2.5 结语/209

三 **"没有中国人不知道的"及其相关句式/210**
3.1 引言/210
3.2 各句式之间的变换关系/212
3.3 与句式相关的问题/226

参考文献 >>> 229
索引 >>> 237
后记 >>> 243

1 现代汉语副词的分类

> 第一节对现代汉语副词的分类情况做了一个大致的梳理,指出现有的分类基本上有四个标准:意义、意义和句法功能、句法功能、句法分布和意义,按照这四个标准分出来的类各有优劣。
>
> 第二节根据句法功能和意义,把《汉语水平词汇与汉字等级大纲》中的337个副词按照意义和形式相结合的办法分成了九类。

一 现代汉语副词分类概况

1.1 副词的意义分类

副词是汉语的一个非常重要的词类,自《马氏文通》以来,大凡涉及到副词的语法著作,都对副词进行了分类。不过,在分类标准以及副词次类的类别上,意见并不完全一致。总的来看,现有的分类存在着四种标准:一是以意义为标准,这是目前最通行的标准;二是以意义和句法功能为标准;三是以句法功能为标准;四是以句法分布和意义为标准。

以意义为标准对现代汉语副词进行分类,就我们目力所及,当首推黎锦熙的《新著国语文法》,黎氏从意义的角度把副词分为时间副词、地位副词、性态副词、数量副词、否定副词和疑问副词六大类,并对每类副词进一步做了细分。黎氏所说的时间副词、否定副词和疑问副词与现在通行的说法基本上一样,但地位副词是指常在副位(即状语

第一章
现代汉语副词的分类

位置)的方位名词和指示代词,像"东、西、南、北、左、右、前、后、上、下、里、外"以及这些词语与"方"、"面"、"边"、"头"等组成的复合词。例如:

(1) 哥哥前头走,妹妹后头跟着。
(2) 大江东去。

在黎氏看来,例(1)的"前头"和"后头"都有"在前"和"在后"的意思,因此都是地位副词。例(2)的"东"是"向东"的意思,所以也是地位副词。但黎氏又认为"表一定的位置或方向的词,大都是实体词。"也就是说这些词又是名词,它们只不过有时变成了副词,之所以是副词,是因为"它们也常在副位。在副位而没有介词介绍的,就和副词同功能"。黎氏的这一观点体现了他的"凡词,依句辨品,离句无品"的思想。词无定类实际上也就等于说词无类,这种观点显然是不正确的。

性态副词与现在所说的语气副词基本上一样,但黎氏所说的性态副词还包含一些现在所说的情态副词,像"特地、特意、故意、有心"等,这些情态副词,在黎氏的体系中都属于性态副词。此外一些名词活用的用法,像"万商云集、帆船林立"中的"云"和"林",在黎氏看来,也成了性态副词,这显然是混淆了一般和个别的关系。

黎氏的体系中还有数量副词,数量副词分三种:关于次数的、关于程度的、关于范围的。不仅如此,他还对以上三类进一步进行了细分,其分类结果如下:

数量副词
- 关于次数的
  - 表一次:一次、一趟、一回、一番、一度
  - 表重加:又、再、也
  - 表多次:几次、多回、再三、屡次、往往、每每
  - 表估量:几乎、差不多、仿佛、大约、或者
- 关于程度的
  - 表比较
    - 平比:一样、一般、似的
    - 差比:更、更加、尤其、加倍
  - 表极点:最、极、顶、挺、第一、尽
  - 表过甚:太、忒、过于、过
- 关于范围的
  - 表专独:仅仅、仅、单、单单、独、只
  - 表各别:各、另、双方
  - 表相互:相、互、交相
  - 表共同:公、一同、一起、一块、一并
  - 表统括:都、皆、俱、备、全、完全、全体、一概

从以上分类可以看出,这个类别也同样是个大杂烩,它不仅包括数量结构(一次、一趟、一回),还包括现在所说的语气副词(几乎、大约)、程度副词(更、更加、最)、范围副词(都、皆、全),甚至情态副词(互、互相、一同、一起、一块)。这也难怪,因为黎氏给数量副词下的定义就是"表明一切动作的次数、范围,或某种情况的程度"的一类词。

引述显示,黎氏的分类虽然很细,但是有的不够准确。不过作为第一部对现代汉语的副词进行分类的著作,实在是难能可贵,况且黎氏所作的分类,很多是合理的,后人对副词进行的分类,都或多或少地受到了黎氏的影响,因此其开创作用还是应该肯定的。特别值得一提的是,黎氏不仅对副词作了分类,而且还对一些次类甚至次类的次类也进一步做了划分,体现出了层级的思想,这一点也是值得肯定的。

黎氏以后的语法著作,基本上都是在黎氏分类的基础,或是对其所作的分类进行合并,或是对其所作的分类进行分化,总之,使得汉语副词的分类变得越来越合理。其中具有代表性的有丁声树(1979)的《现代汉语语法讲话》、赵元任(1979)的《汉语口语语法》、胡裕树(1979)的《现代汉语》(修订本)、吕叔湘(1980)的《现代汉语八百词》、朱德熙(1982)的《语法讲义》、刘月华(1983)的《实用现代汉语语法》等,以上著作虽然都是从意义的角度对副词进行了分类,但分出的类别的数量,乃至于类别的名称并不完全一样。

《现代汉语语法讲话》分五组(实际上是六组),但除了"程度副词"、"范围副词"、"重复副词"有名称以外,其他三组都没有具体的名称。

《汉语口语语法》分成九类:范围和数量、估价、肯定否定、时间、可能必然、程度、处所、方式和疑问。

《现代汉语》(修订本)分成六类:表示程度的、表示情状的、表示时间频率的、表示范围的、表示否定的和表示语气的。

《现代汉语八百词》主要分成八类:范围副词、语气副词、否定副词、时间副词、情态副词、程度副词、处所副词及疑问副词。

《语法讲义》分成五类:重叠副词、范围副词、程度副词、时间副词和否定副词。

第一章
现代汉语副词的分类

《实用现代汉语语法》分成七类：时间副词、范围副词、重复副词、程度副词、语气副词、否定副词和情态副词。

以上几部有代表性的著作，多的分成九类，少的分成五类（就我们目力所及，最多的分为十三类[①]）。它们虽然都有相同或类似的类别，但是却没有两部著作分出的类别完全一样。不仅如此，即便是相同或类似的类别，各自列举的成员也不尽相同，也就是说常常出现同一个副词归属于不同类别的情况。比如说，这几部著作中都有时间副词，但是它们的外延很不一样，出入很大。《语法讲义》中的时间词的范围最广，它包括了《现代汉语八百词》等中的时间副词和一些情态副词。再如，《现代汉语八百词》中的"难道"属于疑问副词，而《实用现代汉语语法》却归到语气副词中。

从类别名称来看，以上著作也有些出入。同为情态副词，赵元任称作方式副词，胡裕树称作情状副词，刘月华、吕叔湘称作情态副词。这种同一类别的副词使用不同名称的情况虽然不多，但完全没有必要，不仅不利于国人学习，更不利于外国人学习。

名称不一致更多的是名称中只有部分组成成分相同，像赵元任有范围和数量副词，但其他各家却只有范围副词，而没有数量副词。赵元任有肯定否定副词，而其他各家却只有否定副词，而没有肯定副词。胡裕树有时间频率副词，赵元任、刘月华、吕叔湘却只有时间副词。客观地说，赵元任分出范围和数量副词有些不够准确，他所说的范围和数量副词是指"也$_1$、都$_1$、总$_1$、（完）全、再$_1$、还$_1$、另（外）、只、光、就$_1$、净$_1$、单、刚、一共、总共、仅仅、刚刚$_1$、刚好、恰好"等，这些副词实际上大部分为范围副词，只不过它们可以用来修饰数量结构，所以才称之为范围和数量副词，这样做显然把问题简单化了。赵元任还有肯定否定副词，但他只列举了一些否定副词，没有列举肯定副词。他还指出"表示肯定的副词都带有估价色彩"，这样一来肯定副词到底是估价副词还是肯定副词就不甚清楚了。胡裕树分出时间频率副词，时间和频率虽然有一些关系，但毕竟是两回事，不能把它们混在一起，有的语法著作把它们分成两类，即时间副词和频率副词，这种

[①] 参见钱乃荣的《汉语语言学》，北京语言学院出版社，1995年。

处理比较合适。

类别名称不一致,当然反映了语法学家自己的看法,但作为副词,出现这种"一家一说"的情况,显然是不正常的。细究一下,就会发现,根本的原因就在于分类的标准有问题,因为意义是很复杂的,以意义为标准,在分类的时候就不可避免地会受到个人主观思想的影响,常常很难把握,仁者见仁,智者见智。

以上语法著作虽然都从意义的角度对副词进行了分类,但一般都是举例性的说明,缺乏系统的、定量的分析,每一类副词中到底包含哪些成员,还没有人详细地考察过。当然出现这种情况有其客观的原因。首先这些语法著作都不是专门讨论副词的,副词充其量只是其中的一小节,因此不可能就副词展开深入的讨论,也不可能对现代汉语中的所有副词做一个全面的考察。其次,现代汉语的副词是一个"大杂烩",不能归到其他类别中的词语,一古脑都归到了副词里面,因此很难把副词弄得一清二楚。

自黎氏以后,人们虽然一般把副词分成时间副词、范围副词、语气副词等,但却很少有人对每一次类中的副词进一步加以细分,因此同一次类中的副词到底有哪些不同点,往往不得而知。

另外,有的语法著作分类的标准也不是一个,也就是说把按照不同的标准分出的类放在了一起,这是很不科学的。以上列举的著作,有的就存在这样的问题。《语法讲义》中副词分为五类,但是重叠副词与后面的范围副词、程度副词、时间副词、否定副词就不是一个标准分出来的,前者是按形式分出来的类,后者是按意义分出来的。《现代汉语八百词》把副词分成八类,其中疑问副词和其他七类,也不是同一层次,疑问副词是从句子类型的角度分出来的,其他七类都是从意义的角度分出来的。

1.2 副词的意义和句法功能分类

主张从意义和句法功能的角度对副词进行分类的主要是一些年轻的语法学者,他们受到吕叔湘(1979)的"汉语没有严格意义上的形态变化,就不能不主要依靠句法功能(广义的,包括与特定的词的接触)"以及朱德熙(1982)的区分汉语的词类"不能根据形态,只能根据

第一章
现代汉语副词的分类

词的语法功能"观点的影响,认为副词也应该从句法功能上加以分类,至少从意义的角度进行分类的同时,还应该从句法功能上加以印证。

对副词从意义和句法功能的角度尝试进行分类的主要是李泉(1996)和张谊生(2000)。李泉把副词从意义和句法功能的角度分为七类:程度副词、范围副词、时间副词、否定副词、方式副词、语气副词、关联副词。从名称上来看,这种分类与传统上的分类并无二致,所不同的是,在每一类副词的下面,李泉还描写了它们的句法功能。比如说范围副词,他认为该类词表示事物的数量多少、范围大小,修饰"数、量、名"或一般动词,也可以在充当谓语的名词前,即"范围副词+数·量·名/一般动词/名词性谓语"。这种分类显然比传统的分类前进了一步,因为光从意义的角度进行分类很难操作,有了形式化的东西以后,分起类来就方便多了,也明确多了。

从意义和句法功能的角度对副词进行分类,思路是好的,与光从意义的角度对副词进行分类相比,是一种进步,但是这种分类也同样存在一些问题。正如李泉所说,这种分类是以语义分类为经,以句法功能为纬,试图从句法功能上对意义上的分类进行印证。其结果是,二者产生矛盾时,往往迁就意义,只以意义为主要根据,而句法功能却成了次要的、附属的标准。更重要的是,由于副词的句法功能也很复杂,并非整齐划一,印证往往成了空话,因此每类副词的句法功能到底有哪些,这一类副词与那一类副词在句法功能上到底有什么不同,还是不十分清楚。就拿时间副词来说,李泉认为它们的句法功能是"时间副词+动词"或"时间副词+形+动态助词",也就是说以上两种句法功能是时间副词区别于其他副词的句法功能标准,换句话说,只有时间副词才具备这两种句法功能,但实际情况却并非如此,其他副词也同样具有这些句法功能。例如:

(3)她没去。
　　天还没热起来。
(4)你们反倒赢了。
　　大家反倒坚强起来了。

例(3)的"没"是否定副词,前一句中修饰的是动词,后一句中修饰的是"形+动态助词";例(4)的"反倒"李泉把它归到语气副词里面,前一句中修饰的是动词,后一句中修饰的是"形+动态助词",也就是说以上二例中的副词的句法功能都与时间副词的句法功能一致,但把它们归到时间副词里面显然不合适。

由此可见,这种分类与其说是从意义和句法功能结合的角度分出来的,不如说是从意义的角度分出来的,句法功能只是一种举例性的说明,并不是分类的依据。

张谊生主张副词的分类应该以句法功能为主要标准,以相关的意义为辅助标准,以共现顺序为参考标准,他根据这三个标准把现代汉语的副词分为三大类:描摹性副词、限制性副词和评注性副词。描摹性副词在句法上可以充当动词的准定语;句中位序比较固定,一般只能紧贴中心语;主要用来对相关行为、状态进行描述、刻画。评注性副词在句法上可以充当高谓语;句中位序比较灵活,可以在句中,也可以在句首;主要表示说话者对事件、命题的主观评价和态度。限制性副词在句法上只能充当状语或句首修饰语;句中位序有一定的自由;主要用来对动作、行为、性质、状态加以区别和限制。张谊生还根据连用时的共现位序和所表示的意义,把限制性副词进一步分成八小类:关联副词、时间副词、频率副词、范围副词、程度副词、否定副词、协同副词、重复副词。

张谊生不仅提出了自己的分类标准和系统,而且对现代汉语的副词进行了逐一归类,使得我们能够很清楚地了解现代汉语副词所属的类别,也更能透彻地理解其提出的分类系统,更重要的是能够让我们了解现代汉语副词系统的大致构成。张谊生的分类以句法功能为主,以意义为辅,而且还参考了副词的共现顺序,很好地坚持了形式和意义的结合,能够避免一些分类中的主观性、任意性。他的分类系统与传统上的分类有很大的不同,具有一定的创新性和开拓性。

虽然张谊生的副词分类标准考虑得很周到,不过却缺乏具体的操作过程,也就是说给出的只是条件和结果,没有具体的分类过程,因此这种分类标准到底区分度有多高,能否有效地把一个次类和另一个次类区分开,不得而知,此其一。其二,他的分类坚持以句法功

第一章 现代汉语副词的分类

能为主,以意义和位序为辅,即坚持形式和意义的结合,这么做是毫无异议的。问题是词语的句法功能是非常复杂的,不同类别的词、不同次类的词,句法功能交叉、重合的情况比比皆是,因此选择什么样的句法功能作为标准,这个句法功能是否具有排他性,怎样确定它的排他性,就是一个很大的问题。

张谊生认为可以充当动词的准定语的是描摹性副词,只能充当状语和句首修饰语的是限制性副词。例如①:

(5) 亲口承诺——作出亲口承诺
(6) 已经承诺——*作出已经承诺
(7) 公然愚弄——加以公然愚弄
(8) 一再愚弄——*加以一再愚弄

例(5)、(7)的"亲口"、"公然"可以充当动词的准定语,所以是描摹性副词;例(6)、(8)的"已经"、"一再"只能充当状语,不能充当动词的准定语,因此是限制性副词。但实际上张谊生列举的三种描摹性副词中,有大量副词不符合这一标准,像"小声、尖声、低声、一口、大口、顺口、一气、一发、一哄、随处、随时、随地、趁便"等,都不能充当动词的准定语,只能作状语,但却都归到描摹性副词中了。显然在分类时没有很好地坚持句法功能标准,或者说用来区分次类的句法功能标准还有一些问题。

张谊生还指出"凡是不能在严格意义上的是非问句中充当状语的副词都是评注性副词"。例如②:

(9) 她仍然是一个标兵。——她仍然是一个标兵吗?
(10) 她毕竟是一个标兵。——*她毕竟是一个标兵吗?

例(9)的"仍然"可以出现在是非问句中,所以不是评注性副词;例(10)的"毕竟"不能出现在是非问句中,所以是评注性副词。这一标准也同样不具有排他性,其他次类的副词有的也符合。例如:

---

① 以下四例引自于张文。
② 以下二例引自于张文。

(11) 她已是一个标兵。——＊她已是一个标兵吗？
(12) 她本是北京人。——＊她本是北京人吗？
(13) 惟独小王是外地人。——＊惟独小王是外地人吗？
(14) 你起码是一个工人。——＊你起码是一个工人吗？

例(11)、(12)的"已"、"本"都不能出现在是非问句中,应该算作评注性副词,但是在他的系统中却是时间副词,即限制性副词。例(13)、(14)的"惟独"、"起码"也都不能出现在是非问句中,也应该算作评注性副词,但实际上在他的系统中是范围副词,也属于限制性副词。

尽管张谊生的分类标准和系统存在一些问题,但是瑕不掩瑜,他的分类思路是可以肯定的,其创新精神更是难能可贵。

1.3 副词的句法功能分类

杨德峰(2000)从句法功能的角度对副词进行了层层分类,分类结果大致如下:

```
            ┌ 能修饰形容词性的 ┬ 能单用的
            │                 └ 不能单用的 ┬ 能修饰体词性的
副词 ┤                                     └ 不能修饰体词性的
            │                 ┌ 能单用的
            └ 不能修饰形容词性的┤
                              └ 不能单用的 ┬ 能修饰体词性的
                                          └ 不能修饰体词性的
```

从句法功能角度对副词进行分类,是基于词类是根据词的句法功能分出来的这一理论基础的,一类词之所以是这类词,而不是那一类词,是因为它们的主要句法功能(常常不止一种句法功能)与其他类别的词不同。副词也同样是这样,副词之所以是副词,是因为副词的主要句法功能是"副词＋动词性成分"和/或"副词＋形容词性成分"[①],但并不意味着副词只能修饰动词性成分和/或形容词性成分,

---

① 本节所说的"动词性成分"和"形容词性成分"既包括单个的动词和形容词,也包括以动词或形容词为中心组成的向心结构。

第一章
现代汉语副词的分类

相反,副词除了具有以上的句法功能以外,还具有其他的句法功能,因此可以根据副词在句法功能上的某一特点,对它们进行再分类。这么做,不仅理论上站得住,而且实践中也行得通。事实上,有的词类次类的划分就是以它们在句法功能上的某一特点为标准的,像动词分为及物动词和不及物动词,即是以能不能带真宾语为标准的。既然动词可以根据某一句法功能进行次类的划分,副词也应该可以以它们的某一句法功能为标准进行次类的划分。

以句法功能为标准给副词进行分类,不仅有理论和实践上的依据,而且因为副词的句法功能是客观的,受到个人主观因素的影响比较小,所以,还能最大限度地减少过去分类中存在的人为因素的影响,使副词的分类更客观一些。

以句法功能为标准,还可以对所有的副词逐一进行归类,并且能够根据需要,对副词的次类、乃至于次类的次类进一步加以细分。

此外,这种分类还比较直观,因此比较适用于教学,特别是对外汉语教学,对于机器翻译等也具有一定的参考价值。

不过,这种功能或形式的分类也存在一些问题,其中最主要的是怎样确定每一个副词的句法功能。虽然考察副词的句法功能可以利用现代汉语语料库,但是怎么保证语料库中语料的同质性也是一个难题,常常还得依靠个人的判断,这样就不免会掺杂进个人的因素,因此对分类的客观性自然有一些影响。

1.4 副词的句法分布和意义分类

李泉(2004)对666个副词的句法分布进行了考察,并根据句法分布和意义特点把副词分为如下几类:

(1) 程度副词:既能修饰动词又能修饰形容词,表示事物性质的程度。该类副词不能修饰名词性成分,不能位移,不能单用。

(2) 否定副词:既能修饰动词又能修饰形容词,表示对动作、行为或性状的否定。该类副词不能修饰名词性成分,不能位移,不能带"地"。

(3) 关联副词:既能修饰动词又能修饰形容词,在句子、分句或短语等语言形式中表示一定的逻辑关系,起关联作用。该类副词不能修饰名词性成分,不能位移,不能单用,不能带"地"。

(4) 情态副词:均能修饰动词,有的只能修饰动词,有的还能修饰形容词或名词性成分等,表示语气、范围、时间(频率)或方式等。

不仅如此,他还按照意义把情态副词分为范围副词、语气副词、时间副词和方式副词四个次类。

按照句法分布和意义对副词进行分类,是一种新的尝试,这样分出来的类别比较少,每类副词的句法分布特点描写得也比较充分。但是正如作者所言,这种分类"起决定作用的则是意义",形式处于次要地位。另外,前三类副词的句法分布重合的地方比较多:"程度副词"既能修饰动词又能修饰形容词,"否定副词"、"关联副词"也同样具有这种分布特点;"否定副词"不能修饰名词性成分,"程度副词"、"关联副词"也不能修饰名词性成分;"关联副词"不能位移、单用,"程度副词"、"否定副词"同样具有这些特点。正因为如此,按照这种方法分出来的类似乎缺乏排他性,不容易把这一类和那一类区分开来。

1.5 结语

总的来看,副词的分类大致经历了意义——意义、句法功能——句法功能——句法分布和意义这么一个过程,每一种探索,都是试图弥补过去分类中的不足,都是希望副词的分类更科学,更便于教学。但从目前来看,从意义的角度分出的类仍然广泛为人们所接受,意义、句法功能角度分出的类,特别是句法功能及句法分布和意义角度分出的类,还没有引起人们足够的重视。尽管如此,我们认为并不意味着后三种分类不科学,更不意味着没有价值,只是人们还没有发现它的价值而已。

分类的目的是为了便于人们认清不同事物的不同特点,进而掌握纷繁的事物。基于这种认识,我们认为无论从意义的角度、从句法功能和意义的角度,还是从句法功能、句法分布和意义的角度对副词进行分类,都是可取的,它们并无高下、好坏的区别,但是如果考虑到分类是为什么目的服务的,那么不同的分类就有了高下、好坏的区别了。过去从意义的角度对副词进行分类,无论对教学还是研究,都起到了积极的作用,这是谁也抹煞不了的事实,但是这种分类主要还是为了研究和我国国内的语文、语法教学,是为了让中国人了解、掌握副词。到了 20 世纪八九十年代,随着对外汉语教学事业的蓬勃发展,对外汉语教学给语法研究提出了一些新的课题。在对外汉语教学中,语法教学占着十分重要的地位,我们的教学是要让外国学生在一定时间内不但要掌握词语的意义,更要掌握词语的使用规则,因为学习汉语的最终目的是使用汉语,而不是为了仅仅掌握词语的意义。外国学生使用副词时虽然意义上也会出现一些问题,但更多的还是句法上的问题,我们在对外汉语教学中常常发现外国学生使用副词时句法上出现这样或那样的错误。这说明,从意义的角度对副词进行分类已经不能完全满足对外汉语教学的需要,除了要从意义上对副词进行分类以外,还应从句法功能、句法分布上对副词进行分类。

二 《汉语水平词汇与汉字等级大纲》中的副词的类别

2.1 引言

过去虽然很多著作从意义上对副词进行了分类,但多是举例性的。虽然李泉(1996)和张谊生(2000)对现代汉语的副词按照其分类系统进行了归类,但他们只是以附表的形式列出了各类中的副词,缺乏分类的具体过程,因此每类中的副词是怎么归的类,以及归类时存在什么样的问题,都不甚清楚。为了对副词分类的过程有一个具体的了解,更为了对副词的分类中存在的问题有一个清楚的认识,本节将在现有研究的基础上,首先把副词按照意义分成如下 9 类:

时间副词:"从来、刚、刚刚、尽快、先后"等
情态副词:"不断、不住、乘机、大力、大肆"等
语气副词:"到底、毕竟、反、恰好、恰恰、居然"等
范围副词:"都、全都、统统、一概、一共"等
程度副词:"顶、非常、很、挺、太"等

否定副词:"别、甭、不、没、没有"等
重复副词:"常常、重新、反复、屡次、往往"等
关联副词:"便、就、却"等
处所副词:"处处"等

然后根据以上类别,对《汉语水平词汇与汉字等级大纲》(修订本)(为行文方便,以下简称《大纲》)的8822个甲、乙、丙、丁四级常用词中的337个副词逐个进行归类。

2.2 《大纲》中的副词的类别

2.2.1 时间副词

《大纲》中的时间副词有"按期、按时、本、不时、才、曾、曾经、成天、从来、从小、顿时、而后、赶紧、赶快、刚、刚刚、回头、及早、即将、将、将要、尽快、老(是)、立即、立刻、马上、偶尔、仍、仍旧、仍然、时而、时时、始终、首先、随后、随即、随时、先、先后、现、向来、眼看、依然、一旦、一度、一会儿、一下儿、一下子、一向、一直、已、已经、永远、有时、预先、暂、暂且、早日、早晚、早已、在、正、正在、总(是)"等64个。例如:

(1) 他偶尔抬起头来,正看见她那双黑眼睛里的痴痴的神情。
　　　　　　　　　　　　　　　　(张承志《北方的河》)
(2) ……一支箭似的上到跳顶,两手一提,把两箩稻子倒在"窝积"里,随即三五步就下到平地。
　　　　　　　　　　　　　　　　(汪曾祺《大淖记事》)
(3) 而据颜林他爹说,北京有位姓柳的老教授,几十年一直研究人文地理。　　　　(张承志《北方的河》)
(4) 你不必替我操心,早晚我会解释清楚的。
　　　　　　　　　　　　　　　　(王朔《永失我爱》)

例(1)、(2)、(3)、(4)、(5)的"偶尔"、"随即"、"一直"、"早晚"都表示动作行为发生的时间。

在确定时间副词时,主要以意义为标准,为了使得归类准确一些,也参照了功能。众所周知,"什么时候"询问的是时间,是问句的

焦点所在,答句中一般也应包含时间成分,如果副词与被其修饰的成分一起能够用来回答"什么时候……?"这一问题,就说明该结构中的副词是时间副词。因为该结构中表示时间的只能是副词,不可能是动词或形容词。例如:

(5)——什么时候开始喜欢下棋的?
——从小就开始喜欢下棋。
(6)——我们什么时候出发?
——立即出发!
(7)——什么时候走?
——马上走。
(8)——你什么时候毕业?
——我已经毕业了。

例(5)的"从小就开始喜欢下棋"可以用来回答"什么时候……?"这一问题,因此,"从小"是时间副词;例(6)的"立即出发"也可以用来回答"什么时候……?"这一问题,所以也是时间副词。其他各例答句中的副词情况类似。

用以上格式可以确定上文列举的绝大部分时间副词,但是有些副词,像"曾、曾经、仍、仍旧、仍然、依然、在、正、正在"等,它们与被修饰的成分一起一般不能用来回答"什么时候……?"这样的问题,考虑到这些词表示的意义与时间副词非常近,所以也归到了时间副词之中。

2.2.2 情态副词

《大纲》中的情态副词有"暗暗、不断、不住、乘机、从头、从中、大力、大肆、定向、独自、分别、奋勇、赶忙、公然、忽然、胡、胡乱、互相、缓缓、极力、渐、渐渐、接连、接着、竭力、尽量、就地、就近、来回、连连、连忙、连夜、陆续、每、猛然、默默、悄悄、亲笔、亲手、亲眼、亲自、任意、日益、擅自、顺便、私自、随手、随意、特此、特地、特意、偷偷、瞎、相、相继、徐徐、依次、一道、一个劲儿、一举、一口气、一块、一连、一齐、一起、一同、一头、一一、毅然、硬、照例、照样、直、只顾、只管、逐步、逐渐、逐年、专程、自行"等81个。例如:

(9) 饭店随便"宰人",商店里公然卖假酒。

(陈建功 赵大年《皇城根》)

(10) 有一个退休老干部不找师傅,自个儿胡练。

(王朔《痴人》)

(11) 厂里领导则互相宽慰,说是抗争一个多月毕竟还是剩下了两千块钱。　　　　　　　　　　(方方《白雾》)

(12) 天渐渐凉了:他又在杂树林里拣干柴,有时还要挖出一个个大树的桩子。　　　　　　　　(张炜《柏慧》)

(13) 我亲眼看到你在场。　(邓友梅《别了,濑户内海!》)

例(9)、(10)、(11)、(12)、(13)的"公然"、"胡"、"互相"、"渐渐"、"亲眼"都表示动作行为的方式。

在确定情态副词时主要参照的也是意义,同时也使用了功能标准。既然情态副词表示的是动作行为的方式,那么它们与被修饰的成分一起就应该能够用来回答"怎么……?"或"是怎么……?"这样的问题。例如:

(14) ——要怎么进步?

——要不断进步。

(15) ——怎么对抗?

——公然对抗。

(16) ——怎么入学?

——就近入学。

(17) ——你是怎么来的?

——我是特地来的。

(18) ——你是怎么离开那家公司的。

——我是毅然离开那家公司的。

例(14)的"不断进步"可以用来回答"怎么……?"这样的问题,所以"不断"是情态副词;例(15)的"公然对抗"也可以用来回答"怎么……?"这样的问题,所以"公然"也是情态副词。例(16)情况类似。例(17)的"我是特地来的"可以用来回答"是怎么……?"这样的问题,证明答句中的副词"特地"是情态副词。例(18)与例(17)情况类似。

用以上格式,能够确定上文绝大部分情态副词,但是也有少数副词,像"暗暗、赶忙、只顾、尽管"等,不能用以上办法来鉴别,但是从意义上来看,它们与情态副词更接近,所以也把它们归到情态副词中。

2.2.3 语气副词

语气副词有"白、白白、必、必定、必将、毕竟、并、不定、不妨、不禁、不觉、不愧、不料、不免、不宜、不由得、不至于、差点儿、凑巧、大大、大体、大约、到底、倒(是)、的确、多、多亏、多么、反、反倒、反而、反正、非、高低、姑且、果然、还、还是、好容易、好在、何必、何等、或许、几乎、简直、尽管、竟、竟然、究竟、就是、居然、据说、决、可、可巧、恐怕、明明、难道、难以、怕、偏、偏偏、其实、恰好、恰恰、恰巧、千万、且、尚、甚至、生怕、势必、是否、说不定、似乎、索性、万万、万一、未必、未免、无从、无非、务必、幸好、幸亏、许、也许、约、真、正巧、只得、只好、只能、只是、只有、至于、终、终究、终于、总算、足以、最好"等102个。例如:

  (19) 村姑反倒急了。   (陈建功 赵大年《皇城根》)
  (20) 你不一定非告诉我这件事。   (王朔《痴人》)
  (21) 好在那一条路都是刚刚走过的,只需耐心、小心,不妨大着胆子。 (杨绛《干校六记》)
  (22) 弟已经不在他的宿舍住了,在外面和几个朋友合租了一间房,天啦,我竟然一点都不知道。

             (朱文《我爱美元》)
  (23) 这儿恰好也是我的出生地,是我最后的归宿。

               (张炜《柏慧》)
  (24) 下次千万别找我这样自私的男人。

           (王朔《过把瘾就死》)

例(19)、(20)、(21)、(22)、(23)、(24)的"反倒"、"非"、"好在"、"竟然"、"恰好"、"千万"都是语气副词。

确定语气副词时,根据的是意义标准,没有参照功能标准,这是因为确定语气副词的功能标准目前仍不甚清楚。

2.2.4 程度副词

《大纲》中的程度副词有"比较、不大、顶、非常、分外、格外、更、更加、怪、过、过于、好、很、极、极度、极其、较、略微、颇、稍、稍微、十分、太、特别、挺、万分、尤其、有(一)点儿、有一些、愈、最"等31个。例如：

> (25) 我的情况比较复杂——您让我进去,跟他们研究生办公室的同志谈谈好吗？　　（张承志《北方的河》）
> (26) 火顶旺。　　（汪曾祺《黄油烙饼》）
> (27) 米兰浑身湿淋淋的,撅着屁股往岸上爬,浸了水的游泳衣格外鲜艳。　　（王朔《动物凶猛》）
> (28) 这颇伤了我的自尊心。　　（王朔《空中小姐》）
> (29) 那玫瑰红尤其地新鲜浓烈,欢快地在风中扭动自己。
> 　　（方方《暗示》）

例(25)、(26)、(27)、(28)、(29)的"比较"、"顶"、"格外"、"颇"、"尤其"都是程度副词。

在确定程度副词时,主要参照的也是意义标准,但也参照了一些功能标准。储泽祥、肖扬、曾庆香(1999)根据能否出现在"P比Q( )A"、"在Z中,Q( )A"两种结构,将现代汉语程度副词划分为通比程度副词和单比程度副词,我们可以借鉴这两个格式,来判断哪些副词是程度副词。上面列举的程度副词能够出现在"P比Q( )A"中的不多,有"更、更加、略微、稍、稍微"等。例如：

> (30) 这个比那个更好。
> (31) 他比以前更加努力了。
> (32) 这件比那件略微便宜一些。

例(30)的"这个比那个更好"说明在"好"上这个比那个程度更高,因此"更"是程度副词；例(31)的"他比以前更加努力了"说明在"努力"上"他"现在比以前程度要高,所以"更加"也是程度副词。例(32)中的"略微"情况类似。

《大纲》中的程度副词不少可以出现在"在Z中,Q( )A"中,像

"比较、不大、分外、格外、过、过于、较、太、尤其、有(一)点儿、有一些、最"等就可以。例如：

(33) 在这两个中,这个比较好。
(34) 在这两个方案中,那个不大好。
(35) 在她们三人中,她格外地漂亮。

有些副词,像"很、非常、极、极度、极其、十分、挺"等,不能用以上格式进行判断,但是这些副词与被修饰的成分一起可以用来回答"……多(么)A?"这样的问题,因此也应归到程度副词。例如：

(36) ——多(么)好?
——非常好。
(37) ——多(么)贵?
——十分贵。
(38) ——多(么)漂亮?
——挺漂亮。

例(36)的"非常好"可以回答"……多(么)A?",所以"非常"是程度副词;例(37)的"十分贵"也可以回答"……多(么)A?",所以"十分"也是程度副词。例(38)答句中的副词情况类似。

比较难办的是"顶、怪、好、万分、愈"等,它们既不能出现在"P比Q( )A"、"在Z中,Q( )A"中,与被它们修饰的成分一起也不能用来回答"……多(么)A?"这样的问题,但是考虑到它们意义上与程度副词类似,所以还是把这些词归到程度副词中了。

2.2.5 范围副词

《大纲》中范围副词有"大半、大都、大多、单、都、多半、凡、凡是、共、光、皆、仅、仅仅、净、全都、统统、惟独、一概、一共、只、至多、至少、总共"等23个。例如：

(39) 大院里没有一天是安宁的,不断涌进一些奇奇怪怪的人,他们大半都是我们不认识的人。　　(张炜《柏慧》)
(40) 凡是说话爱眨眼的人,脾气都比较急。

(汪曾祺《安乐居》)

二 《汉语水平词汇与汉字等级大纲》中的副词的类别

(41) 我仅对世界人民的解放负有不可推卸的责任。

(王朔《动物凶猛》)

(42) 她虽对公子漠然相待,对其放浪不羁的风流之事一概装作不知。　　(蒋子龙《赤橙黄绿青蓝紫》)

(43) 因为进了二门两边就是廊子,屏风只起个屏风作用。

(邓友梅《步入中庭》)

例(39)、(40)、(41)、(42)、(43)的"大半"、"都"、"仅"、"一概"、"只"都是范围副词。

在确定范围副词时,主要参照的也是意义标准,但也使用了功能标准。张亚军(2002)在对范围副词进行分类时,提出了几种范围副词的鉴别格式:"形容词＋( )＋数量"、"( )＋形容词＋数量"和"( )＋动词＋N1,不＋动词＋N2",他认为能进入前两种格式的是"限量"范围副词,能进入后一种格式的是"排他"性范围副词。例如:

(44) 长只一米。

(45) 高仅一公分。

(46) 光看电影,不看电视。

(47) 惟独喜欢这个,不喜欢那个。

例(44)、(45)的"只"、"仅"是限量范围副词,例(46)、(47)的"光"、"惟独"是排他性范围副词。

通过这些格式,可以确定以上列举的"大半、大都、大多、单、都、多半、共、光、皆、仅、仅仅、净、全都、统统、惟独、一概、一共、只、至多、至少、总共"等是范围副词,但"凡"、"凡是"就不能算作范围副词,因为它们不能出现在以上三种格式中。不过,考虑到这两个副词表示的语法意义与范围副词相近,因此仍把它们归到范围副词中。

2.2.6 否定副词

《大纲》中的否定副词有"甭、别、不、不必、不曾、不要、不用、从未、没、没有、莫、未、无、勿"等14个。例如:

(48) 这纯粹是个侃爷,连一分钱也甭给他。

(陈建功　赵大年《皇城根》)

(49) 老纪劝我不要自我感觉太好,围着他们转的人其实很多。 （王朔《浮出海面》）
(50) 它也不用登记,不用批准,也没有个手续,自个儿就拉起来了。 （汪曾祺《八月骄阳》）
(51) 八千岁万万没想到,他会碰上一个八舅太爷。
（汪曾祺《八千岁》）

例(48)、(49)、(50)、(51)的"甭"、"不要"、"不用"、"没"都是否定副词,表示对情况或事件的否定。

判断否定副词只参照了意义标准,也没有参照功能标准,主要是因为确定否定副词的功能标准至今仍不清楚。

2.2.7 重复副词

《大纲》中的重复副词有"常、常常、重、重新、反复、复、屡次、时常、往往、一再、又、再、再三"等13个。例如：

(52) 座上客常满,杯中酒不空。 （汪曾祺《八千岁》）
(53) 那歌反复地唱,熄灭了我的火气,涌上满腹凄凉。
（汪曾祺《浮出海面》）
(54) 刘板眼屡次受挫,痛不欲生。（王朔《你以为你是谁》）
(55) 真拿自个儿不当外人,也不知又跟个什么人了,找我哭诉。 （王朔《给我顶住》）

例(52)、(53)、(54)、(55)的"常"、"反复"、"屡次"、"又"都是重复副词,表示动作行为或事件重复发生。

重复副词很难与时间副词分开,陆俭明(1985)就把"常、常常、时常、往往"看作常偶类时间副词,张谊生(2000)把时间副词分为三大类,其中一类频率副词(即重复副词)就包括"常、常常"等重复副词。前文说过,我们用来鉴别时间副词的格式是"什么时候……?",凡与被修饰的成分一起能回答这一问题的就是时间副词,以上重复副词有的就可以用来回答这一问题。例如：

(56) ——他什么时候迟到?
——常常迟到。

> (57) ——什么时候下雨?
> ——时常下雨。

例(56)、(57)的答句"常常迟到"、"时常下雨"显然都能回答"什么时候……?"这样的问题。尽管如此,我们还是把它们归入重复副词,因为从意义上来说,这些词语注重的是动作行为或事件的重复。

重复副词的确定参照的也是意义标准,确定重复副词的功能标准是什么,这一问题也需要加以探索。

2.2.8 关联副词

《大纲》中的关联副词有"便、就、乃、却、然后、也、一、亦"等8个。例如:

> (58) 一开门,老吕就进来。　　　　　(汪曾祺《安乐居》)
> (59) 他的脑袋嗡嗡响,却一个字也没听见。
> 　　　　　　　　　　　　　　　　　(冯骥才《雕花烟斗》)
> (60) 酒杯也是自备的。　　　　　　　(汪曾祺《安乐居》)

例(58)、(59)、(60)的"一"、"就"、"却"、"也"都是关联副词。

确定关联副词时参照的也是意义。

2.2.9 处所副词

《大纲》中处所副词只有"处处"1个。例如:

> (61) 处处是陷阱。

处所副词的确定依据也是意义。

2.3 《大纲》中各类副词的比例以及分类的不足

《大纲》337个副词中,语气副词最多,一共102个,约占总数的30.3%,将近三分之一。其次是情态副词和时间副词,分别有81个和64个,约占总数的24%和19%,这三类副词占了副词的绝大多数,说明语气副词、情态副词、时间副词是非常重要的副词。9类副词中,关联副词和处所副词最少,前者只有8个,后者只有1个,分别约占总数的2.4%和0.3%。

第一章
现代汉语副词的分类

　　本节考察时没有区分副词的义项,即一个副词只考察它的常用义项所在的类别,不考虑其他义项上所属的类别,这样做的目的,是想使问题简单一些,好操作一些,如果把义项考虑进去,各类中的词语的数量都会大大增加。

　　副词的分类是一个十分棘手的问题,像其他词语的分类一样,主要是缺乏相应的有效的形式化标准,一般情况下都是根据意义来分类。众所周知,意义是非常复杂的,以意义为标准,常常很难把握,这样,分类的时候就不可避免地会受到个人主观想法的影响,出现"仁者见仁,智者见智"的情况。要想尽可能避免主观因素的影响,必须还得有形式上的验证,只有把意义和形式结合起来,才能使得从意义角度对副词分出的类更客观一些。本节在分类时以意义为主,句法功能为辅,这样做的目的正在于此。在分类的时候虽然尽可能地使用了一些形式化的句法功能标准,但这些形式化的标准是否合适,是否经得起更大范围的词语的检验,还有待于验证。另外,有些副词,像语气副词、重复副词、关联副词等,分类时只根据意义,没有找到合适的形式化的标准,这些副词分类时有没有形式化的标准,这些形式化的标准在分类时的效度如何,也有待于进一步加以探讨。

附　　录

《大纲》337个副词所属类别:

时间副词:按期　按时　本　不时　才　曾　曾经　成天　从来　从小　顿时　而后　赶紧　赶快　刚　刚刚　回头　及早　即将　将　将要　尽快　老(是)　立即　立刻　马上　偶尔　仍　仍旧　仍然　时而　时时　始终　首先　随后　随即　随时　先　先后　现　向来　眼看　依然　一旦　一度　一会儿　一下儿　一下子　一向　一直　已　已经　永远　有时　预先　在　暂　暂且　早日　早晚　早已　正　正在　总(是)

情态副词:暗暗　不断　不住　乘机　从头　从中　大力　大肆　定向　独自　分别　奋勇　赶忙　公然　忽然　胡　胡乱　互相　缓缓　极力　渐　渐渐　接连　接着　竭力　尽量　就地　就近　来回　连　连　连忙　连夜　陆续　每　猛然　默默　悄悄　亲笔　亲手　亲眼　亲自　任意　日益　擅自　顺便　私自　随手　随意　特此

二 《汉语水平词汇与汉字等级大纲》中的副词的类别

特地 特意 偷偷 瞎 相 相继 徐徐 依次 一道 一个劲儿 一举 一口气 一块 一连 一齐 一起 一同 一头 ―― 毅然 硬 照例 照样 直 只顾 只管 逐步 逐渐 逐年 专程 自行

语气副词:白 白白 必 必定 必将 毕竟 并 不定 不妨 不禁 不觉 不愧 不料 不免 不宜 不由得 不至于 差点儿 凑巧 大大 大体 大约 到底 倒(是) 的确 多 多亏 多么 反 反倒 反而 反正 大体 非 高低 姑且 果然 还 还是 好容易 好在 何必 何等 或许 几乎 简直 尽管 竟 竟然 究竟 就是 居然 据说 决 可 可巧 恐怕 明明 难道 难以 怕 偏 偏偏 其实 恰好 恰恰 恰巧 千万 且 尚 甚至 生怕 势必 是否 说不定 似乎 索性 万万 万一 未必 未免 无从 无非 务必 幸好 幸亏 许 也许 约 真 正巧 只得 只好 只能 只是 只有 至于 终 终究 终于 总算 足以 最好

程度副词:比较 不大 顶 非常 分外 格外 更 更加 怪 过 过于 很 好 极 极度 极其 较 略微 颇 稍 稍微 十分 太 特别 挺 万分 尤其 有(一)点儿 有一些 愈 最

范围副词:大半 大都 大多 单 都 多半 凡 凡是 共 光 皆 仅 仅仅 净 全都 统统 惟独 一概 一共 只 至多 至少 总共

否定副词:甭 别 不 不必 不曾 不要 不用 从未 没 没有 莫 未 无 勿

重复副词:常 常常 重 重新 反复 复 屡次 时常 往往 一再 又 再 再三

关联副词:便 就 乃 却 然后 也 一 亦

处所副词:处处

2 副词的功能

本章发现除了陈述、询问、反诘、祈使、允许、能力和意愿等语气不能用副词表达以外,其他11类语气都能用副词进行表达,特别是或然、必然、诧异、料定、领悟、侥幸和表情语气,主要是用副词来表达。不仅如此,文章还发现副词的性质不仅决定了其自身的句法功能,而且也影响到它与动词性或形容词性成分组合形成的"副词+动词性成分/形容词性成分"结构的句法功能。"副词+动词性成分/形容词性成分"的句法功能差异很大,它们一般都能作谓语,但有的作主语、宾语、定语和补语不自由。

一 副词的语气功能

1.1 引言

副词不但具有修饰、限制功能,而且还具有语气功能。不同的副词,表达的语气往往也不同。例如:

(1) 10号台风必定从这儿经过。
(2) 10号台风也许从这儿经过。

例(1)、(2)表达的命题相同,都是"10号台风从这儿经过",但是语气却完全不同,例(1)是一种确信不疑的语气,而例(2)却是一种不能肯定的语气。这两例的组成成分除了"必定"和"也许"不同以外,其他的完全相同,而且语调也一样,都是降调。很显然,以上两例语气不同,是副词"必定"和"也许"的作用。

　　副词语气方面的功能过去不少论著都涉及到了。贺阳(1992)的语气系统中,表示"必然"、"诧异"、"料定"等语气的,列举的都是副词。齐沪扬(2002)曾指出,语气系统中语气副词可以分为功能性语气副词和意志性语气副词两大类:功能性语气副词是出现在功能性语气类别中的,如表示肯定语气的"切、决、准保、横竖、确实"等,表示反诘语气的"岂、难道、何尝、究竟"等;意志性语气副词是出现在意志性语气类别中的,如表示料定语气的"果然、果真、其实、总算"等,表示或然语气的"大概、大约、也许、兴许"等。但不管是贺阳,还是齐沪扬等,他们的文章都限于列举,都没有对副词进行定量的统计和分析,因此到底哪些副词具有语气功能,它们表达什么样的语气,迄今仍不甚清楚。有鉴于此,本节将以《大纲》中的 337 个副词为对象,对它们的语气功能做一个详细的考察。

1.2　语气研究概况

　　关于语气,目前看法不一致。王力(1985)的《中国现代语法》认为"凡语言对于各种情绪的表示方式叫做语气",他归纳出汉语的语气有十二类(见表1):

表1

确定的语气	决定语气
	表明语气
	夸张语气
不定语气	疑问语气
	反诘语气
	假设语气
	揣测语气
意志语气	祈使语气
	催促语气
	忍受语气
感叹语气	不平语气
	论理语气

第二章
副词的功能

吕叔湘(1982)的《中国文法要略》把语气分为广义和狭义两种,广义的语气包括"语意"和"语势";狭义的语气是指"概念内容相同的语句,因使用的目的不同所生的分别"。他认为语气有如下几种(见表2):

表 2

语　意	正与反	肯定
		不定
		否定
	虚与实	实说
		虚说
语气(狭)	与认识有关	直陈
		疑问
	与行动有关	商量
		祈使
	与感情有关	感叹、惊讶等
语　势	轻与重	
	缓与急	

无论是王力的语气系统还是吕叔湘的,他们的结论都是建立在对古代汉语或近代汉语的基础上的,因此其中的结论必然与现代汉语的情况有些出入。勿庸置疑,他们的研究为现代汉语语气的研究提供了很好的范例。

首先对现代汉语的语气做过系统研究的是贺阳(1992),他的《试论汉语书面语的语气系统》对现代汉语语气系统做了详细的描述。贺阳认为汉语的语气系统如下(见表3):

从表中可以看出,贺阳对语气的分类非常细,体现出了层级的思想,并把形式和意义结合起来,具有一定的可操作性,不过有些说法不够清楚或不够准确,像"模态语气"、"履义语气"等。

齐沪扬(2002)也对汉语的语气进行了归纳,他认为汉语的语气分为功能语气和意志语气两种,功能语气和意志语气下面又分为不同的类别,具体分类如下表(见表4):

副词的语气功能

表3

语气类别			形式标志
功能语气	陈述语气		句末用句号,而不具有祈使语气。
	疑问语气	询问语气	句末用问号,而不是反诘语气。
		反诘语气	句末有问号,句中有语气副词"岂"、"难道"、"何尝"以及"不行"、"不成"等词语,或句末带问号的否定句。
	祈使语气		句末有句号或感叹号,而不具有陈述或感叹语气。
	感叹语气		句末有感叹号,句中有"太"、"多么"、"多"、"真"等程度副词,或"这么"、"那么"等表程度的指示代词。
评判语气	认知语气	确认语气	句末没有问号,也没有语气词"吧"。
		非确认语气	句末有问号,而不是反诘语气;句末无问号,但有语气词"吧"。
	模态语气	或然语气	句中有助词"会"、"可能"等或语气副词"也许"、"或许"等。
		必然语气	句中有语气副词"一定"、"必然"、"必定"等。
	履义语气	允许语气	句中有助动词"能"、"能够"、"可以"等。
		必要语气	句中有助动词"应"、"应该"、"要"等或语气副词"必须"、"一定"、"务必"等。
	能愿语气	能力语气	句中有助动词"能"、"能够"、"可以"、"会"等。
		意愿语气	句中有助动词"肯"、"愿意"、"情愿"、"想"等。
情感语气	诧异语气		句中有语气副词"竟"、"竟然"、"居然"等。
	料定语气		句中有语气副词"果然"、"果真"等。
	领悟语气		句中有语气副词"难怪"、"原来"、"敢情"等及叹词"噢"。
	侥幸语气		句中有语气副词"幸亏"、"幸而"、"幸好"等。
	表情语气		不属于上述四种情感语气的,用叹词或语气副词表达。

第二章
副词的功能

表 4

语气类别			形式标志
功能语气	陈述语气	肯定语气	语气词"了"、"的"。
		否定语气	语气词"了"、"的"与否定词"不"、"没有"。
	疑问语气	询问语气	语气词"吗"、"呢"。
		反诘语气	语气词"吗"、"呢"与语气副词"难道"、"何尝"等。
	祈使语气	请求语气	语气词"吧"。
		命令语气	
	感叹语气		语气词"了"、"啊"。
意志语气	可能语气	或然语气	助动词"可能",语气副词"大概"、"也许"等。
		必然语气	语气副词"一定"、"必定"。
	能愿语气	能力语气	助动词"能"、"会"等。
		意愿语气	助动词"愿意"、"想"等。
	允许语气	允许语气	助动词"可以"、"能够"。
		必要语气	助动词"应该"、"要",语气副词"必须"、"务必"。
	料悟语气	料定语气	语气副词"果然"、"果真"。
		领悟语气	语气副词"难怪"、"原来"、"怪不得"等。

与贺阳的分类相比,齐沪扬的分类简化了,他把贺阳的"评判语气"和"情感语气"合二为一,统称为"意志语气",并对贺阳的某些类别进行了删减。

贺阳的现代汉语语气系统和齐沪扬的可以说各有千秋,但从涵盖面来看,贺阳的语气系统要广一些,因此,本节的考察将主要以贺阳的语气系统为基础。

1.3 副词表达的语气

副词表达的语气非常广泛,据考察,贺阳列举的语气类型,绝大部分都是靠副词或主要靠副词来表达的。具体说来,副词表达的语气主要有以下十几种。

1.3.1 感叹语气

感叹语气主要表达说话人的情感,从句子的形式来看,句末有感叹号,说起来带有强烈的感情色彩。从句子的构成来看,感叹句常常要带上副词。例如:

(3) 这儿太好了!
(4) 多好的孩子!
(5) 真不错!

例(3)、(4)、(5)都是感叹句,其中有副词"太"、"多"、"真"等,没有这些副词,那么这些句子的感叹语气就会消失,或不那么强烈。试比较:

(6) 这儿太好了!→这儿好!
(7) 多好的孩子!→好孩子!
(8) 真不错!→不错!

通过比较可以发现,没有副词,句子的感叹语气就大大地削弱了或消失了,像"这儿太好了!"具有强烈的感叹语气,但"这儿好!"就没有这种语气;"多好的孩子!"也具有很强的感叹语气,但"好孩子!"却不具有这种语气;"真不错!"感叹语气比较强烈,但"不错"却没有感叹的语气。以上情况说明,副词是感叹句构成中的一大要素,也说明副词能够表达感叹语气。

《大纲》中这种表达感叹语气的副词有"多、多么、非常、好、何等、太"等,这些词有程度副词(非常、好、太),也有语气副词(多、多么、何等)。从这个角度来说,程度副词有些也可以说是语气副词,至少兼有表达语气的功能。

1.3.2 确认语气

确认语气表示说话人对句子内容确信无疑。确认语气也常常用副词来表达。例如:

(9) 他的确不在家。
(10) 这事我爸真不知道。

例(9)、(10)的"的确"、"真"分别表示对"他不在家"和"这事我爸不知道"的确认。这样的副词《大纲》中只有"的确、真"等,都是语气副词。

1.3.3 非确认语气

非确认语气表示说话人对句子的内容不能确认,或有疑惑。这种语气也经常用副词来表达。例如:

(11) 他们或许不知道。
(12) 据说明年涨工资。

例(11)、(12)的"或许"、"据说"分别表示对"他们不知道"、"明年涨工资"不能确认。《大纲》中这样的副词有"不定、大约、或许、据说、恐怕、怕、说不定、似乎、未必、许、也许、约"等,这些副词都是语气副词。

1.3.4 或然语气

所谓或然语气,贺阳(1992)认为是指说话人推测句中的命题可能是真实的。表示或然语气的除了助动词以外,主要是语气副词。例如:

(13) 明天或许不下雨。
(14) 也许早到了。

例(13)、(14)都包含或然的语气,这种语气显然都是副词带来的,原因很简单,因为没有副词"或许"和"也许",即使以上句子句调不变,但句子的或然语气却消失了。试比较:

(15) 明天或许不下雨。→明天不下雨。

(16) 也许早到了。→早到了。

例(15)的前一句"明天或许不下雨"包含或然的语气,但后一句"明天不下雨"却完全是肯定的语气。例(16)前后两句也有类似的区别。《大纲》中这样的副词有"或许、恐怕、怕、许、也许"等。

1.3.5 必然语气

表示必然语气的除了助动词以外,主要也是语气副词。《大纲》中这种副词不多,有"必、必定、必将、势必"等。例如:

(17) 骄者必败。
(18) 明天他必定不来。
(19) 我们必将取得最后的胜利。

例(17)、(18)、(19)都表示一种确信不疑的语气,这种语气不是句调带来的,也不是轻重音带来的,更不是音强带来的,而是语气副词"必"、"必定"和"必将"带来的,是它们把这种确信不疑的信息传递给听者的,可以证明这一点的是,以上各句如果没有语气副词,表达的语气就会大不相同。试比较:

(20) 骄者必败!→骄者败!
(21) 明天他必定不来。→明天他不来。
(22) 我们必将取得最后的胜利。→我们取得最后的胜利。

两相比较,很容易发现,以上各例的前一句和后一句语气上有明显的不同。例(20)的"骄者必败"是一种确信不疑的语气,而"骄者败"只表示肯定,没有确信不疑的意味。例(21)的"明天他必定不来"也有一种确信不疑的语气,但"明天他不来"只是一种肯定的语气,也没有确信不疑的意味。例(22)前后两个句子也有类似的差别。

1.3.6 必要语气

表示必要语气的主要是助动词,像"应、应该、该、要"等。除此之外,语气副词也可以表达这种语气,《大纲》中这样的语气副词只有"务必"1个。例如:

(23) 务必明天赶到。

例(23)有根据道义或客观要求不实现某种命题是不允许的意思，"务必明天赶到"是说"明天不赶到不允许"，这种必要的语气显然是由句子中的语气副词来实现的，如果没有语气副词，这种必要的语气就会荡然无存。试比较：

(24) 务必明天赶到。→明天赶到。

例(24)的"务必明天赶到"有"明天不赶到不行"的意思，但"明天赶到"却没有这种意思。

1.3.7　诧异语气

表示诧异语气的主要是语气副词，这种副词《大纲》中有"不料、竟、竟然、居然"等。例如：

(25) 他竟不会说英语！
(26) 爸爸竟然喝了三瓶啤酒！
(27) 居然下了两天雨！

例(25)、(26)、(27)分别有语气副词"竟"、"竟然"、"居然"，句子都有一种诧异的语气，这种语气显然是由语气副词表达的，可以证明这一点的是，如果这些例句中没有语气副词"竟"、"竟然"、"居然"，诧异语气就不存在了。试比较：

(28) 他竟不会说英语！→他不会说英语！
(29) 爸爸竟然喝了三瓶啤酒！→爸爸喝了三瓶啤酒！
(30) 居然下了两天雨！→下了两天雨！

例(28)的"他竟不会说英语"包含有说话人对该情况的诧异，句子含有"没想到"的意味，但"他不会说英语"却是陈述的语气，并没有表达出说话人的态度。例(29)的"爸爸竟然喝了三瓶啤酒"表示说话人没有料到爸爸会喝这么多酒，也包含着诧异，但"爸爸喝了三瓶啤酒"也是陈述的语气，不包含诧异的语气。例(30)前后两句也同样存在着这种差别。

1.3.8 料定语气

表示料定语气的也主要是语气副词,这种副词《大纲》中只有"果然"1个。例如:

(31) 果然昨天他没来。

上例表示情况和说话人想的一样,即在说话人料定之中,这种料定语气显然是由语气副词"果然"表达的,如果没有这个副词,句子的料定语气就会荡然无存。试比较:

(32) 果然昨天他没来。→昨天他没来。

"果然昨天他没来"表示"昨天他没来"是说话人事先料定或知道的,但"昨天他没来"却是陈述的语气,并不包含"昨天他没来"是说话人预先料定或知道的意味。

1.3.9 领悟语气

表示领悟语气的主要也是语气副词,这种副词不多,常见的有"原来、难怪、怪不得、敢情"等。例如:

(33) 原来是你!
(34) 难怪他不会,他没复习。
(35) 怪不得他的汉字写得这么好!

例(33)、(34)、(35)都带有一种领悟的语气,即表示说话人对句中的命题有所领悟或发现。这种语气显然也是由副词来表现的,如果以上各句没有副词"原来"、"难怪"、"怪不得",领悟语气就会消失。试比较:

(36) 原来是你!→是你!
(37) 难怪他不会,他没复习。→他不会,他没复习。
(38) 怪不得他的汉字写得这么好!→他的汉字写得这么好!

例(36)、(37)、(38)前一个句子都包含领悟的语气,后一个句子却都是陈述,不包含这种语气。

由于《大纲》收词有限,这种表示领悟语气的副词没有。

1.3.10 侥幸语气

表示侥幸语气的也是语气副词,这种副词《大纲》中有"恰好、恰巧、幸好、幸亏"等。例如:

(39) 恰好他在那儿。
(40) 恰巧哥哥在家。
(41) 幸亏爸爸在这儿!
(42) 幸好我带着钱。

例(39)、(40)、(41)、(42)都含有说话人觉得很侥幸这样的语气,这种语气显然是副词"恰好"、"恰巧"、"幸亏"、"幸好"的作用,因为以上各句如果没有这些副词,情况就会大不一样。试比较:

(43) 恰好他在那儿。→他在那儿。
(44) 恰巧哥哥在家。→哥哥在家。
(45) 幸亏爸爸在这儿!→爸爸在这儿!
(46) 幸好我带着钱。→我带着钱。

例(43)的"恰好他在那儿"有一种侥幸的语气,但"他在那儿"却只是一种陈述的语气,没有侥幸的意味;例(44)的"恰巧哥哥在家"也有一种明显的侥幸的语气,但"哥哥在家"只是一种陈述的语气,也没有任何侥幸的意味。其他二例的前后两句也都有类似的区别。

1.3.11 表情语气

贺阳的分类中还有一种表情语气,这种语气表示说话人对句中的命题带有某种情绪,由于这种情绪往往只能意会,不能言传,再加之表示的语气不稳定,所以贺阳把它们统统归到表情语气中。这种做法虽然不科学,但是也出于无奈。我们认为表情语气主要有以下几种:

1) 委婉语气

说话人由于种种原因不愿意直接说出某种情况或事情,这种情况下常常用委婉的表达方式。委婉是语言中的一种常见的表达方式,这种表达主要用一些婉辞,有时也用副词。副词表示委婉语气的

不太多,《大纲》中有"不妨、不免、未免"等,这些副词都是语气副词。例如:

  (47) 不妨让他先试试。
  (48) 心情不免急了些。
  (49) 这么做未免有些太绝情。

例(47)的"不妨让他先试试"显然比"让他先试试"要委婉得多,例(48)的"心情不免急了些"也比"心情急了些"委婉,例(49)的"这么做未免有些太绝情"也比"这么做有些太绝情"委婉得多。

  表示委婉语气的语气副词容易跟表示或然语气的语气副词发生混淆,其实这两种副词是有很大的区别的。表示或然语气的语气副词表示说话人对事物或情况所作的判断是不肯定的,即到底是"是"还是"否",不能做出决断的选择。试比较:

  (50) 大约来了五个人。→来了五个人。

例(50)前后两句的差别在于,前者有副词"大约",后者没有;句义上来看,差别也十分明显。"来了五个人"是一种肯定的判断,即到来的人只是五个,而不是六个、七个等。"大约来了五个人"显然是一种不确定的判断,即"来了五个人"是说话人的一种主观判断,这种判断可能是对的,也可能不对,实际情况可能真的是来了五个人,也可能是来了六个、七个人等。

  表示委婉语气的副词主要不在判断是否真实上,而在于使话语说得缓和一些,容易让对方接受。试比较:

  (51) 对于孩子来说,这道题未免难了一些。
    对于孩子来说,这道题难了一些。
  (52) 你不妨先出去,让他消消气!
    你先出去,让他消消气!

例(51)的"这道题未免难了一些"和"这道题难了一些"都是肯定的判断,所不同的是,前一句说得比较婉转,后一句说得比较直白。如果说以上二例还不明显的话,那么例(52)也许更能说明问题。

该例后一句中的"你先出去"是一个肯定句,让听者觉得说话人所说的话带有"没有商量的余地"的意味,甚至带有命令的意思;但前一句中的"你不妨先出去"则不同,虽然也同样表达"你先出去"这样的意思,但是却带有一种商量的语气,特别是没有后一句中那种命令的语气。

2) 夸张语气

所谓夸张,就是故意夸大某种情况或程度。副词常常用来表示夸张的语气,《大纲》中这样的副词有"白白、大大、多、多么、非常、分外、格外、何等、几乎、极、极度、极其、简直、太、特别、万分"等,它们有的是程度副词,有的是语气副词。例如:

(53) 他极不情愿地把东西拿了出来。
(54) 这帮家伙极其可恶!
(55) 北京烤鸭特别好吃。

例(53)、(54)、(55)的"极"、"极其"、"特别"显然都带有夸张的语气,通过这种夸张来表达说话人对某种事物或情况的好恶程度。

3) 无奈语气

所谓无奈语气,是指说话人做出某种事情是出于不得已。表达这种语气的副词《大纲》中只有"只得、只好、只能、只有"等几个,主要是语气副词。例如:

(56) 只好明天再去。
(57) 只得找老师了。

例(56)的"只好明天再去"有一种无可奈何,只好如此的意思;例(57)情况类似。

4) 强调语气

所谓强调,就是突出某种事情或情况,从而达到引起听话人注意的目的。汉语中常常用副词来表示强调,《大纲》中这样的副词有"到底、非、高低、究竟、决、明明、难道、千万、万万、务必"等,这些副词也都是语气副词。例如:

(58) 你到底去不去?
(59) 我非找他算账。
(60) 跟他商量了半天,他高低不同意。
(61) 你难道不知道这件事吗?

例(58)的"到底"、(59)的"非"、(60)的"高低"、(61)的"难道"都起着突出或强调的作用。

过去不少语法著作都把例(59)中的"难道"看做表示疑问或反诘语气的副词(吕叔湘,1980;刘月华,1983),其实这些副词并不表示疑问或反诘,可以证明这一点的是,包含有"难道"的句子去掉"难道"以后,句子仍表示疑问或反诘,所不同的是语气发生了一些变化。试比较:

(62) 你难道一次都没去过? →你一次都没去过?
(63) 难道你们不知道明天有课吗? →你们不知道明天有课吗?

例(62)的"你难道一次都没去过?"去掉"难道"以后,"你一次都没去过?"仍表示疑问或反诘,不同的是前者疑问或反诘的语气更加强烈;例(63)的"难道你们不知道明天有课吗?"去掉"难道"以后,"你们不知道明天有课吗?"也还表示疑问或反诘,但前者的疑问或反诘语气也要比后者强烈。可见以上两例中表示疑问和反诘的并不是"难道","难道"只是起着突出或强调疑问或反诘的语气。张亚军(2002)也持这种观点,他指出"难道"一词主要用于对"信"的程度的强化,表示反诘或推测并不是"难道"一词本身的功能。

1.4　副词在语气系统中所占的位置

从上文可以看出,副词,特别是语气副词在表达语气方面起着举足轻重的作用,贺阳列举的18类语气中,副词能否表达的大致情况如下表(见表5):

第二章
副词的功能

表 5

功能语气	陈述语气		－
	疑问语气	询问语气	－
		反诘语气	－
	祈使语气		－
	感叹语气		＋
评判语气	认知语气	确认语气	＋
		非确认语气	＋
	模态语气	或然语气	＋
		必然语气	＋
	履义语气	允许语气	－
		必要语气	＋
	能愿语气	能力语气	－
		意愿语气	－
情感语气	诧异语气		＋
	料定语气		＋
	领悟语气		＋
	侥幸语气		＋
	表情语气		＋

（注："＋"表示能，"－"表示不能。）

从表中可以看出，除了陈述、询问、反诘、祈使、允许、能力和意愿等语气不能用副词表达以外，其他 11 类语气都能用副词进行表达，特别是或然、必然、诧异、料定、领悟、侥幸和表情语气，主要是用副词来表达。而副词中，表达语气的主要是语气副词，11 种能用副词表达的语气中，除了感叹语气之外，其他 10 种都是或主要是用语气副词来表达的。另外，委婉、夸张、无奈、强调等语气，也可以用语气副词或主要用语气副词来表达。因此可以说没有副词，特别是语气副词，很多语气就无法进行表达。从这一点来说，副词跟实词一样，也是十分重要的。

表示语气的固然是语气副词，其他一些副词，像程度副词也同样具有表达语气的功能。不仅如此，同一个副词既可以表达这种语气，也可以表达那种语气，即存在着一词多能的现象。因此，在研究副词表达的语气时，不能仅仅局限于语气副词，应该把视野放大一些，这样得出的结论也许更全面、更可靠一些。

  本节只是根据贺阳的分类,考察了《大纲》中的副词在各类中出现的情况。贺阳列举的语气中有10种是由语气副词或主要由语气副词来表达的,这些语气副词一共有63个,实际上语气副词远不止这么多,《大纲》中有一百多个,也就是说《大纲》中还有40多个语气副词表达的语气没有概括进去。以上情况也从一个侧面说明,贺阳的分类还存在着不足,还有很多语气没有加以概括。其实《大纲》中的语气副词也只是汉语语气副词中的一部分,如果考虑到其他一些副词表达的语气,可以想见,汉语的语气副词表达的语气可以说是一个复杂而又完备的系统,正因为有了这个系统,汉语表达才更细腻,也更丰富多彩。

附　录

《大纲》中的副词表达的语气:

感叹语气:多　多么　非常　好　何等　太
确认语气:的确　真
非确认语气:不定　大约　或许　据说　恐怕　怕　说不定　似乎　未必　许
　　　　　也许　约
或然语气:或许　恐怕　怕　许　也许
必然语气:必　必定　必将　势必
必要语气:务必
诧异语气:不料　竟　竟然　居然
料定语气:果然
侥幸语气:恰好　恰巧　幸好　幸亏
委婉语气:不妨　不免　未免
夸张语气:白白　大大　多　多么　非常　分外　格外　何等　几乎　极　极
　　　　度　极其　简直　太　特别　万分
无奈语气:只得　只好　只能　只有
强调语气:到底　非　高低　究竟　决　明明　难道　千万　万万　务必

二 "副词+动词性成分/形容词性成分"结构的功能

2.1 引言

过去人们对副词的研究,一般局限于对副词进行分类和对副词本身的句法功能进行描写,但是只做到这一步还是不够的,还不能完全了解副词的本质,也不能很好地解决教学中,特别是对外汉语教学中出现的问题。在对外汉语教学过程中,常常发现一些用法不当的例子。例如:

(1) *西湖是真美丽的湖。
(2) *北京大学是一所真好的大学。
(3) *她是一位真漂亮的老师。

以上三例都是留学生造出来的句子,显然不对。留学生经常出现这样的语病,其原因是,我们对"副词+动词性成分/形容词性成分"结构(为行文方便,以下简称"副+动/形")的功能缺少研究[①],更缺乏系统的考察,因此"副+动/形"结构哪些可以作主语,哪些可以作宾语,哪些可以带"的"作定语等,不得而知,更谈不上正面的引导了。为了对"副+动/形"结构的功能有一些认识,本节以《大纲》中的337个副词为对象,按照第一章第二节中的分类,分别统计出北京大学汉语语言学研究中心开发的现代汉语语料库网上测试版中的文学语料

---

① 这里所说的"动词性成分"是广义上的,既包括单个动词,也包括以动词为中心组成的向心结构。例如:

(1) 马上去。
(2) 已经吃完了。
(3) 从来不抽这种烟。

以上各例中的"马上"、"已经"、"从来"修饰的成分都属于本节所说的动词性成分。
"形容词性成分"所指与之类似。

二 "副词+动词性成分/形容词性成分"结构的功能

(为行文方便,以下简称"语料库")中每个副词出现的用例①,在此基础上考察它们修饰动词性成分和形容词性成分形成的"副+动/形"结构的功能,即考察哪些副词修饰动词性成分和形容词性成分形成的结构可以作主语、谓语、宾语、定语和补语,哪些副词修饰动词性成分和形容词性成分形成的结构不能作主语、谓语、宾语、定语和补语,并试图对一些副词修饰动词性和形容词性成分形成的结构不能充当某种句法成分的原因作出一些解释。

2.2 "副+动"结构的功能

2.2.1 时间副词

《大纲》中的时间副词"按期、按时、本、不时、才、曾、曾经、成天"等修饰动词性成分形成的"副+动"结构都可以作谓语,有些也可以作主语。例如:

(4) 老看我干嘛?
(5) 随后到行吗? (邓友梅《双猫图》)

例(4)的"老"修饰动词性成分"看我"以后可以作主语,例(5)的"随后"情况类似。

但也有一些修饰动词性成分形成的"副+动"结构一般不能作主语。例如:

(6) *顿时就明白不可能。
(7) *将去上海又怎么样?

例(6)的"顿时"修饰动词性成分"就明白"以后一般不能作主语,例(7)的"将"情况类似。《大纲》中这样的时间副词有"本、不时、才、曾、曾经、从来、顿时、而后、赶紧、赶快、刚、刚刚、回头、及早、即将、将、将要、立即、立刻、仍、仍旧、仍然、时而、随即、随时、已经、有时、先后、向来、眼看、依然、一旦、一度、一会儿、一向、一直、已、预先、早日、早晚、早已、

---

① 该语料库中的文学语料有上千万字。

第二章
副词的功能

暂、暂且、正、正在、在、总(是)"等47个①,约占时间副词的71.9%。

大部分时间副词修饰动词性成分形成的"副+动"结构可以作宾语。例如:

(8) 我承认从来没觉得这有什么奇怪,海嘛,本来就是大的。　　　　　　　　　　　　　　(张炜《美妙雨夜》)

(9) 金秀已经意识到将要发生什么事了,她紧张地看了看全义,又看了看周仁,强笑着问……。
　　　　　　　　　　(陈建功 赵大年《皇城根》)

(10) 我在课堂里无聊地坐了一上午,认为已经给了老师和家长足够的面子。　　　　　(王朔《动物凶猛》)

例(8)的"从来"修饰动词性成分"没觉得这有什么奇怪"以后可以作宾语,例(9)的"将要"修饰动词性成分"发生什么事"以后也可以作宾语,例(10)的"已经"情况类似。

但是"本、而后、回头、时而、眼看、一旦、一度"等7个修饰动词性成分形成的"副+动"结构一般不能作宾语,约占时间副词的10.9%。

绝大多数时间副词修饰动词性成分形成的"副+动"结构可以带"的"作定语。例如:

(11) 有苍耳(苍耳子有小钩刺,能挂在衣裤上,我们管它叫"万把钩"),有才抽穗的芦荻。
　　　　　　　　　　　　　　(汪曾祺《故乡的食物》)

---

① 语料库中没有发现"成天"、"马上"、"偶尔"、"一下儿"、"一下子"修饰动词性成分作主语的用例,但是调查发现这些副词修饰动词性成分形成的结构也能作主语。例如:

(1) 成天玩可不行。
(2) 马上交钱就可以。
(3) 偶尔吃一次没关系。
(4) 一下儿都记住不可能。
(5) 一下子全喝了怕不行。

以上各例的"成天"、"马上"、"偶尔"、"一下儿"、"一下子"修饰动词性成分形成的结构都能作主语。

(12) 这毕竟是为周恩来物色一位成天跟随在身边工作的保健医生。 (张佐良《周恩来的最后十年》)

(13) 锅扣大爷一喝得七格儿八格儿就摇晃着往野坟地去,哼着老也就是那两句的曲儿。

(曹乃谦《到黑夜我想你没办法》)

例(11)的"才"修饰动词性成分"抽穗"以后可以带"的"作定语,例(12)的"成天"修饰动词性成分"跟随在身边工作"以后也可以带"的"作定语,例(13)的"老"情况类似。

不过,"本、顿时、而后、赶紧、赶快、回头、及早、将、仍旧、时而、随即、一旦、一会儿、一下儿、早日"等15个修饰动词性成分形成的"副+动"结构一般不能带"的"作定语①,约占时间副词的24.2%。

时间副词绝大多数修饰动词性成分形成的"副+动"结构不能作补语。例如:

(14) 叶民主听得顿时就觉得头皮发麻了。 (方方《埋伏》)

(15) ?大家累得时而停下来。

(16) ?声音小得偶尔也听不清。

例(14)的"顿时"修饰动词性成分"就觉得头皮发麻了"以后可以作补语,但例(15)、(16)的"时而"、"偶尔"分别修饰动词性成分"停下来"、"也听不清"以后作补语却不太行。修饰动词性成分形成的"副+动"结构一般不能作补语的有"按期、按时、本、不时、才、曾、曾经、从来、从小、而后、赶紧、赶快、刚、刚刚、回头、及早、即将、将、将要、尽快、老(是)、立刻、马上、偶尔、时而、时时、始终、首先、随后、随即、随时、先、先后、向来、眼看、依然、一旦、一度、一会儿、一向、一直、已、已经、永远、有时、预先、在、暂、暂且、早日、早晚、早已、正、正在、总(是)"等55个,约占时间副词的86%。

2.2.2 情态副词

《大纲》中的情态副词"暗暗、不断、不住、乘机、从头、从中"等修

---

① 有关副词修饰谓词性成分形成的结构带"的"作定语的情况第四章将做专门讨论,本节不再详叙。

饰动词性成分形成的"副+动"结构都可以作谓语,但有的可以作主语,有的不行。例如:

(17) 我知道擅自外出是犯规,可是这时候不会吹号、列队、点名。　　　　　　　　　　　　　　　　　(杨绛《干校六记》)
(18) 但这不意味着只管执行指示就是了。

(张正隆《雪白血红》)

(19) *连忙站起来可不行。
(20) *毅然放弃可不好。

例(17)的"擅自"修饰动词性成分"外出"以后可以作主语,例(18)的"只管"情况类似;但例(19)的"连忙"修饰动词性成分"站起来"以后却不行,例(20)的"毅然"情况类似。《大纲》中修饰动词性成分形成的"副+动"结构一般不能作主语的有"暗暗、不断、不住、乘机、大肆、奋勇、赶忙、忽然、缓缓、极力、渐、渐渐、接着、竭力、尽量、连连、连忙、默默、每、猛然、悄悄、日益、特此、偷偷、相继、徐徐、一个劲儿、毅然、直"等29个[①],约占情态副词的35.8%。

绝大多数修饰动词性成分形成的"副+动"结构可以作宾语。

---

① 语料库中没有发现"从头"、"独自"、"胡"、"就地"、"就近"、"来回"、"连夜"、"私自"、"随手"修饰动词性成分形成的结构作主语的用例,但是调查发现这些副词修饰动词性成分形成的结构也能作主语。例如:

(1) 从头开始最好。
(2) 独自完成才行。
(3) 胡来可不行。
(4) 就地解决最好。
(5) 就近上学再好不过。
(6) 来回走走最好。
(7) 连夜赶回去不可能。
(8) 私自外出绝对不行。
(9) 随手关门做不到吗?

以上各例的"从头"、"独自"、"胡"、"就地"、"就近"、"来回"、"连夜"、"私自"、"随手"修饰动词性成分形成的结构都能作主语。

"副词＋动词性成分/形容词性成分"结构的功能

例如：

(21) 邢邱林试图悄悄穿上衣服,被白丽飞来的一个茶杯狠狠击中。　　　　　　　　　（王朔《人莫予毒》）

(22) 想私自把钱扣下。　（蒋子龙《赤橙黄绿青蓝紫》）

(23) *（老师叫你的时候,）应该赶忙站起来。

(24) *（有什么事,）希望只管告诉我。

例(21)的"悄悄"修饰动词性成分"穿上衣服"以后可以作宾语,例(22)的"私自"情况类似；但例(23)的"赶忙"修饰动词性成分"站起来"以后却不行,例(24)的"只管"情况类似。修饰动词性成分形成的"副＋动"结构一般不能作宾语的有"赶忙、渐、日益、特此、相继、徐徐、只管"等7个,约占情态副词的17.3%。

有的修饰动词性成分形成的"副＋动"结构可以带"的"作定语,有的不行。例如：

(25) 方枪枪和许逊好像很得意,很不怕和她的相遇,有点公然流窜的意思。　　　　　　（王朔《看上去很美》）

(26) 他把最后一块白荞麦粉条馅饼塞进嘴里,两只手牢握车厢板,开始专注地望着渐渐向前方倾斜下去的高原。　　　　　　　　　　　　（张承志《北方的河》）

(27) *照样不来的人怎么办？

(28) *没有尽管说的时候。

例(25)的"公然"修饰动词性成分"流窜"以后可以带"的"作定语,例(26)的"渐渐"情况类似；但例(27)的"照样"修饰动词性成分"不来"以后却不能带"的"作定语,例(28)的"尽管"情况类似。修饰动词性成分形成的"副＋动"结构一般不能带"的"作定语的有"暗暗、不断、不住、大肆、大力、分别、奋勇、赶忙、忽然、胡乱、极力、渐、接着、就地、连连、连忙、猛然、顺便、特此、相继、徐徐、依次、一道、一同、照样、直、只管"等27个,约占情态副词的33.3%。

情态副词除了个别以外,绝大多数修饰动词性成分形成的"副＋动"结构一般不能作补语。例如：

(29) 有人进去给尘土呛得连打了二十来个喷嚏。

(杨绛《干校六记》)

(30) *他们俩气得分别回家了。
(31) *我紧张得连忙站起来。

例(29)的"连"修饰动词性成分"打了二十来个喷嚏"以后可以作补语,但例(30)、(31)的"分别"、"连忙"分别修饰动词性成分"回家"、"站起来"以后却不能。修饰动词性成分形成的"副+动"结构一般不能作补语的有"不断、乘机、从头、从中、大力、大肆、定向、独自、分别、奋勇、赶忙、公然、忽然、胡、胡乱、缓缓、极力、渐、渐渐、接连、接着、竭力、尽量、就地、就近、连忙、连夜、陆续、每、猛然、悄悄、亲笔、亲手、亲眼、亲自、任意、日益、擅自、顺便、私自、随手、随意、特此、特地、特意、偷偷、瞠、现、相、相继、徐徐、依次、一道、一举、一口气、一块、一齐、一起、一同、一头、一一、毅然、硬、照例、照样、直、只顾、只管、逐步、逐渐、逐年、专程、自行"等73个,约占情态副词的90.1%。

2.2.3 语气副词

《大纲》中的语气副词"白、白白、必、必定、必将、毕竟、并、不定"等修饰动词性成分形成的"副+动"结构都可以作谓语,但有的可以作主语,有的不能。例如:

(32) 大体说得过去就行了。
(33) 可到底该说怎样的话还没搞清楚。

(蒋子龙《赤橙黄绿青蓝紫》)

(34) *毕竟写了我知道。
(35) *并没说也没关系。

例(32)、(33)的"大体"、"到底"分别修饰动词性成分"说得过去"、"该说怎样的话"以后都可以作主语,但例(34)、(35)的"毕竟"、"并"分别修饰动词性成分"写了"、"没说"以后都不能。《大纲》中修饰动词性成分形成的"副+动"结构一般不能作主语的有"白白、必、必定、必将、毕竟、并、不定、不妨、不禁、不觉、不愧、不料、不免、不宜、不由得、不至于、差点儿、凑巧、大大、大约、到底、倒(是)、的确、多亏、反、反

二 "副词+动词性成分/形容词性成分"结构的功能

倒、反而、反正、非、高低、姑且、果然、还、还是、好容易、好在、何必、何等、或许、几乎、简直、尽管、竟、竟然、究竟、就是、居然、据说、决、可、可巧、恐怕、明明、难道、难以、怕、偏、偏偏、其实、恰好、恰恰、恰巧、千万、且、尚、甚至、生怕、势必、是否、说不定、似乎、索性、万万、万一、未必、未免、无从、无非、务必、幸好、幸亏、许、也许、约、真、正巧、只得、只好、只能、只是、至于、终、终究、终于、总算、足以"等96个,约占语气副词的94.1%,也就是说绝大多数语气副词修饰动词性成分形成的"副+动"结构一般不能作主语。

大多数语气副词修饰动词性成分形成的"副+动"结构可以作宾语。例如：

(36) 辣辣认为学校没有正常上课,去了也是白白浪费钱。
　　　　　　　　　　　　　　　　　　　　　　(池莉《你是一条河》)

(37) 谁知偏偏躲不开,而且天天要见面。
　　　　　　　　　　　　　　　　　　　　　　(汪曾祺《岁寒三友》)

(38) 我觉得似乎该说点什么,又不知说什么好,也就没说什么。
　　　　　　　　　　　　　　　　　　　　　　(王朔《浮出海面》)

例(36)、(37)、(38)的"白白"、"偏偏"、"似乎"分别修饰动词性成分"浪费钱"、"躲不开"、"该说点什么"以后都可以作宾语。

但也有不少修饰动词性成分形成的"副+动"结构一般不能作宾语。例如：

(39) *昨天可能不免生些气。

(40) *我记得反正交了。

例(39)、(40)的"不免"、"反正"分别修饰动词性成分"生些气"、"交了"以后不能作宾语。《大纲》中这样的语气副词有"必、必将、毕竟、不禁、不觉、不料、不免、不由得、不至于、差点儿、多、多亏、多么、反、反而、反正、高低、姑且、好在、好容易、何必、何等、几乎、就是、据说、可、可巧、怕、偏、恰好、恰巧、势必、说不定、务必、幸好、许、只好、至于、终"等39个,约占语气副词的38.2%。

不少语气副词修饰动词性成分形成的"副+动"结构可以带"的"

作定语。例如：

(41) 这灵性没有声音,却带着似乎命定的音乐感。

（张承志《黑骏马》）

(42) 两年过去,我已经到了只得胡乱娶一个媳妇的年龄。

（王朔《空中小姐》）

(43) 他这才像一个终于被药物控制住的精神病人,疲倦地安静下来。 （王朔《空中小姐》）

例(41)的"似乎"修饰动词性成分"命定"以后可以带"的"作定语,例(42)的"只得"修饰动词性成分"胡乱娶一个媳妇"以后也可以带"的"作定语,例(43)的"终于"情况相似。

但大多数修饰动词性成分形成的"副＋动"结构一般不能带"的"作定语。例如：

(44) *大大提高的时候不多。

(45) *我们班有一个的确会说五种语言的德国人。

(46) *我是其实不知道的那个人。

例(44)的"大大"修饰动词性成分"提高"以后不能带"的"作定语,例(45)、(46)的"的确"、"其实"情况类似。《大纲》中这样的语气副词有"毕竟、不定、不妨、不禁、不觉、不愧、不料、不由得、凑巧、大大、大约、到底、倒(是)、的确、多亏、反、反倒、反而、反正、高低、姑且、果然、还是、好在、何必、尽管、竟、竟然、究竟、就是、居然、可、可巧、恐怕、明明、难道、难以、怕、偏、偏偏、其实、恰好、恰巧、千万、且、势必、是否、说不定、索性、万万、万一、未免、无从、无非、务必、幸好、幸亏、许、也许、真、正巧、只好、只能、只是、终究、总算、最好"等 67 个①,约占语气副词的 65.7%。

---

① 语料库中没有出现"不宜"的用例,但是调查发现"不宜"修饰动词性成分形成的"副＋动"结构可以作定语。例如：

有没有不宜吃的东西？

上例的"不宜"修饰"吃"以后带"的"作定语。

二 "副词＋动词性成分/形容词性成分"结构的功能

语气副词绝大多数修饰动词性成分形成的"副＋动"结构一般不能作补语。例如：

(47) 哦，那天我想起了自己的母亲，我难受得差点儿发疯。
（张承志《北方的河》）

(48) *他累得恐怕不能来上课。

(49) ?你写得其实谁都不认得。

例(47)的"差点儿"修饰动词性成分"发疯"以后可以作补语，例(48)的"恐怕"修饰动词性成分"不能来上课"以后却不能，例(49)的"其实"修饰"谁都不认得"以后作补语有些不自然。修饰动词性成分形成的"副＋动"结构一般不能作补语的有"白、白白、必、必定、必将、毕竟、并、不定、不妨、不禁、不觉、不愧、不料、不免、不宜、不由得、大大、大体、到底、倒(是)、的确、多、多亏、多么、反、反倒、反而、反正、非、高低、姑且、果然、还是、好容易、好在、何必、何等、或许、尽管、究竟、就是、据说、决、可、可巧、恐怕、明明、难道、怕、其实、千万、且、尚、生怕、势必、说不定、似乎、索性、万万、万一、未必、未免、无非、务必、幸好、幸亏、许、约、只得、只好、只是、只有、至于、终、终究、终于、总算、最好"等 78 个，约占语气副词的 76.5%。

2.2.4 程度副词

《大纲》中的程度副词只有"比较、不大、顶、非常、格外、更、更加、怪、很、好、极、极其、略微、颇、稍、稍微、十分、太、特别、挺、尤其、有(一)点儿、有一些、愈、最"等 25 个可以修饰动词性成分，修饰动词性成分形成的"副＋动"结构都可以作谓语，但是有的可以作主语，有的不能。例如：

(50) 非常喜欢当然好。

(51) *顶喜欢当然好。

(52) *更加喜欢他不可能。

例(50)的"非常"修饰动词性成分"喜欢"以后可以作主语，但例(51)、(52)的"顶"、"更加"分别修饰动词性成分"喜欢"、"喜欢他"以后却不能。《大纲》中修饰动词性成分形成的"副＋动"结构一般不能作主语

第二章
副词的功能

的有"比较、顶、更加、怪、好、较、颇、十分、挺、尤其、愈、最"等12个,占能修饰动词性成分的程度副词的48%。

程度副词除了"好、较、颇、太、尤其"等5个修饰动词性成分形成的"副+动"结构一般不能作宾语以外,其他的修饰动词性成分形成的"副+动"结构都可以作宾语,不能作宾语的占能修饰动词性成分的程度副词的20%。例如:

(53)我认为比较负责任。
(54)听说很喜欢孩子。
(55)*他应该较喜欢。

例(53)、(54)的"比较"、"很"分别修饰动词性成分"负责任"、"喜欢孩子"以后都可以作宾语,但例(55)的"较"修饰动词性成分"喜欢"以后作宾语却不行。

有的修饰动词性成分形成的"副+动"结构可以带"的"作定语,有的不能。例如:

(56)最喜欢的东西是什么?
(57)*尤其喜欢的东西没有。
(58)*有点儿不喜欢吃的那个人是谁?

例(56)的"最"修饰动词性成分"喜欢"以后可以带"的"作定语,但例(57)、(58)的"尤其"、"有点儿"分别修饰动词性成分"喜欢"、"不喜欢吃"以后都不能。修饰动词性成分形成的"副+动"结构一般不能带"的"作定语的有"怪、好、尤其、有(一)点、有一些、愈"等6个,占能修饰动词性成分的程度副词的24%。

程度副词大多数修饰动词性成分形成的"副+动"结构可以作补语,但也有不少修饰动词性成分形成的"副+动"结构一般不能作补语。例如:

(59)你懂,你大概只懂得怎么把头发烫得更加招人看两眼。
(张承志《北方的河》)
(60)这事办得颇让人气愤。

(61)＊这孩子长得顶招人喜欢。

例(59)的"更加"修饰动词性成分"招人看两眼"以后可以作补语，例(60)的"颇"修饰动词性成分"让人气愤"以后也可以作补语，但例(61)的"顶"修饰动词性成分"招人喜欢"以后不能作补语。修饰动词性成分形成的"副＋动"结构一般不能作补语的有"顶、好、略微、稍、稍微、愈"等6个，占能修饰动词性成分的程度副词的24%。

2.2.5 范围副词

《大纲》中的范围副词，除了"凡、凡是"不能修饰动词性成分以外，其他的都可以。修饰动词性成分形成的"副＋动"结构都可以作谓语，一般也可以作主语。例如：

(62) 甲：这些地方大都去过了。
　　　乙：大都去过没关系。
(63) 光说不行。
(64) 只喝酒对身体不好，应该吃些东西。

例(62)的"大都"修饰动词性成分"去过"以后可以作主语，例(63)、(64)的"光"、"只"情况类似。

但也有个别范围副词修饰动词性成分形成的"副＋动"结构一般不能作主语。例如：

(65)？共去过三次不是真的。
(66)？皆输不可能。

例(65)、(66)的"共"、"皆"分别修饰动词性成分"去过三次"、"输"以后作主语都不自然。《大纲》中这样的范围副词只有"共、皆"2个，约占能修饰动词性成分的范围副词的9.5%。

范围副词修饰动词性成分形成的"副＋动"结构一般可以作宾语。例如：

(67) 想了多种向山崎报仇的方法，估计都实现不了。

(邓友梅《别了，濑户内海！》)

第二章
副词的功能

(68) 总不能光闲着呀？　　　（姜天民《第九个售货亭》）

(69) 可我不想净说些无聊的话,我想真诚地对待人。

（王朔《痴人》）

例(67)的"都"修饰动词性成分"实现不了"以后可以作宾语,例(68)、(69)的"光"、"净"情况类似。

大多数修饰动词性成分形成的"副+动"结构也可以带"的"作定语。例如：

(70) 都看过的人不多。

(71) 仅仅拥有自己历史的人难以成长起来；每个人还要拥有自己家族的历史。　　　　　　（张炜《柏慧》）

(72) 一共去过三次的人请举手。

例(70)的"都"修饰动词性成分"看过"以后可以带"的"作定语,例(71)、(72)的"仅仅"、"一共"情况类似。

但"单、共、统统、惟独、一概、至多、至少"等 7 个修饰动词性成分形成的"副+动"结构一般不能带"的"作定语,约占能修饰动词性成分的范围副词的 33.3%。例如：

(73) *共去过三次的同学有几个？

(74) *一概不会的同学不要走。

例(73)、(74)的"共"、"一概"分别修饰动词性成分"去过三次"、"不会"以后都不能带"的"作定语。

范围副词除了少数以外,绝大多数修饰动词性成分形成的"副+动"结构一般不能作补语。例如：

(75) 可是,当他熬到半夜,最后把三千字的一节删得只剩下二百来字的干货,终于扔掉笔,卷了一根烟点燃。

（张承志《北方的河》）

(76) ? 大伙累得皆喘气。

例(75)的"只"修饰动词性成分"剩下二百来字的干货"以后可以作补

语,但例(76)的"皆"修饰动词性成分"喘气"以后作补语却不太行。修饰动词性成分形成的"副+动"结构一般不能作补语的有"大半、大都、大多、单、多半、共、皆、仅仅、净、统统、惟独、一概、一共、至多、至少、总共"等16个,约占能修饰动词性成分的范围副词的76.2%。

2.2.6 否定副词

《大纲》中的否定副词"甭、别、不、不必、不曾"等修饰动词性成分形成的"副+动"结构都可以作谓语,但有的可以作主语,有的不能。例如:

(77) 别动行不行?
(78) 不去不好。
(79) *甭去怎么行?
(80) *不必早去可以吗?

例(77)的"别"修饰动词性成分"动"以后可以作主语,例(78)的"不"情况类似;但例(79)、(80)的"甭"、"不必"分别修饰动词性成分"去"和"早去"以后作主语却不行。《大纲》中修饰动词性成分形成的"副+动"结构一般不能作主语的有"甭、不必、不要、不用、莫、未、无、勿"等8个,约占否定副词的57.1%。

否定副词大多修饰动词性成分形成的"副+动"结构可以作宾语,但也有少数不行。例如:

(81) 我觉得不必告诉他。
(82) 希望不要买。
(83) *这事应该甭告诉他。

例(81)、(82)的"不必"、"不要"分别修饰动词性成分"告诉他"、"买"以后都可以作宾语,但例(83)的"甭"修饰动词性成分"告诉他"以后却不行。修饰动词性成分形成的"副+动"结构一般不能作宾语的很少,只有"甭、无、勿"3个,约占否定副词的21.4%,不到三分之一。

有的修饰动词性成分形成的"副+动"结构可以带"的"作定语,有的不能。例如:

> (84) 不曾去过的地方很多。
> (85) 没看过的书不少。
> (86) *甭想去的时候没有。
> (87) *别说话的时候不多。

例(84)、(85)的"不曾"、"没"分别修饰动词性成分"去过"、"看过"以后都可以带"的"作定语,但例(86)、(87)的"甭"、"别"分别修饰动词性成分"想去"、"说话"以后都不能。修饰动词性成分形成的"副+动"结构一般不能带"的"作定语的有"甭、别、不必、不要、莫、无、勿"等7个,占否定副词的50%。

否定副词除了个别之外,其他的修饰动词性成分形成的"副+动"结构一般不能作补语。例如:

> (88) ……稀稀疏疏地披着几根细瘦的枝条,干枯僵直,全无一点生气,已经老得不成样子了,很难断定它是否还活着。　　　　　　　　　　　(汪曾祺《国子监》)
> (89) ?他家穷得从未买过肉。

例(88)的"不"修饰动词性成分"成样子"以后可以作补语,但例(89)的"从来"修饰动词性成分"买过肉"以后却不太行。修饰动词性成分形成的"副+动"结构一般不能作补语的有"甭、别、不必、不曾、不要、不用、从未、莫、未、无、勿"等11个,约占否定副词的78.6%。

2.2.7 重复副词

《大纲》中的重复副词"常、常常、重、重新、反复"等,修饰动词性成分形成的"副+动"结构都可以作谓语,一般也可以作主语、宾语。例如:

> (90) 再迟到可不行!
> (91) 不知道为什么,我会常常想起他来。
> 　　　　　　　　　　　　　　(汪曾祺《翠湖心影》)
> (92) 他的本来面目,还有待于重新探究。　(张炜《柏慧》)

例(90)的"再"修饰动词性成分"迟到"以后可以作主语,例(91)、(92)

的"常常"、"重新"分别修饰动词性成分"想起他来"、"探究"可以作宾语。

重复副词绝大多数修饰动词性成分形成的"副+动"结构可以带"的"作定语,但也有个别不行。例如:

(93) 常迟到的学生就那么几个。
(94) 再去的时候叫我一声。
(95) ＊往往不知道怎么做的人就是他。

例(93)、(94)的"常"、"再"分别修饰动词性成分"迟到"、"去"以后都能带"的"作定语,但例(95)的"往往"修饰动词性成分"不知道怎么做"以后却不能。《大纲》中修饰动词性成分形成的"副+动"结构不能带"的"作定语的只有"往往"1个,约占重复副词的7.7％。

重复副词修饰动词性成分形成的"副+动"结构一般不能作补语。

2.2.8 关联副词

《大纲》中的关联副词"便、就、却、也"等修饰动词性成分形成的"副+动"结构都可以作谓语,但是除了"却、也"修饰动词性成分形成的"副+动"结构可以作宾语、补语以外,其他的修饰动词性成分形成的"副+动"结构一概不能作主语、宾语、定语和补语,不能作主语、宾语、定语和补语的分别占关联副词的100％、75％、100％和75％。例如:

(96) ＊便去也晚了。
(97) ＊也去不行。
(98) 他们想害咱们,没想到却成全了咱们。

(王朔《给我顶住》)

(99) 采访完毕我特地陪他去看潘先生,希望也能采访他一个,扬扬名,求画的人可能多一些。

(蔻丹《裱画的朋友》)

(100) ＊却不会的人是我。
(101) ＊也洗澡的时候不多。
(102) 孩子们听得却津津有味。

例(96)、(97)的"便"、"也"分别修饰动词性成分"去"以后不能作主语,例(98)、(99)的"却"、"也"分别修饰动词性成分"成全了咱们"、"能采访"以后都能作宾语,例(100)、(101)的"却"、"也"分别修饰动词性成分"不会"、"洗澡"以后都不能带"的"作定语,例(102)的"却"修饰动词性成分"津津有味"以后可以作补语。

2.2.9 处所副词

《大纲》中的处所副词"处处"修饰动词性成分形成的"副+动"结构一般作谓语,也可以作主语、宾语、定语和补语。例如:

(103) 处处落实不容易。
(104) 不会处处碰壁。
(105) 处处碰壁的时候也有。
(106) 弄得处处都是油。

例(103)、(104)、(105)、(106)的"处处"分别修饰动词性成分"落实"、"碰壁"、"都是油"以后可以作主语、宾语、定语和补语。

《大纲》中 9 类副词修饰动词性成分形成的"副+动"结构的句法功能大致如下表(见表1)

表 1

句法成分	类别	时间	情态	语气	程度	范围	否定	重复	关联	处所
主语	能(%)	28.1	64.2	5.9	52	90.5	42.9	100	0	100
	否(%)	71.9	35.8	94.1	48	9.5	57.1	0	100	0
谓语	能(%)	100	100	100	100	91.3	100	100	100	100
	否(%)	0	0	0	0	8.7	0	0	0	0
宾语	能(%)	89.1	91.4	61.8	80	100	78.6	100	25	100
	否(%)	10.9	8.6	38.2	20	0	21.4	0	75	0
定语	能(%)	75.8	66.7	34.3	76	76.7	50	92.3	0	100
	否(%)	24.2	33.3	65.7	24	33.3	50	7.7	100	0
补语	能(%)	14	9.9	23.5	76	23.8	21.4	0	25	100
	否(%)	86	90.1	76.5	24	76.2	78.6	100	75	0

2.3 "副+形"结构的功能

副词修饰形容词性成分形成的"副+形"结构的功能与修饰动词性成分形成的结构的功能类似,也是参差不齐的。

2.3.1 时间副词

《大纲》中的时间副词只有"才、曾、曾经、从来、从小、顿时、而后、将、将要、尽快、老(是)、立即、立刻、马上、偶尔、仍、仍旧、仍然、时而、始终、随即、先、向来、依然、一旦、一度、一会儿、一下儿、一下子、一向、一直、已、已经、永远、有时、早日、早已、正、正在、总(是)"等40个可以修饰形容词性成分,修饰形容词性成分形成的"副+形"结构都能作谓语,但只有一部分可以作主语。例如:

(107) 老这么忙可不行。
(108) 偶尔热几天没关系。
(109) *立即紧张起来不可能。
(110) *已经便宜了不可能。

例(107)、(108)的"老"、"偶尔"分别修饰形容词性成分"这么忙"、"热几天"以后都可以作主语,但例(109)、(110)的"立即"、"已经"分别修饰形容词性成分"紧张起来"、"便宜"以后却不能。《大纲》中修饰形容词性成分形成的"副+形"结构一般不能作主语的有"才、曾、曾经、顿时、而后、将要、立即、立刻、马上、向来、一旦、一度、一会儿、一下儿、已、已经、有时、早已、早日、正"等20个,占能修饰形容词性成分的时间副词的50%。

有的修饰形容词性成分形成的"副+形"结构可以作宾语,有的不能。例如:

(111) 特别是经过了昨天那场风波,小王自觉着一下子聪明了许多。　　　　　　　　(陈建功 赵大年《皇城根》)
(112) 两千多年前的流传抄袭,今天看已不可靠。

(张炜《柏慧》)
(113) *下个星期不会将要忙起来。

例(111)、(112)的"一下子"、"已"分别修饰形容词性成分"聪明了许多"、"不可靠"以后可以作宾语,但例(113)的"将要"修饰形容词性成分"忙起来"以后却不能。修饰形容词性成分形成的"副+形"结构一般不能作宾语的不多,只有"将要、一旦、正在"3个,占能修饰形容词性成分的时间副词的7.5%。

有些时间副词修饰形容词性成分形成的"副+形"结构可以带"的"作定语,有的不能。例如:

(114) 刚熟的时候不是这种颜色。
(115) 偶尔热几天的时候也有。
(116) *才便宜的那几天我没去。
(117) *这是一个有时热闹的地方。

例(114)、(115)的"刚"、"偶尔"分别修饰形容词性成分"熟"、"热几天"都能带"的"作定语,但例(116)、(117)的"才"、"有时"分别修饰形容词性成分"便宜"、"热闹"以后却不能。修饰形容词性成分形成的"副+形"结构一般不能带"的"作定语的有"才、从来、时而、依然、一旦、一度、一会儿、一下儿、有时、早已、正在、总(是)"等12个,约占能修饰形容词性成分的时间副词的32.5%。

时间副词除了个别以外,修饰形容词性成分形成的"副+形"结构一般不能作补语。例如:

(118) 小炉子燃得正旺,发出"噜噜"的声音。

(张炜《海边的雪》)

(119) ？他说得一向好听。

例(118)的"正"修饰形容词性成分"旺"以后可以作补语,但例(119)的"一向"修饰形容词性成分"好听"以后却不太行。修饰形容词性成分形成的"副+形"结构一般不能作补语的有"才、曾、曾经、从来、从小、顿时、而后、将、将要、尽快、老(是)、立即、立刻、马上、偶尔、时而、始终、随即、先、向来、依然、一旦、一度、一会儿、一下儿、一下子、一向、已、已经、永远、有时、早日、早已、正在、总(是)"等39个,占能修饰形容词性成分的时间副词的97.5%。

2.3.2 情态副词

《大纲》中的情态副词只有"暗暗、忽然、渐、接着、尽量、日益、逐渐"等7个能修饰形容词性成分,修饰形容词性成分形成的"副+形"结构可以作谓语,但是有的修饰形容词性成分形成的"副+形"结构可以作主语,有的不能。例如:

(120) 你穿这点儿衣服,忽然冷了怎么办?
(121) 尽量快点儿行吗?
(122) *日益繁荣不可能。

例(120)、(121)的"忽然"、"尽量"分别修饰形容词性成分"冷了"、"快点儿"以后可以作主语,但(122)的"日益"修饰形容词性成分"繁荣"以后却不行。《大纲》中修饰形容词性成分形成的"副+形"结构一般不能作主语的有"暗暗、日益、逐渐"等3个,约占能修饰形容词性成分的情态副词的42.9%。

有的修饰形容词性成分形成的"副+形"结构可以作宾语,有的不能。例如:

(123) 希望尽量快点儿。
(124) *不能暗暗高兴。

例(123)的"尽量"修饰形容词性成分"快点儿"以后可以作宾语,但(124)的"暗暗"修饰形容词性成分"高兴"以后却不能。修饰形容词性成分形成的"副+形"结构一般不能作宾语的只有"暗暗"1个,约占能修饰形容词性成分的情态副词的14.3%。

情态副词只有"逐渐、日益"修饰形容词性成分形成的"副+形"结构可以带"的"作定语,其他5个修饰形容词性成分形成的"副+形"结构一般不能,约占能修饰形容词性成分的情态副词的71.4%。例如:

(125) 逐渐热起来的可能性很大。
(126) ? 接着热的可能性不大。
(127) ? 尽量早一点的可能性不大。

例(125)"逐渐"修饰形容词性成分"热起来"以后可以带"的"作定语,

第二章
副词的功能

但例(126)的"接着"、例(127)的"尽量"分别修饰形容词性成分"热"、"早一点"以后带"的"作定语不太自然。

情态副词除了个别以外,绝大多数修饰形容词性成分形成的"副＋形"结构不能作补语。例如:

(128) 后来货币变得日益重要起来,这对我们来说是个好消息。　　　　　　　　　　　　（王朔《我爱美元》）

(129) ？火车开得逐渐快起来了。

例(128)的"日益"修饰形容词性成分"重要起来"以后可以作补语,但例(129)的"逐渐"修饰形容词性成分"快起来"以后却不太行。修饰形容词性成分形成的"副＋形"一般不能作补语的情态副词有"暗暗、忽然、渐、接着、逐渐"等5个,约占能修饰形容词性成分的情态副词的71.4%。

2.3.3　语气副词

《大纲》中的语气副词只有"白、毕竟、必定、必将、并、不定、不觉、不免、不至于、差点儿、大大、到底、倒(是)、的确、多、多么、反、反倒、反而、反正、果然、还、还是、好在、何必、何等、或许、几乎、简直、竟然、究竟、就是、居然、据说、可、恐怕、难道、难以、怕、偏偏、其实、千万、且、尚、甚至、生怕、势必、是否、说不定、似乎、索性、未必、未免、无从、务必、幸好、也许、真、只好、只能、只是、只有、至于、终、终究、总算、最好"等67个能修饰形容词性成分,修饰形容词性成分形成的"副＋形"结构都可以作谓语,但一般不能作主语。例如:

(130) ＊并不好也没办法。

(131) ＊的确好看是真的。

例(130)、(131)的"并"、"的确"分别修饰形容词性成分"不好"和"好看"以后不能作主语。

这些副词有的修饰形容词性成分形成的"副＋形"结构可以作宾语,有的不能。例如:

(132) 这几天觉得真累!

(133) ＊没想到几乎热坏了。

(134) *没想到简直贵死了。

例(132)的"真"修饰形容词性成分"累"以后可以作宾语,但(133)、(134)的"几乎"、"简直"分别修饰形容词性成分"热坏了"、"贵死了"以后都不能。《大纲》中修饰形容词性成分形成的"副+形"结构一般不能作宾语的有"必定、必将、毕竟、不定、不觉、大大、多、多么、反正、好在、何必、何等、或许、几乎、简直、据说、可、恐怕、难道、难以、怕、千万、尚、甚至、生怕、说不定、索性、无从、务必、只能、至于、终、终究、总算"等34个,约占能够修饰形容词性成分的语气副词的50.7%。

语气副词除了"多、多么、何等"以外,其他64个修饰形容词性成分形成的"副+形"结构一般不能带"的"作定语,约占能修饰形容词性成分的语气副词的95.5%。例如:

(135) 今天我想:如果当时母亲的眼睛再也不能复明,那是多么可怕的事呀! （张炜《柏慧》）
(136) *不免贵了一点的衣服我不要。
(137) *真漂亮的女孩不多。

例(135)的"多么"修饰形容词性成分"可怕"以后可以带"的"作定语,但例(136)、(137)的"不免"、"真"分别修饰形容词性成分"贵了一点"和"漂亮"以后却不能。

除了少数以外,绝大多数修饰形容词性成分形成的"副+形"结构一般不能作补语。例如:

(138) 有一个外国女人笑得非常温和,她长得并不好看,但是有很好的身材,走起路来也很见精神。(王蒙《海的梦》)
(139) 你别看他干得似乎很缓慢,他不断地在那里干。

（张炜《激情的延续》）
(140) ？你说得凑巧对。
(141) ？要计算得务必准确。

例(138)、(139)的"并"、"似乎"分别修饰形容词性成分"不好看"、"很缓慢"以后可以作补语,但(140)、(141)的"凑巧"、"务必"分别修饰形容词性成分"对"、"准确"以后却不太行。修饰形容词性成分形成的"副+形"结构一般不能作补语的有"白、毕竟、必定、必将、不定、不觉、不免、不至于、大大、反、反正、还是、好在、何必、何等、或许、几乎、简直、竟然、居然、恐怕、难道、难以、怕、偏偏、其实、千万、且、尚、甚至、生怕、势必、是否、说不定、索性、无从、务必、幸好、只好、只能、只有、至于、终、终究、总算、最好"等46个,约占能修饰形容词性成分的语气副词的68.7%。

2.3.4 程度副词

《大纲》中的程度副词修饰形容词性成分形成的"副+形"结构一般可以作谓语,但是有的可以作主语,有的不能。例如:

(142)他听到爸爸这个词,极度紧张使他理解力短时瘫痪。
(王朔《看上去很美》)

(143)*分外漂亮不可能。

(144)*格外高兴当然好。

例(142)的"极度"修饰形容词性成分"紧张"以后能作主语,但例(143)、(144)的"分外"、"格外"分别修饰形容词性成分"漂亮"和"高兴"以后都不能。《大纲》中修饰形容词性成分形成的"副+形"结构一般不能作主语的有"分外、格外、更加、好、很、极、极其、颇、十分、挺、万分、最"等12个[①],约占程度副词的38.7%。

---

① 语料库中没有发现"非常"、"更"、"过"、"略微"、"稍微"、"太"、"有(一)点儿"、"有一些"等修饰形容词性成分形成的结构作主语的用例,但是调查发现这些副词修饰形容词性成分形成的结构也能作主语。例如:

(1)非常便宜不可能。
(2)更容易当然好。
(3)过热也不好。
(4)略微胖点儿也可以。
(5)稍微贵点儿没关系。
(6)太高也不好。
(7)有(一)点儿脏没关系。
(8)有一些脏没关系。

以上各例的"非常"、"更"、"过"、"略微"、"稍微"、"太"、"有(一)点儿"、"有一些"修饰形容词性成分形成的结构显然都能作主语。

"副词＋动词性成分/形容词性成分"结构的功能

这些副词修饰形容词性成分形成的"副＋形"结构一般也可以作宾语①。例如：

(145) 我们已经成了朋友啦,他心里感到非常清爽。

(张承志《北方的河》)

(146) 我只想休息休息,我觉得好累。　　　(方方《暗示》)

例(145)、(146)的"非常"、"好"分别修饰形容词性成分"清爽"和"累"以后都可以作宾语。

副词修饰形容词性成分形成的"副＋形"结构都能带"的"作定语②。例如：

(147) 过于专注的凝视常使我对自己产生怀疑,那里面总包含着过于复杂的情感。　　　(王朔《动物凶猛》)

(148) 我一连多少天都在一些极有意思的地方转,像东莱子古国遗址、徐芾东渡启航港遗址。(张炜《柏慧》)

(149) 到特别高兴的时候,他才喝两盅自己泡的茵陈酒。

(老舍《四世同堂》)

(150) 芳契怀着万分矛盾的心情回到家中。(亦舒《紫薇愿》)

---

① 语料库中没有发现"过"、"很"、"较"、"略微"、"万分"修饰形容词性成分形成的结构作宾语的用例,但调查发现这些副词修饰形容词性成分形成的结构也能作宾语。例如：

(1) 现在的经济我觉得是过热。
(2) 觉得很高兴。
(3) 这么做我觉得较理想。
(4) 我觉得略微长了些。
(5) 能跟您见一面,我感到万分荣幸。

以上各例的"过"、"很"、"较"、"略微"、"万分"修饰形容词性成分形成的结构显然都能作宾语。

② 语料库中没有发现"过"修饰形容词性成分形成的结构作定语的用例,但是调查发现该副词修饰形容词性成分形成的结构也能作定语。例如：

我对你没有过高的要求。

该例中的"过"修饰"高"形成的结构"过高"显然可以作定语。

例(147)、(148)、(149)、(150)的"过于"、"极"、"特别"、"万分"分别修饰形容词性成分"专注"、"有意思"、"高兴"、"矛盾"以后可以带"的"作定语。

程度副词除了极少数以外,绝大多数修饰形容词性成分形成的"副+形"结构都可以作补语。例如:

(151) 那一年桃花开得分外灿烂,如云如霞。

(方方《桃花灿烂》)

(152) 金枝听得颇有趣儿,好比听相声,看双簧,却不知说什么才好。　　　　(陈建功 赵大年《皇城根》)

(153) *那孩子长得愈漂亮了。

例(151)、(152)的"分外"、"颇"分别修饰形容词性成分"灿烂"和"有趣儿"以后可以作补语,但例(153)的"愈"修饰形容词性成分"漂亮"以后却不太行。修饰形容词性成分形成的"副+形"结构一般不能作补语的有"顶、万分、愈"3个,约占程度副词的9.7%。

2.3.5 范围副词

《大纲》中的范围副词能修饰形容词性成分的有"大半、大都、大多、都、多半、光、仅、仅仅、全都、一概、一共、只、至少、总共"等14个,这些副词修饰形容词性成分形成的"副+形"结构一般可以作谓语、主语和宾语[①],但是有的可以作定语、补语,有的不能。例如:

(154) 都便宜才好呢!

(155) 不可能仅仅便宜了三块钱。

(156) 只热了一个多月的地方很多。

(157) *我们不需要光漂亮的人。

(158) 我本来最恨孙子,并发誓决不装孙子,结果比谁装得都多。　　　　　　　　　　　　(王朔《痴人》)

(159) *屋子熏得大半黑了。

例(154)的"都"修饰形容词性成分"便宜"以后能作主语;例(155)的

---

① "一概"修饰形容词性成分形成的结构不能作主语和宾语。

"仅仅"修饰形容词性成分"便宜了三块钱"以后能作宾语;例(156)的"只"修饰形容词性成分"热了一个多月"以后可以带"的"作定语,但例(157)的"光"修饰形容词性成分"漂亮"以后却不能;例(158)的"都"修饰形容词性成分"多"以后可以作补语,而例(159)的"大半"修饰形容词性成分"黑"以后却不行。《大纲》中修饰形容词性成分形成的"副+形"结构一般不能带"的"作定语的有"大半、大都、大多、都、多半、光、全都、一概、至少"等9个,约占能修饰形容词性成分的范围副词的64.3%;一般不能作补语的有"大半、大都、大多、多半、光、仅、仅仅、全都、一概、一共、只、至少、总共"等13个,约占能修饰形容词性成分的范围副词的92.9%。

2.3.6 否定副词

《大纲》中的否定副词除了"不曾、无、勿"以外,其他的都能修饰形容词性成分,修饰形容词性成分形成的"副+形"结构都可以作谓语,但有的可以作主语、宾语、定语、补语,有的不能。例如:

(160) 不好没关系。
(161) *不必客气怎么行?
(162) 我觉得不快。
(163) *希望莫着急。
(164) 没熟的西瓜不能吃。
(165) *别太贵的东西没有。
(166) 我们的汇报准备得不很充分,首长。

(赵琪《告别花都》)

(167) ? 他说得从未这么好。

例(160)的"不"修饰形容词性成分"好"以后可以作主语,而例(161)的"不必"修饰形容词性成分"客气"以后却不能。《大纲》中修饰形容词性成分形成的"副+形"结构一般不能作主语的有"甭、别、不必、不要、不用、从未、莫"等7个,约占能修饰形容词性成分的否定副词的63.6%。

例(162)的"不"修饰形容词性成分"快"以后可以作宾语,但例(163)的"莫"修饰形容词性成分"着急"以后却不行。修饰形容词性成分形成的"副+形"结构一般不能作宾语的有"甭、莫"2个,约占能修饰形容词性成分的否定副词的 18.2%。

例(164)的"没"修饰形容词性成分"熟"以后可以带"的"作定语,例(165)的"别"修饰形容词性成分"太贵"以后却不能。修饰形容词性成分形成的"副+形"结构一般不能带"的"作定语的有"甭、别、不必、不要、不用、从未、莫"等 7 个,约占能修饰形容词性成分的否定副词的 63.6%。

例(166)的"不"修饰形容词性成分"很充分"以后可以作补语,例(167)的"从未"修饰形容词性成分"这么好"以后作补语却不太行。修饰形容词性成分形成的"副+形"结构一般不能作补语的有"甭、别、不必、不要、不用、从未、没、没有、莫、未"等 10 个,约占能修饰形容词性成分的否定副词的 90.9%。

2.3.7 重复副词

《大纲》中的重复副词只有"常、常常、往往、又、再"等 5 个能修饰形容词性成分,修饰形容词性成分形成的"副+形"结构一般可以作谓语,但有的可以作主语,有的不行。例如:

(168) 常这么忙可不行。

(169) ? 又累了也没办法。

例(168)的"常"修饰形容词性成分"这么忙"以后可以作主语,但(169)的"又"修饰形容词性成分"累了"以后却不行。《大纲》中修饰形容词性成分形成的"副+形"结构一般不能作主语的有"往往、又、再"3 个,占能修饰形容词性成分的重复副词的 60%。

有些重复副词修饰形容词性成分形成的"副+形"结构可以作宾语,有的不行。例如:

(170) 不会再热起来。

(171) *没想到往往都不胖。

例(170)的"再"修饰形容词性成分"热起来"以后可以作宾语,例(171)的"往往"修饰形容词性成分"都不胖"以后却不行。修饰形容词性成分形成的"副+形"结构一般不能作宾语的有"常、常常、往往"3 个,占能修饰形容词性成分的重复副词的 60%。

除了"再"以外,其他 4 个修饰形容词性成分形成的"副+形"结

构一般不能带"的"作定语,占能修饰形容词性成分的重复副词的80%。例如:

(172) 再热起来的可能性不大。
(173) ?常这么忙的人没有。
(174) ?常常不高兴的人就是她。

例(172)的"再"修饰形容词性成分"热起来"以后可以带"的"作定语,但例(173)、(174)的"常"、"常常"分别修饰形容词性成分"这么忙"和"不高兴"以后带"的"作定语就不那么自然。

重复副词修饰形容词性成分形成的"副+形"结构一般不能作补语。

2.3.8 关联副词

《大纲》中的关联副词修饰形容词性成分形成的"副+形"结构与修饰动词性成分形成的结构一样,一般可以作谓语,除"却、也"修饰形容词性成分形成的"副+形"结构可作宾语、补语以外,其他的修饰形容词性成分形成的"副+形"结构一般不能作主语、宾语、定语和补语,不能作主语、宾语、定语和补语的分别占关联副词的 100%、75%、100% 和 75%。例如:

(175) *便热了也不怕。
(176) 希望也便宜点儿。
(177) *我们没想到便贵了。
(178) *也漂亮的女孩不多见。
(179) 但二妹发育得却十分饱满,像桑叶一样,也有很高的胸脯。　　　　　　　　　　(方方《暗示》)
(180) ?(睡得早,)起得亦早。

例(175)的"便"修饰形容词性成分"热了"以后不能作主语;例(176)的"也"修饰形容词性成分"便宜点儿"以后可以作宾语,但例(177)的"便"修饰形容词性成分"贵了"以后却不行;例(178)的"也"修饰形容词性成分"漂亮"以后不能带"的"作定语;例(179)的"却"修饰形容词性成分"十分饱满"以后可以作补语,而例(180)的"亦"修饰形容词性成分"早"以后却不太行。

2.3.9 处所副词

《大纲》中的处所副词修饰形容词性成分形成的"副+形"结构一般作谓语,也可以作宾语、补语,但不能作主语、定语。例如:

(181)？处处都很热是真的。
(182) 可能处处都不便宜。
(183)？处处都很干净的地方没有。
(184) 弄得处处都很脏。

例(181)、(183)的"处处"分别修饰形容词性成分"都很热"、"都很干净"以后作主语、定语都别扭,但例(182)、(184)的"处处"修饰形容词性成分"都不便宜"、"都很脏"以后可以作宾语。

9类副词修饰形容词性成分形成的"副+形"结构的句法功能大致如下表(见表2)

表 2

句法成分	类别	时间	情态	语气	程度	范围	否定	重复	关联	处所
主语	能(%)	50	57.1	0	61.3	100	36.4	40	0	0
	否(%)	50	42.9	100	38.7	0	63.6	60	100	100
谓语	能(%)	100	100	100	100	100	100	100	100	100
	否(%)	0	0	0	0	0	0	0	0	0
宾语	能(%)	92.5	85.7	49.3	100		81.8	40	25	100
	否(%)	7.5	14.3	50.7	0		18.2	60	75	0
定语	能(%)	70	28.6	4.5	100	35.7	45.4	20	0	0
	否(%)	30	71.4	95.5	0	64.3	54.6	80	100	100
补语	能(%)	12.5	28.6	31.3	100	23.8	9.1	0	25	100
	否(%)	87.5	71.4	68.7	0	92.9	90.9	100	75	0

2.4 "副+动/形"结构功能上的差异

通过考察可以看出,副词的性质不仅决定了其自身的句法功能,而且也影响到它与动词性或形容词性成分组合形成的"副+动/形"结构的句法功能。副词修饰动词性或形容词性成分形成的"副+动/

二 "副词+动词性成分/形容词性成分"结构的功能

形"结构的句法功能差异很大,它们一般都能作谓语,但作主语、宾语、定语和补语有的却不自由。《大纲》337个副词修饰动词性和形容词性成分形成的"副+动/形"结构不能充当主语、宾语、定语、补语情况如下表(见表3)

句法成分 \ 数量及百分比	副+动		副+形	
	副词的数量	百分比	副词的数量	百分比
主语	202	59.9	131	71.6
宾语	69	20.5	49	26.8
定语	142	42.1	113	61.8
补语	262	77.8	120	65.6

从表中可以看出,修饰动词性成分形成的"副+动"结构一般不能作主语的副词有202个,约占总数的59.9%;一般不能作宾语的有69个,约占总数的20.5%;一般不能带"的"作定语的有142个,约占总数的42.1%;一般不能作补语的有262个,约占总数的77.8%。能修饰形容词性成分的副词有183个,它们修饰形容词性成分形成的"副+形"结构一般不能作主语的有131个,约占71.6%;一般不能作宾语的有49个,约占26.8%;一般不能带"的"作定语的有113个,约占61.8%;一般不能作补语的有120个,约占65.6%。其中,情态副词、关联副词、语气副词,特别是语气副词和关联副词,修饰动词性和形容词性成分形成的"副+动/形"结构作主语、宾语、定语和补语最不自由。语气副词一共102个,有96个修饰动词性成分形成"副+动"结构一般不能作主语,约占语气副词的94.1%,一般不能作宾语的有39个,约占语气副词的38.2%;一般不能带"的"作定语的67个,约占语气副词的65.7%;一般不能作补语的78个,约占语气副词的76.5%。语气副词能修饰形容词性成分的有67个,但这些副词修饰形容词性成分形成的"副+形"结构一般不能作主语;一般不能作宾语的34个,约占50.7%;一般不能带"的"作定语的64个,约占95.5%;一般不能作补语的46个,约占68.7%。这说明,语气副词修饰动词性成分形成的"副+动"结构大部分不能作主语、定语和补语;修饰形容词性成分形成的"副+形"结构也同样是这种情况。

第二章
副词的功能

以往人们认为只有"真、的确、实在、诚然、果然、当然、确实"等修饰其他成分形成的结构不能带"的"作定语①,这一结论显然与实际情况相差甚远。

前文显示,不但不同类别的副词修饰动词性和形容词性成分形成的"副+动/形"结构功能上存在着差异,而且同一类中的副词修饰动词性和形容词性成分形成的"副+动/形"结构的功能也存在着一些差异。出现这种情况的原因十分复杂。据我们观察,不仅跟副词的类别有关系,而且跟副词的次类和语体等也有一定的关系。同一类副词如果所属的次类不同,修饰动词性和形容词性成分形成的"副+动/形"结构的功能常常有差别;书面语体的副词修饰动词性和形容词性成分形成的"副+动/形"结构的功能往往受到一些限制,像否定副词"莫、无、勿",它们修饰动词性成分形成的"副+动/形"结构既不能作主语、宾语,也不能作定语、补语。另外,副词的感情色彩等对"副+动/形"结构的功能也有一定的影响。不过,影响"副+动/形"结构的功能的因素到底有哪些,这些因素所起的作用到底如何,这些问题还有待于作进一步的探索。

"副+动/形"结构一般能作谓语,但是有很大一部分不能作主语、宾语、定语和补语。在作主语、宾语、定语和补语上,还存在着程度上的差别,一般情况下,作宾语的几率大于作主语、定语和补语的几率。这表明"副+动/形"结构在充当句法成分上构成一种优势序列,即:

谓语＞宾语＞定语＞补语＞主语

该序列表示越往左,几率越大;越往右,几率越小。这说明,"副+动/形"结构多具有陈述性,都可以用来说明一个问题,一个事件等;但是指称性却比较弱,即很多不能用来指称一个事件或一种情况。从这个意义上来说,"副+动/形"结构多具有谓词性的特点。

张谊生(2000)认为语气副词只能出现在动态的句子中,不能出现在短语中,即"副+动/形"结构只能作谓语和补语。齐沪扬(2002)

---

① 参见宋玉柱的《对外汉语教学札记》,《汉语学习》,1993年第4期。

二 "副词＋动词性成分/形容词性成分"结构的功能

也有类似的看法。实际上,语气副词修饰动词性或形容词性成分形成的"副＋动/形"结构不仅可以作谓语、补语,而且可以作宾语、定语,甚至主语,也就是说,语气副词可以出现在短语中,而且出现在短语中的还不少。据我们统计,102个语气副词中有76个能用于短语中,其中50多个语料库中都出现了用于短语中的用例,有些语气副词修饰动词性和形容词性成分形成的"副＋动/形"结构作宾语的语料库中多达10例,作定语的最多的有6例①。

有人可能要说,那些能出现在短语中的副词都不是语气副词,这种说法理论上和实际上都存在着可能,但是也面临着不少问题。首先,如果说能出现在短语中的副词不是语气副词的话,那么这些副词属于什么副词？其次,以上能出现在短语中的语气副词,有很多都是所谓典型的语气副词,像"毕竟、不妨、到底、倒(是)、多亏、反、反倒、反而、反正、姑且、果然、竟、竟然、究竟、居然、似乎、万万、未必、真"等,过去一般都把它们看做语气副词,显然把它们归入到别的次类中不太可能。第三,能出现在短语中的语气副词有"白、白白、必、必定、必将、并、不定、不妨、不愧、不免、不宜、不至于、差点儿、凑巧、大大、大体、大约、到底、倒(是)、的确、多、多么、反、反倒、非、果然、还、还是、好容易、何等、或许、几乎、简直、尽管、竟、竟然、究竟、居然、据说、决、恐怕、难道、难以、偏偏、其实、恰恰、千万、尚、甚至、生怕、是否、似乎、索性、万万、万一、未必、未免、无从、无非、幸亏、也许、约、真、正巧、只得、只能、只是、只有、至于、终、终究、终于、暂且、总算、足以、最好"等76个,约占语气副词的74.5%,即占了大多数,把这些副词都排除在语气副词之外,更是不大可能。综合以上情况,我们认为还得承认语气副词可以出现在短语中,只不过不像其他副词出现在短语中那么自由。

从"副＋动/形"结构的功能来看,副词应该可以分为句子副词和非句子副词。所谓句子副词,是指"副＋动/形"结构只能作谓语,或单独成句,而不能作主语、宾语、定语和补语。这一点表现尤为突出的是语气副词,语气副词中的"必将、毕竟、不觉、反正、好在、何必、据

---

① 参见杨德峰的《语气副词用于短语中初探》,《汉语学习》2005年第4期。

说、可、怕、生怕、说不定、索性、务必、至于、终"等,无论修饰动词性成分还是形容词性成分,形成的结构都作谓语或单独成句,既不能作主语,也不能作宾语、定语和补语。不过句子副词在整个副词体系中所占的比例不大。非句子副词是指"副+动/形"结构可以作谓语,也可以作主语、宾语、定语和补语等的副词,这类副词的数量比较大。

对"副+动/形"结构的功能进行考察,不仅能够更深入地揭示副词的性质,更全面地阐释副词的功能,而且对汉语教学,特别是对外汉语教学,具有重要的现实意义,因此这方面的研究应该得到重视。不但"副+动/形"结构功能需要考察,动词、形容词等与其他成分组合以后形成的结构的功能也同样需要去研究,只有这样,才能更准确地揭示各类词的性质,也才能使研究更深入一步。

3 副词在句中的位置

本章首先详细考察了《大纲》中 9 类副词在句子中的位置,发现主语为名词性成分时,时间副词、情态副词、范围副词、否定副词、重复副词、关联副词都半数以上只能出现在主语后面。主语为数量(名)时,时间副词、情态副词、语气副词、范围副词、否定副词、重复词和关联副词有的能出现在主语前面,也能出现在主语后面;有的只能出现在主语后面。主语为疑问代词时,时间副词、否定副词、关联副词一般出现在主语后面,而语气副词则相反,多出现在主语前面。

其次,讨论了口语中副词的易位情况,指出副词能否易位不仅与副词的音节有关系,而且与副词的类别、语义以及副词所修饰的成分的复杂程度等也有一定的关系。

最后,逐类、逐个考察了每两类副词的共现顺序,发现《大纲》中的 9 类副词没有一类绝对位于其他各类的前面或后面,并指出距离象似动因和语用作用是影响副词共现顺序的主要因素。

一 副词在句中的位置

1.1 引言

副词在句中的位置过去也有一些探索,刘月华(1983)曾指出,关联副词只能出现在正句——第二个分句,而且一定要位于主语后面。吴中伟(1995)认为,对于一般的主谓谓语句来说,如果谓语中心语是不及物动词或形容词,关联副词可以在小主语前或小主语后;如果谓语中心语是及物动词,小主语是受事,那么关联词语在小主语后面。例如①:

(1)(他脑袋疼,)我脑袋也疼。/我也脑袋疼。
(2)(小李帽子丢了,)我帽子也丢了。/ *我也帽子丢了。

例(1)的"也"既可以在小主语"脑袋"的后面,也可以在前面,因为"疼"不是及物动词;例(2)的"也"只能放在小主语"帽子"的后面,因为"丢"是及物动词。

张谊生(2000)认为单音节评注性副词一般只能位于主语后面,他还指出评注性副词在衔接句段时,可以有两种形式,大概可分为主前式和主后式。例②:

(3)张科长穿着一身灰布人民装,里面的白衬衫的下摆露出了一截在外边,脚上穿了一双黑布鞋子,鞋子上满是尘土,对周围的环境与事物都感到陌生和新鲜。他显然是第一次到上海来。　　　　　　(周而复《上海早晨》)
(4)"你是不是不相信我,怕我跟了别人?"她说。口气和神色带着少有的严肃。显然,她把我今天迫不及待地要求结婚领会错了。　　　　　　　(张贤亮《绿化树》)

例(3)的"显然"位于主语"他"的后面;例(4)的"显然"位于主语"她"的前面。

张亚军(2002)把范围副词分为三类:总括性范围副词、限量性范围副词和排他性范围副词,他认为总括性范围副词以出现在谓词性成分前作状语为常,一般不能出现在体词性成分前;限量性范围副词既可以出现在谓词性成分前,也可以出现在体词性成分前;排他性范围副词出现在主语/话题位置上的体词性成分前,只能对其后的体词性成分进行排他限定,出现在充当谓语的谓词性成分

---

① 以下二例引自吴文。
② 以下二例引自张谊生文。

前,其语义辖域内的所有成分都有被排他的可能。他还进一步指出,限量性范围副词由于其语义只能指向数量成分,所以位序比较自由。例如①:

(5) 一对对闪着绿光的眼睛,大大小小一共20多条狼赶来了。
(6) 他一共养了50种蝴蝶,但最喜欢黑脉金斑蝴蝶,因为它不仅是北美土生土长的蝶类,而且寿命长达一年,超过其他品种。

例(5)的限量副词"一共"出现在数量短语的前面,但例(6)的"一共"出现在动词的前面。

不过,应该指出的是,到目前为止,对副词在句中位置的研究还比较零碎,缺乏系统性,也缺乏定量分析。本节将在现有研究的基础上,按照第一章第二节中的分类,通过对语料库中的语料进行统计,对《大纲》中的337个副词在句中的位置逐一加以考察。

1.2 副词在句中的位置

副词在句中的位置不外乎三种:主语前、主语后、句末,本节将集中讨论副词作状语时位于主语前和主语后的情况,位于句末属于易位现象,将在下一节中专门加以讨论。

1.2.1 时间副词

《大纲》中的时间副词"按期、按时、本、不时、才、曾、曾经、成天"等,一般出现在主语的后面。例如:

(7) 几近半夜时,叶桑才回船舱。　　　　　　(方方《暗示》)
(8) 他从来不戴帽子。　　　　　　　　　　　(《安乐居》)
(9) 我一直觉得有愧,就是不能给予雇工更优厚的待遇。
　　　　　　　　　　　　　　　　　　　　　(张炜《柏慧》)
(10) 斑虎一下子站起,两爪搭在她的肩上。(张炜《柏慧》)

---

① 以下二例引自张亚军文。

第三章
副词在句中的位置

例(7)、(8)、(9)、(10)的"才"、"从来"、"一直"、"一下子"都出现在主语后面,不能出现在主语前面,下列各句都不成立:

(11) *(几近半夜时,)才叶桑回船舱。
(12) *从来他不戴帽子。
(13) *一直我觉得有愧,(就是不能给予雇工更优厚的待遇。)
(14) *一下子斑虎站起,(两爪搭在她的肩上。)

但也有位于主语前、后都可以的。例如:

(15) 外祖母后来说,她来到那个大院,看到那几棵高大茂盛的白玉兰树,顿时双眼一亮。　　(张炜《柏慧》)
一间房顿时人满为患。　　(池莉《太阳出世》)
(16) 一会儿她把母亲找了回来。　　(张炜《柏慧》)
我一会儿只拿碗走就可以。

　　　　　　　　　　　　(邓友梅《别了,濑户内海!》)
(17) 当我们俩在一起,再没有别的人时,有时我心中会涌出可怕的、猛然的激情。　　(张炜《柏慧》)
他有时火气大极了,一脚就把桌子踢翻。

　　　　　　　　　　　　　　　　　　(张炜《柏慧》)
(18) 你不必替我操心,早晚我会解释清楚的。

　　　　　　　　　　　　　　　　　(王朔《永失我爱》)
不过人类早晚有一天会摆脱一切虚伪的桎梏,洗掉千百年来积留在身上的污顼,恢复生命开始创造的时候那种纯朴的、自然的面貌。　　(张洁《漫长的路》)
(19) 小吕把擦得干干净净的铁锨搁到"小仓库"里,正在脚蹬着一个旧辘轴系鞋带。　　(汪曾祺《看水》)
电话铃响的时候,叶桑正在抹药。　　(张炜《暗示》)

例(15)、(16)、(17)、(18)、(19)的"顿时"、"一会儿"、"有时"、"早晚"、"正在"既可以出现在主语前面,也可以出现在主语后面。

我们对《大纲》中的64个时间副词在语料库中的使用情况进行

了统计,这些副词语料库中出现在主语前、后的大致情况如下表(见表 1):

表 1

副词 \ 条件及位置	条件	主语前	主语后
不时、曾经、从小、顿时、刚刚、回头、立即、立刻、马上、偶尔、仍旧、时而、首先、随后、随即、先、向来、眼看、一旦、一度、一会儿、一向、已、已经、永远、有时、早晚、正在、总(是)	主语为名词性成分	＋	＋
按期、按时、本、才、曾、成天、从来、赶紧、赶快、刚、即将、及早、将、将要、尽快、老(是)、仍、仍然、时时、始终、随时、先后、现、依然、一下儿、一下子、一直、预先、在、暂、暂且、早日、早已、正		－	＋
而后		＋	－
曾、曾经、顿时、立刻、偶尔、首先、随即、先、正	主语为数量(名)	＋	＋
不时、成天、从来、赶快、刚、刚刚、即将、将、将要、老(是)、立即、立刻、马上、时而、始终、随时、先后、眼看、一会儿、一下儿、一下子、一直、已、已经、永远、在、早已、正、正在		－	＋
而后、赶紧、随后、有时		＋	－
永远	主语为疑问代词	＋	－
曾经、及早、即将、老(是)、先		－	＋

(注:"＋"表示能,"－"表示不能,以下同)

从表中可以看出,当主语为名词性成分时①,很多时间副词既能

---

① 所谓名词性成分,包括除了数量(名)、数名以及数量重叠式以外的所有体词性成分。

出现在主语前面,也能出现在主语后面。例如:

(20) 顿时屋内漆黑一片。　　(邓友梅《别了,濑户内海!》)
河水顿时变成了惨淡的紫色。　　(张抗抗《白罂粟》)
(21) 随后门开了,杨妈从里面迎了出来。
　　(陈建功 赵大年《皇城根》)
金秀随后也跑了进来了,头发披散着显然刚刚从床上爬起来。　　(陈建功 赵大年《皇城根》)
(22) 一向学习成绩好。　　(方方《白雾》)
金秀一向以为这是王喜的潇洒。
　　(陈建功 赵大年《皇城根》)

例(20)的主语分别为名词性成分"屋内"和"河水",前一句时间副词"顿时"出现在主语前面,后一句出现在主语后面。例(21)、(22)与(20)情况类似。《大纲》中这样的时间副词有"不时、曾经、从小、顿时、刚刚"等29个,约占时间副词的45.3%。

但也有不少只能出现在主语后面。例如:

(23) 鱼缸身后本该是刚才走进的那道垂花门。
　　(邓友梅《步入中庭》)
(24) 大家成天抡着笤帚、铁锹扫除。
　　(邓友梅《别了,濑户内海!》)
(25) 他的脚一下儿没有站稳。
　　(蒋子龙《赤橙黄绿青蓝紫》)

例(23)、(24)、(25)的主语也都是名词性成分,但是时间副词"本"、"成天"、"一下儿"只能出现在主语的后面。《大纲》中这样的时间副词有"按期、按时、本、才、曾、成天、从来、赶紧、赶快"等34个,约占时间副词的53.1%。

也有个别时间副词只能出现在主语前面。例如:

(26) 而后空屋做了大粮库,再后来因漏雨霉烂塌了两间。
　　(廉声《月色狰狞》)

上例的"而后"只能出现在主语"空屋"的前面。《大纲》中这样的时间副词只有"而后"1个,约占时间副词的1.6%。

当主语为数量(名)时①,有些时间副词可以出现在主语前面,也可以出现在主语后面。例如:

(27) 我曾多次领悟了一个动物的自尊。 (张炜《柏慧》)
两人曾相见恨晚,天天到小餐馆饮酒长谈。
(方方《白雾》)
(28) 两手一提,把两箩稻子倒在"窝积"里,随即三五步就下到平地。 (汪曾祺《大淖记事》)
但两位男士随即高兴起来,寒暄一番,坐下等尹白出来。 (亦舒《七姐妹》)

例(27)、(28)的主语分别是数量和数量名结构,前一句时间副词"曾"、"随即"分别出现在主语前面,后一句分别出现在主语后面。不过《大纲》中这样的时间副词不多,有"曾、曾经、顿时"等9个,约占时间副词的14.1%。

主语为数量(名),时间副词一般出现在主语后面。例如:

(29) 我不是叫你去和他作对,两个人成天闹别扭还叫爱人吗? (蒋子龙《赤橙黄绿青蓝紫》)
(30) 两人刚刚说完,房门打开,那个年轻的采购员也吃得面孔红彤彤的闯了进来。 (高晓声《陈奂生转业》)
(31) 天色灰白,江岸的码头一片喧闹,原来三个异乡人即将离开芜镇了。 (迟子建《岸上的美奴》)
(32) 两个人始终保持一拳的距离,默默地走进北海公园的大门。 (陈建功 赵大年《皇城根》)

例(29)、(30)、(31)、(32)的主语都是数量(名),时间副词"成天"、"刚刚"、"即将"、"始终"都只能出现在主语的后面。《大纲》中这样的时

---

① 这里所说的数量(名)结构,包括数量名结构、数量结构、数名结构以及数量重叠式和量词重叠式。

间副词有"不时、成天、从来、赶快、刚、刚刚"等 29 个,约占时间副词的 45.3%。

但也有极少数只能出现在主语前面。例如:

(33) 我们用少数人突破敌阵,打开一个缺口,而后节节推进,随时补充。　　　　　　　　(老舍《无名高地有了名》)
(34) 他外出办事,有时好几个星期也不回来一次,他已不再理会苗红。　　　　　　　　　　　　(亦舒《红尘》)

例(33)的主语为量词重叠式,时间副词"而后"只能出现在主语前面;例(34)的主语为数量名结构,时间副词"有时"也只能出现在主语前面。《大纲》中这样的时间副词只有"而后、赶紧、随后、有时"4 个,约占时间副词的 6.3%。

当主语为疑问代词时①,时间副词一般出现在主语后面。例如:

(35) 谁家要是老给孩子吃这种东西,街坊就会有议论。
　　　　　　　　　　　　　　　　　　(汪曾祺《故乡的食物》)
(36) 谁先不理谁的?　　　　　　　(王朔《过把瘾就死》)

例(35)的主语为含有疑问代词的结构"谁家",时间副词"老"只能出现在主语后面;例(36)的主语为疑问代词"谁",时间副词"先"也只能出现在主语后面。《大纲》中这样的时间副词不多,有"曾经、及早、即将"等 5 个,约占时间副词的 7.8%。

也有个别时间副词只能出现在疑问代词前。例如:

(37) 慢慢的,两人打成一顺了,满头大汗费了牛劲可永远谁也打不着谁。　　　　　　(王朔《千万别把我当人》)

例(37)的"永远"只能出现在疑问代词"谁"的前面。《大纲》中这样的时间副词只有"永远"1 个,约占时间副词的 1.6%。

其实,时间副词位于主语前和位于主语后有着很大的不同。从上文可以看出,时间副词位于主语后面是常规位置,位于主语前面是

---

① 这里所说的疑问代词,包括单个疑问代词以及由疑问代词组成的结构。

非常规位置,人们把时间副词放在主语前面就是为了打破常规,主要目的是为了突出或凸显时间副词。试比较:

(38) 顿时屋内漆黑一片。　　(邓友梅《别了,濑户内海!》)
　　 屋内顿时漆黑一片。
(39) 随后金秀也跑了进来了。
　　 金秀随后也跑了进来了。(陈建功 赵大年《皇城根》)

例(38)前一句的"顿时"在主语前面,后一句的"顿时"在主语后面,两相比较很容易发现,前一句的"顿时"无论在视觉上,还是听觉上,都要比后一个要突出。例(39)前、后两句中的"随后"也有类似的区别。

如果说以上例子还不够明显的话,下面的用例也许更能说明问题:

(40) 而后,他进一步,退两步地在牧师前面摆动。
　　　　　　　　　　　　　　　　　　(老舍《正红旗下》)
(41) 立刻,眼前一片昏黑。　　　　　　(汪曾祺《看水》)

例(40)的"而后"不但位于主语前面,而且后面还有逗号与主语分开,这样无论听起来,还是看起来,都要比位于句中要突出得多。例(41)的"立刻"后面也有逗号,情况与例(40)类似。

时间副词位于主语前面是为了得到突出或凸显有着心理学的基础。心理实验证明,最容易引起受话人注意的是句首成分,所以在对话中,由于时间有限,把最重要的信息放在句首,是说话人直接的心理反映,也是引起受话人注意的便捷手段(张伯江、方梅,1995)。因此,时间副词放在主语前面,主要的目的是为了凸显时间副词。

由此可见,时间副词作状语是出现在主语后,还是出现在主语前,情况很复杂。当主语为名词性成分时,有近一半既可以出现在主语前面,也可以出现在主语后面;也有一半以上只能出现在主语后面。值得注意的是,那些既可以出现在主语前面,也可以出现在主语后面的,从统计结果来看,仍以出现在主语后面为常见,出现在主前、后的平均比例约为 1∶12.2,相差十分悬殊。当主语为数量(名)时,大多数时间副词只能出现在主语后面,虽然也有不少既可以出现在主语前面,也可以出现在主语后面,但是从统计情况来看,也以出现在主语后面为常见,出现在主语前、后的平均比例约为 1∶1.7。当主语为疑问代词时,同样可以看出,时间副词也是以出现在主语后面为常见。综合这些情况,完全可以得出结论:时间副词作状语多出现在主语后面。

1.2.2 情态副词

《大纲》中的情态副词"暗暗、不断、不住、乘机、从头、从中、大力"等,一般出现在主语后面。例如:

(42) 你尽量喝。
(43) 雨连下了三天。

例(42)、(43)的"尽量"、"连"都只能出现在主语后面。

但也有一些既可以位于主语前面,也可以位于主语后面。例如:

(44) 顺便你回去看看。
　　　你顺便回去看看。
(45) 渐渐地头发都白了。
　　　头发渐渐地都白了。

例(44)前一句的"顺便"在主语前面,后一句的"顺便"在主语后面;例(45)前一句的"渐渐"在主语前面,后一句的"渐渐"在主语后面。

《大纲》81 个情态副词语料库中出现在主语前、后的情况大致如下表(见表 2):

表2

副词＼条件及位置	条件	主语前	主语后
忽然、渐渐、接着、默默、顺便、只顾、逐渐	主语为名词性成分	＋	＋
暗暗、不断、不住、乘机、从头、从中、大力、大肆、定向、独自、分别、奋勇、赶忙、公然、胡、胡乱、互相、缓缓、极力、渐、接连、尽量、就地、就近、来回、连、连连、连忙、连夜、陆续、每、猛然、悄悄、亲笔、亲手、亲眼、亲自、任意、日益、擅自、私自、随手、随意、特此、特地、特意、偷偷、瞎、相、相继、徐徐、依次、一道、一个劲儿、一举、一口气、一块、一连、一齐、一起、一同、一头、一一、毅然、硬、照例、照样、直、只管、逐步、逐年、专程、自行	主语为名词性成分	－	＋
独自、忽然、渐、悄悄、照例	主语为数量(名)	＋	＋
不断、暗暗、从头、从中、奋勇、分别、公然、胡、互相、尽量、就地、来回、连连、陆续、猛然、默默、亲笔、亲手、亲眼、日益、相、相继、一头、照样、专程	主语为数量(名)	－	＋
接连、接着	主语为数量(名)	＋	＋

从表中可以看出,当主语为名词性成分时,绝大多数情态副词只能位于主语后面。例如:

(46) 厂里领导则互相宽慰,说是抗争一个多月毕竟还是省
下了两千块钱。　　　　　　　　　(方方《白雾》)

(47) 我缓缓往回游着,感到身体一点点沉重起来,从昨天
下午在北京上车我就没吃什么。　(王朔《浮出海面》)

例(46)、(47)的"互相"、"缓缓"都只能位于主语后面。《大纲》81个情态副词中这样的有"暗暗、不断、不住、乘机、从头"等73个,约占情态副词的90.1%。

也有一些既能出现在主语前面,也能出现在主语后面。例如:

(48) 叶方望着刘思佳,忽然眼泪簌簌地落下来。

(蒋子龙《赤橙黄绿青蓝紫》)

第三章
副词在句中的位置

阿芭哈忽然扭过头去。　　　　　　（张抗抗《白罂粟》）
(49) 接着刊物理所当然地走向了"恶俗"——一个接一个所谓的"企业家"登堂入室。　　　　（张炜《柏慧》）
妈妈接着又说。　　　　　　　　　（张炜《柏慧》）
(50) 顺便,他看清了小伙子那张充满了厌倦和愚蠢的自负的脸。　　　　　　　　　　　　（王蒙《夜的眼》）
金枝顺便把报箱里的晚报取了回来。
（陈建功 赵大年《皇城根》）

例(48)前一句的"忽然"在主语前面,但后一句的"忽然"却在主语后面;例(49)前一句的"接着"在主语前面,后一句的"接着"在主语后面;例(50)的"顺便"情况类似。《大纲》中这样的情态副词有"忽然、渐渐、接着、默默、顺便、只顾、逐渐"等7个,约占情态副词的8.6%。

值得注意的是,这些能出现在主语前或后的,一般仍以出现在主语后为常见,以上7个副词语料库中出现在主语前、后的情况大致如下表(见表3):

表 3

副词＼位置	主语前	主语后
忽然	17	116
渐渐	1	77
接着	43	41
默默	1	85
顺便	1	9
只顾	3	13
逐渐	2	48

从表中可以看出,除了"接着"位于主语前的数量稍高于主语后的以外,其他几个位于主语后的数量都大大超过位于主语前。

当主语为数量(名)时,情态副词也主要出现在主语后面。例如:

(51) 于是几颗枪榴弹就接连在我身边爆炸。
（邓贤《大国之魂》）
(52) 两个人默默地相对,默默地相视,天地间仿佛只剩下

火焰闪动的声音。　　　　　　（古龙《英雄无泪》）

(53) 树后,向两个战士比画了一下手势,然后掏出两颗手榴弹,两个战士照样掏出两颗。（曲波《林海雪原》）

例(51)的"接连"只能位于主语后面,例(52)的"默默"也只能位于主语后面,例(53)的"照样"情况类似。《大纲》中这样的情态副词有"不断、暗暗、从头、从中、奋勇、分别、公然"等25个,约占情态副词的30.9%。

但也有少数情态副词位于主语前、后都可以。例如:

(54) 渐渐地,两行老泪缓缓地从他的面颊上流淌下来。

（方方《暗示》）

双眼渐渐地失去了神采。　　　　　（张炜《柏慧》）

(55) 他披上衣服,换上鞋,悄悄一个人走出去了①。

（王蒙《海的梦》）

她把刚刚点燃的烟极柔和地拿掉,摁灭在沙发扶手上的烟灰缸里,然后,双臂悄悄环绕住了他。

（田晓菲《哈得逊河上的落日》）

例(54)前一句的"渐渐"位于主语"两行老泪"的前面,后一句位于主语"双眼"的后面;例(55)前一句的"悄悄"位于主语"一个人"的前面,后一句的"悄悄"位于主语"双臂"的后面。《大纲》中这样的情态副词很少,只有"独自、忽然、渐"等5个,约占情态副词的6.2%。

也有个别情态副词只能位于主语前面。例如:

(56) 接着三个人又和开头一样,天上地下乱扯起来,直扯得范登高老婆打了呵欠。　　　（赵树理《三里湾》）

例(56)的"接着"只能出现在"三个人"的前面。《大纲》中这样的情态副词只有"接连、接着"2个,约占情态副词的2.5%。

与时间副词类似,情态副词位于主语前、后也有很大的不同,位于主语前也是为了突出或凸显情态副词。试比较:

---

① "悄悄"位于数量名主语前有很大的限制。一般情况下,数词限于"一",而且数量名前要有同指的人称代词或名词。

(57) 叶芳望着刘思佳,忽然眼泪簌簌地流下来。

(蒋子龙《赤橙黄绿青兰紫》)

叶芳望着刘思佳,眼泪忽然簌簌地流下来。

(58) 渐渐,他脸变得潮红。　　　　　　　　(王朔《痴人》)

他脸渐渐变得潮红。

两相比较不难发现,例(57)、(58)前一句中的情态副词"忽然"、"渐渐"无论视觉上,还是听觉上都要比后一句中的突出,特别是例(58)的"渐渐",后面还有","与主语隔开,即副词后面有一个小的停顿,凸显效果更为明显。

情态副词多出现在主语后面,这有着认知上的原因。认知语言学认为,语言单位的排列不是任意的,受着认知方面因素的制约,两个语言成分所表示的概念之间的距离越近,它们在语序上相距得就越近,也就是说两个成分语序的距离决定于这两个成分所反映的概念上的距离,认知语言学把这种情况称作为"距离象似动因"。从概念上来说,情态副词表示的一般是动作的情态,凡动作必然有情态,也就是说动作蕴涵着情态,情态是动作的必有因素,因此从概念距离来说,情态副词与动作的距离近,这就决定了这些副词多放在主语的后面,谓语的前面。

1.2.3　语气副词

《大纲》中的语气副词"白、白白、必、必定、必将、毕竟、并、不定"等,有的可以放在主语前面,也可以放在主语后面。例如:

(59) 幸好他在家。

他幸好在家。

(60) 万一时间不够怎么办?

时间万一不够怎么办?

例(59)、(60)的语气副词"幸好"、"万一"显然放在主语前、后都可以。

也有不少语气副词只能位于主语后面。例如:

(61) 我觉得你那固执不聪明,你在白白错过机会。

(王朔《人莫予毒》)

(62) 五小的学生叫她的时候必用全称:詹大胖子。

(汪曾祺《故人往事》)

(63) 但我相信,当你把眼和心真的放进球场,你必将有所收获。　　　　　　　　　　　　(铁凝《门外观球》)

例(61)、(62)、(63)的"白白"、"必"、"必将"只能位于主语后面。

值得注意的是,那些能出现在主语后、又能出现在主语前的语气副词,情况十分复杂。同一个副词有的出现在主语前、后都可以,但有的有时只能出现在主语后,不能出现在主语前;有时则相反,只能出现在主语前,不能出现在主语后。例如:

(64) 我的确知道。　　　　　　　　　　(方方《定数》)
　　 的确,她有一张像公主样美丽的脸。　(张洁《漫长的路》)
(65) 只是主犯究竟是谁,似乎还有点扑朔迷离。
　　　　　　　　　　　　　　　　　　　(方方《埋伏》)
　　 究竟软件有哪些类型?　　(郑人杰《实用软件工程》)
(66) 我简直不敢相信。→＊简直我不敢相信。
　　　＊一点办法简直都没有。→简直一点办法都没有。
(67) 张老师不定去。→＊不定张老师去。
　　　＊谁不定赢。→不定谁赢。

例(64)、(65)的"的确"、"究竟"出现在主语前、后都可以。例(66)前一组句子的主语为代词"我","简直"位于主语后面,句子成立,位于主语前面,句子不成立;后一组句子的主语为数量结构"一点办法","简直"位于主语后面,句子不能说,位于主语前面,句子却能说。以上两组句子的主语不同,前一组句子的主语是代词,后一组句子的主语是数量(名),这说明语气副词"简直"能否出现在主语前面与句子的主语有直接的关系。当主语为代词时,"简直"只能出现在主语后面;当主语为数量(名)时①,"简直"只能出现在主语前面。

例(67)前一组句子的主语为名词性成分"张老师",副词"不定"位于主语后面,句子成立,但位于主语前面,句子不成立;后一组句子的主语为疑问代词"谁","不定"出现在主语后面,句子不成立,出现

---

① "数量名"中的数词为"一",句子为周遍性主语句。可见副词作状语的位置与句子的性质也有一定的关系。

第三章
副词在句中的位置

在主语前面,句子却成立。

《大纲》102个语气副词语料库中出现在主语前、后的情况大致如下表(见表4):

表 4

副词 / 条件和位置	条件	主语前	主语后
毕竟、不禁、不觉、不至于、差点儿、大约、到底、的确、反而、反正、果然、还是、好容易、好在、何必、或许、几乎、简直、竟然、究竟、就是、居然、据说、恐怕、明明、难道、怕、偏、偏偏、其实、恰好、恰恰、恰巧、千万、甚至、生怕、势必、是否、说不定、似乎、索性、万一、未必、无非、幸好、幸亏、也许、正巧、只得、只好、只能、只是、只有、终究、终于、总算、最好	主语为名词性成分	+	+
白、白白、必、必定、必将、并、不定、不妨、不愧、不免、不宜、不由得、凑巧、大大、大体、倒(是)、多、多么、反、反倒、非、高低、姑且、还、何等、尽管、竟、决、可、可巧、难以、且、尚、万万、未免、无从、务必、许、约、真、至于、终、足以		−	+
不料、多亏		+	−
不禁、不宜、不至于、差点儿、大约、到底、的确、果然、还是、好容易、何必、或许、几乎、简直、竟、竟然、居然、据说、可、恐怕、其实、千万、恰好、恰恰、恰巧、甚至、说不定、似乎、无非、也许、只好、只能、只是、终于	主语为数量(名)	+	+
白白、必、必定、并、不定、不觉、大大、倒(是)、非、还、尽管、难以、偏、尚、是否、无从、至于、总算、足以		−	+
不料、好在、简直、万一、只有		+	−
不定、到底、几乎、究竟、其实、说不定、似乎、万一、终究	主语为疑问代词	+	
还、难以、无从、真		−	+

副词在句中的位置

从表中可以看出,主语为名词性成分时,很多语气副词既能位于主语前,也能位于主语后。例如:

(68) 的确我不知道。
　　 我的确不知道。
(69) 究竟明天去哪儿?
　　 明天究竟去哪儿?
(70) 偏偏王老师不在。
　　 王老师偏偏不在。

例(68)的主语是代词"我",副词"的确"既能出现在主语前,也能出现在主语后;例(69)、(70)的主语分别是名词性成分"明天"和"王老师",副词"究竟"、"偏偏"可以出现在主语前,也可以出现在主语后。《大纲》中这样的语气副词有"毕竟、不禁、不觉、不至于、差点儿、大约"等57个,约占语气副词的55.9%,超过了一半。

但也有不少只能位于主语后面。例如:

(71) 你在白白错过机会,你大概不知道我是谁吧?
　　　　　　　　　　　　　　　　(王朔《人莫予毒》)
(72) 中国的武术是衰落了,国家不振,百业必定萧条。
　　　　　　　　　　　　　　　　(邓友梅《那五》)
(73) 成功并不能真正给人的生活带来改变,包括不能改变人心的孤寂。　　　　　(张承志《北方的河》)

例(71)、(72)、(73)的"白白"、"必定"、"并"只能位于主语后面。《大纲》中这样的语气副词有"白、白白、必、必定、必将"等43个,约占语气副词的42.2%。

还有个别语气副词只能位于主语前面。例如:

(74) 不料那女人心怀叵测,竟于微笑中暗暗记下了田平的车号。　　　　　　　　　　　(方方《白雾》)
(75) 多亏班主任人好,非说要挽救我,才没定为右派。
　　　　　　　　　　　　　　(冯骥才《一百个人的十年》)

例(74)、(75)的主语分别为名词性成分"那女人"和代词"他",但前者的"不料"和后者的"多亏"都只能出现在主语前面。不过,《大纲》中这样的语气副词极少,只有"不料、多亏"2个,约占语气副词的2%。

当主语为数量(名)时,有的语气副词位于主语前、后都可以,有的只能位于主语后面,还有一些只能位于主语前面。例如:

(76) 我们的几个同学,甚至几个老师还在那里。
（王朔《浮出海面》）
小吕这才觉得自己一身都是汗,两条腿甚至有点儿发颤。
（汪曾祺《看水》）

(77) 虽然他们发现在神剑山庄中罩着一种诡异的气氛,似乎四壁都有人在遥遥地窥视着。（古龙《圆月弯刀》）
一百多元钱似乎已经所剩不多。
（张承志《北方的河》）

(78) 八吊钱还不到两块七角钱。　（汪曾祺《八千岁》）

(79) 三位弟兄白白的死了,没有一个抵偿的,连一个挨几十军棍的也没有!　（老舍《我这一辈子》）

(80) 好在两个人都还算年轻,精神和思维都仍在维持着正常而紧张的运转。
（张平《十面埋伏》）

(81) 因为对那个陌生人,简直一点头绪都摸不着。
（陈建功 赵大年《皇城根》）

例(76)的主语为数量名"几个老师"和"两条腿",前一例的语气副词"甚至"出现在主语前面,后一例的"甚至"出现在主语后面;例(77)的"似乎"情况类似。《大纲》中这样的语气副词有"不禁、不宜、差点儿、大约、的确、果然"等34个,约占语气副词的33.3%。

例(78)的主语是数量名"八吊钱",语气副词"还"只能出现在主语后面;例(79)的"白白"情况类似。《大纲》中这样的语气副词有"白白、必、必定、并、不定"等19个,约占语气副词的18.6%。

例(80)的主语是数量名"两个人",语气副词"好在"只能位于主语前面。例(81)的"简直"情况类似。《大纲》中这样的语气副词有

"不料、好在、简直"等5个,约占语气副词的4.9%。

当主语为疑问代词时,语气副词不少只能出现在主语前面。例如:

(82) 商业贷款没听说过有这么低的,不定谁蒙谁呢!
(王朔《顽主》)
(83) 究竟什么是软件工程? (郑人杰《实用软件工程》)
(84) 其实谁都明白,整个平原上也许只有一个人能够挽救这个老人的生命。 (张炜《柏慧》)

例(82)、(83)、(84)的主语分别是疑问代词"谁"、"什么"和"谁",语气副词"不定"、"究竟"、"其实"只能出现在主语前面。《大纲》中这样的语气副词有"不定、到底、几乎"等9个,约占语气副词的8.8%。

但也有极少数语气副词只能出现在主语后面。例如:

(85) 你给人家砸烂砖,挖成洞,弄得满地百孔千疮,谁还搭棚? (邓友梅《步入中庭》)
(86) 他长脸膛,一双眼睛犀利明亮,眼角很长,只要看谁一眼,谁就难以将他忘记。 (张炜《柏慧》)
(87) 至于他怎么偷的鸡,怎么宰了,怎么煺的毛,谁都无从想象。 (李良《鸡毛》)

例(85)、(86)、(87)的主语都是疑问代词"谁",它们中的语气副词"还"、"难以"、"无从"都只能位于主语后面。不过,《大纲》中这样的语气副词极少,只有"还、难以、无从、真"4个,约占语气副词总数的3.9%。

应当指出的是,语气副词放在主语前和主语后,所起的作用也不完全相同。张谊生(2000)认为放在主语前是全幅评注,放在主语后是半幅评注[①]。例如:

(88) 所以过了几天,掌柜又说我干不了这事。幸亏荐头的情面大,辞退不得,便改为专营温酒的一种无聊职务。
(鲁迅《孔乙己》)

[①] 以下二例引自张谊生文。

第三章
副词在句中的位置

(89) 我们楚国幸亏有三闾大夫,平常我们的国王也很听信三闾大夫的话。　　　　　　　　　(郭沫若《屈原》)

张谊生认为例(88)的"幸亏"是全幅评注,这有利条件是对句外因素"我"而言的;例(89)的"幸亏"是半幅评注,这有利条件是对句内话题"楚国"而言的。张谊生的分析是符合语言事实的,不过,他却又说"凡是既可以位于主语后,又可以位于句首的F,大多是全幅评注,也就是对整个命题进行评注,但有时也可以是半幅评注",这样就有些自相矛盾了。我们赞成张谊生前面的看法,即语气副词位于主语前是全幅评注,是对整个句子进行评注;位于主语后准确地说并不是半幅评注,应该是非全幅评注,即只对副词后面的成分进行评注。

齐沪扬(2002)认为占据句首位置为"高位位置",因此具有高位功能,即语气副词管辖范围是全句,是对整个命题进行表述;占据句中位置的为"低位位置",因此具有低位功能,即语气副词管辖范围是述题部分,是对述题部分进行表述。齐沪扬的看法其实与张谊生是基本一致的,只是表述有所不同。

除了以上不同以外,语气副词出现在主语前和主语后语用功能也不同。位于主语前有凸显语气副词的作用,语气副词是整个句子的焦点。试比较:

(90) 他的沉默其实已经与那些言必称"宽容"的家伙们划清了界限。　　　　　　　　　　　(张炜《柏慧》)
(91) 其实她猜得出来,他多半是躲在图书馆里。
　　　　　　　　　　　　　　　(张承志《北方的河》)
(92) 其实,外国人爱上我们的女孩子,是因为她们美丽,是我们的骄傲,只要那些外国人不是洋瘪三就行。
　　　　　　　　　　　　　　　(王朔《浮出海面》)

例(90)的"其实"位于主语后面,例(91)的"其实"位于主语前面,两相比较很容易发现,后者的"其实"要比前者突出。如果说例(91)还不明显的话,例(92)也许更能说明问题。例(92)的"其实"不仅位于主语前面,而且后面还有逗号,即语气副词后面还有一个较小的停顿,与例(90)中的"其实"相比,显得比较突出。

上述情况说明,语气副词位于主语前还是主语后,并不能一概而论,它们出现在主语前还是主语后是有条件的,因此不能简单地说语气副词既可以放在主语前面,也可以放在主语后面,否则,在对外汉语教学中必然出现误导。在对外汉语教学中很容易发现学生把副词的位置放错了的情况。例如:

(93) *一个人多亏都不在。
(94) *(老师又讲了一次,)反而我不明白。
(95) *万万你不能迟到。

例(93)、(94)、(95)的"多亏"、"反而"、"万万"位置显然都错了。

1.2.4 程度副词

《大纲》中的程度副词"比较、不大、顶、非常、分外、格外"等,除了"尤其"之外①,其他30个不管主语是什么成分,一般位于主语后面,约占程度副词的96.8%。例如:

(96) 我只要稍一走开,阮琳就会跑过来占我的位置。
(王朔《痴人》)
(97) 这十分合我的胃口。 (张炜《柏慧》)
(98) 空间太小了,叶桑坐得很不舒服。 (方方《暗示》)
(99) 情况万分紧急,可是我没证据,没法汇报,发愁的就是这事。 (王朔《看上去很美》)

例(96)、(97)、(98)、(99)的"稍"、"十分"、"太"、"万分"显然只能位于主语后面。

程度副词只能位于主语后面同样有认知上的原因。前面说过,语言成分之间的距离决定于这些成分所反映的概念之间的距离,概

---

① "尤其"既可以位于主语前面,也可以位于主语后面。例如:

(1) 尤其原籍山东的人家打得狠。 (王朔《看上去很美》)
(2) 老三尤其肥白高大。 (汪曾祺《故里杂记》)

例(1)的"尤其"在主语前面,例(2)的"尤其"在主语后面。

念上的距离越近,反映概念的语言成分的距离也就越近,即遵守"距离象似动因"。从概念上来说,程度副词所反映的都是性质的程度,也就是说,性质都存在着程度问题,像"大",一提到"大",人们必然要想到"大"的程度,是"稍微大",还是"很大"还是"特别大",因此可以说"程度"是性质之类的词语所必然包含的一种特征,性质和程度是密切相关的,不可分割的,因此体现在语序上,表示程度的副词就要放在谓语形容词等前面、主语后面。

1.2.5 范围副词

《大纲》中的范围副词"大半、大都、大多、单、都"等,有的可以放在主语前面,也可以放在主语后面。例如:

(100) 光衣服就买了十件。

这个商店光卖衣服。

例(100)前一句的"光"在主语前面,后一句的"光"在主语后面。

也有一些只能位于主语后面。例如:

(101) 我总共去过三次。

上例的"总共"只能位于主语后面。

《大纲》23个范围副词语料库中位于主语前、后的大致情况如下表(见表5):

表 5

副词 \ 条件和位置	条件	主语前	主语后
多半、光、皆、仅、仅仅、惟独、只、至少	主语为名词性成分	＋	＋
大半、大都、大多、单、都、共、净、全部、统统、一概、一共、至多、总共		－	＋
凡、凡是		＋	－
至少	主语为数量(名)	＋	＋
都、多半、皆、全都、一概、一共、总共、只		－	＋
仅仅、统统		＋	－
都	主语为疑问代词	＋	＋
仅仅		－	＋

从表中可以看出,当主语为名词性成分时,有些范围副词可以位于主语前面,也可以位于主语后面。例如:

(102) 多半草舍的顶棚都凹陷下来,远看像是搁浅的破船。
　　　　　　　　　　　　　　　　（李杭育《沙灶遗风》）
　　　　女同志多半不辨方向。　　（杨绛《干校六记》）
(103) 不仔细观察几乎看不出刀口,仅仅疤痕的颜色比周围皮肤的颜色稍红一点。　（王朔《过把瘾就死》）
　　　　思想不仅仅写在纸上,也不仅仅存在于人的躯体之中。　　　　　　　　　　　（张炜《柏慧》）

例(102)前一句的"多半"在主语前面,后一句的"多半"在主语后面;例(103)的"仅仅"情况类似。这样的范围副词《大纲》中有"多半、光、皆、仅、仅仅"等8个,约占范围副词的34.8%。

大部分范围只能出现在主语后面。例如:

(104) 你净演《三气周瑜》,还不把我气死呀?
　　　　　　　　　　　　　　（陈建功 赵大年《皇城根》）
(105) 考试全都是考基础,这个我深有体会。
　　　　　　　　　　　　　　　　（张承志《北方的河》）
(106) 可他一概装作没听见。（蒋子龙《赤橙黄绿青蓝紫》）

例(104)、(105)、(106)的"净"、"全都"、"一概"都只能位于主语后面。《大纲》中这样的范围副词有"大半、大都、大多、单、都"等13个,约占范围副词的56.5%。

也有个别范围副词只能位于主语前面。例如:

(107) 凡事都怕逼呀!　　（蒋子龙《赤橙黄绿青蓝紫》）
(108) 凡是你要的就留下。　　（邓友梅《那五》）

例(107)、(108)的"凡"、"凡是"都只能位于主语前面。《大纲》中这样的范围副词只有"凡、凡是"2个,约占范围副词的8.7%。

当主语为数量(名)时,范围副词一般位于主语后面。例如:

(109) 男孩子似乎为了回报她的爱,同她有过两次幽会,并且两次都热烈地亲吻了她。　　　　　(方方《暗示》)

(110) 两人皆埋头抽烟。　　　　　　　　　(方方《白雾》)

例(109)、(110)的"都"、"皆"都只能位于主语后面。《大纲》中这样的范围副词有"都、多半、皆、全都、一概"等 8 个,约占范围副词的 34.8%。

也有个别只能出现在主语前面。例如:

(111) 洞庭湖气候变化的幅度大着呢,它是一个脾性强悍的活体,仅仅一种裁断哪能框范住它?

(余秋雨《洞庭一角》)

上例的"仅仅"只能出现在主语"一种裁断"前。《大纲》中这样的范围副词只有"仅仅、统统"2 个,约占范围副词的 8.7%。

还有个别的既可以位于主语前,又可以位于主语后,《大纲》中这样的范围副词只有"至少"1 个,约占范围副词的 4.4%。

当主语为疑问代词时,"都"可以出现在主语前,也可以出现在主语后,但"仅"只能出现在主语后,分别约占范围副词的 4.4%。

张亚军(2002)曾提出,某些范围副词只能位于主语前面,不能位于主语后面,即不能修饰动词性或形容词性成分,应当把这样的副词从范围副词中剔除出去,作为助词。我们觉得这么做没有必要,反而会把词类搞复杂了。如果只依据句法分布对词语进行分类,那么范围副词恐怕就得分成三类,因为范围副词有的只能位于主语前,有的只能位于主语后,还有些既可以位于主语前,也可以位于主语后。

1.2.6　否定副词

《大纲》中的否定副词"甭、别、不、不必、不曾"等,大都只能出现在主语后面。例如:

(112) 东西不多。

(113) 她还没结婚。

例(112)、(113)的"不"、"没"都只能位于主语后面。

但也有位于主语前、后都可以的。例如:

(114) 不用你操心!
你不用操心!

上例前一句的"不用"在主语"你"前面,后一句的在主语"你"后面。

"不用"之所以既可以出现在主语前,也可以出现在主语后,是因为"不用"语法化还不彻底,即该词中的"用"还保留着动词的特性,正因为如此,《现代汉语词典》(修订本)中的"用"其中有一个义项就是"需要",而且特别注明该义项用于否定句。这表明"不用"是"不+用","用"为动词,而"不"和动词"用"是可以出现在名词性主语前、后的。

《大纲》14个否定副词语料库中出现在主语前、后的情况大致如下表(见表6):

表6

副词 \ 条件和位置	条件	主语前	主语后
甭、别、不必、不要、不用	主语为名词性成分	+	+
不、不曾、从未、没、没有、莫、未、无、勿		−	+
甭、别、不用	主语为数量(名)	+	+
从来		−	+
甭、别、不要、不用、没、没有	主语为疑问代词	−	+

从表中可以看出,当主语为名词性成分时,有些否定副词可以出现在主语前,也可以出现在主语后。例如:

(115) 甭你们党棍动手,我们就先把他掐死。
(王朔《一点正经都没有》)
小青年甭逞英雄。 (张正隆《血色黄昏》)
(116) 赶明儿不用你开口。 (陈建功 赵大年《皇城根》)

第三章
副词在句中的位置

　　警察署不用动这么大干戈。

（邓友梅《别了，濑户内海！》）

例(115)前一句的"甭"位于主语"你们党棍"的前面,后一句的"甭"却位于主语"小青年"后;例(116)前一句的"不用"位于主语"你"前,后一句的"不用"位于主语"警察署"的后面。《大纲》中这样的否定副词有"甭、别、不必"等 5 个,约占否定副词的 35.7%。

　　但大多数只能位于主语后面。例如:

(117) 她已经许久不曾流泪了,甚至业已忘却流泪的滋味。

（方方《暗示》）

(118) 高分析了疑点一二三四五六七,并设计了一套非常周密的行动方案,听者莫不信服。　　（方方《埋伏》）

例(117)、(118)的"不曾"、"莫"、"不"都位于主语后面,而且只能位于主语后面。《大纲》中这样的否定副词有"不、不曾、从未"等 9 个,约占否定副词的 64.3%。

　　当主语为数量(名)时,"甭、别、不用"位于主语前、后都可以,约占否定副词的 21.4%;"从未"只能位于主语后,约占否定副词的 7.1%。

　　当主语为疑问代词时,否定副词只能位于主语后面。例如:

(119) 谁也不要只顾自己。　　　　　（叶永烈《姐姐》）
(120) 谁也没搭茬。　　　　（邓友梅《别了,濑户内海!》）

例(119)、(120)的"不要"、"没"都只能位于主语后面。《大纲》中这样的否定副词有"甭、别、不要"等 6 个,约占否定副词的 42.9%。

　　值得注意的是,当主语为名词性成分时,"甭、别、不必、不要、不用"虽然可以位于主语前和后,但与位于主语后相比,位于主语前的情况比较少,这 5 个副词语料库中位于主语前、后的情况大致如下(见表 7):

表 7

副词 \ 位置	主语前	主语后
甭	1	63
别	2	32
不必	4	50
不要	6	44
不用	10	46

从表中可以看出,"甭、别、不必、不要、不用"虽然可以出现在主语前,但相对于出现在主语后来说,数量要少得多,这些副词出现在主语前、后的平均比例约为1：10.2,相差很大。出现这种情况,大概有两个原因：一是作者个人语言风格的影响,一是方言的影响。鉴于这些否定副词出现在主语前面的情况非常少,可以采取"忽略不计"的办法。

1.2.7 重复副词

《大纲》中的重复副词"常、常常、重、重新、反复"等,一般出现在主语后面。例如：

(121) 他屡次不改。
(122) 明天再来吧！

例(121)、(122)的"屡次"、"再"只能位于主语后面。

也有位于主语前、后都可以的。例如：

(123) 常常夜里就出发。
夜里常常下雨。

例(123)前一句的"常常"在主语前面,后一句的"常常"在主语后面。

《大纲》13个重复副词语料库中位于主语前、后的情况大致如下表(见表8)：

表 8

副词 \ 条件和位置	条件	主语前	主语后
常常、往往	主语为名词性成分	＋	＋
常、重、重新、反复、复、屡次、时常、又、一再、再、再三		－	＋
常、常常、时常、往往、又	主语为数量（名）	＋	＋
重新、反复、屡次、一再、再三		－	＋
又	主语为疑问代词	－	＋

从表中可以看出,当主语为名词性成分时,大部分重复副词都位于主语后面。例如:

(124) 座上客常满。　　　　　　　　　（汪曾祺《八千岁》）
(125) 我反复叮嘱着自己。　　　　　　　（张炜《柏慧》）
(126) 祝同康一再安慰她。　（蒋子龙《赤橙黄绿青蓝紫》）

例(124)、(125)、(126)的"常"、"反复"、"一再"都只能出现在主语后面。《大纲》中这样的重复副词有"常、重、重新、反复、复"等 11 个,约占重复副词的 84.6%。

也有个别可以出现在主语前面或后面。例如:

(127) 常常烂摊子还没收拾人尚在险中就站在或趴在那儿痴痴想起来。　　　　　　　　（王朔《看上去很美》）
　　　你常常有这种感觉吗?　　　　　　（张炜《柏慧》）

上例前一句的"常常"位于主语"烂摊子"的前面,而后一句的"常常"却位于主语"你"的后面。《大纲》中这样的重复副词只有"常常、往往"2 个,约占重复副词的 15.4%。

当主语为数量(名)时,重复副词有的既可以位于主语前面,也可以位于主语后面。例如:

(128) 为着这样的私议,常常两个人并铺睡在一起。

(陈学昭《一夜》)

以后鸿渐就不寂寞了,三人常常来往。

(钱钟书《围城》)

(129) 又一辆公共汽车进站,站在他们之间,周围的人纷纷跑向站台,投入耀眼的阳光中。 (王朔《给我顶住》)

睡得太晚了,半夜又被潮声弄醒。 (张炜《柏慧》)

例(128)前一句的"常常"在主语数量名"两个人"的前面,后一句的"常常"在主语数名"三人"的后面。例(129)的"又"情况类似。《大纲》中这样的重复副词有"常、常常、时常"等5个,约占重复副词的38.5%。

也有一些只能位于主语后面。例如:

(130) 临走时,两个阿姨都再三叮嘱我:千万不要用手抓脸,多痒也不要抓。 (王朔《看上去很美》)

上例的"再三"只能出现在主语"两个阿姨"的后面。《大纲》中这样的重复副词有"重新、反复、屡次"等5个,约占重复副词的38.5%。

当主语为疑问代词时,只能出现在主语后面。例如:

(131) 聊起近日在全城各处发生的斗殴,谁被叉了,谁被剁了,谁不仗义,而谁又在斗殴中威风八面,奋勇无敌。

(王朔《动物凶猛》)

上例的"又"只能出现在主语"谁"的后面。《大纲》中这样的重复副词极少,只有"又"1个,约占重复副词的7.7%。

应该指出的是,当主语为名词性成分或数量(名)时,虽然"常、常常、时常、往往、又"既可以位于主语前,也可以位于主语后,但位于主语前面的情况比较少。语料库中这几个副词出现在主语前、后的数量大致如下表(见表9):

表 9

位置 副词	主语前	主语后
常	1	49
常常	5	83
时常	1	38
往往	5	90
又	4	187

从表中可以看出,以上 5 个重复副词,出现在主语前最多不超过 5 例,而出现在主语后的都大大超过主语前的,出现在主语前、后的平均比例约为 1:28,相差极其悬殊。这种情况与有些否定副词可以出现在主语前类似,因此也可以采取"忽略"的态度。

1.2.8 关联副词

《大纲》中的关联副词"便、就"等,一般出现在主语后面,这一点刘月华(1983)早就指出来了,她认为可以出现在主语前面,也可以出现在主语后面的是连词;不能出现在主语前面(指没有停顿的),只能出现在主语后面的是副词。吕叔湘(1991)也有类似的看法,他指出除了"越"之外,关联副词只能出现在正句中,而且一定要位于主语后面。例如:

(132) 一到家他便给我打了一个电话。
(133) 吃完饭我就来。
(134) 大家找你好半天了,你却躲在这里乘凉。

例(132)、(133)、(134)的"便"、"就"、"却"都只能位于主语后面。
　　也有可以位于主语前面的。例如:

(135) 说好三天的活,却一个星期也没完工。

上例的"却"只能位于主语"一个星期"的前面。
　　《大纲》8 个关联副词语料库中位于主语前、后的情况大致如下表(见表10):

副词在句中的位置

表 10

副词 \ 条件和位置	条件	主语前	主语后
就、却、也	主语为名词性成分	＋	＋
便、乃、一、亦		－	＋
然后		＋	－
就、却、也、亦	主语为数量(名)	＋	＋
便、乃		－	＋
然后		＋	－
就、也	主语为疑问代词	－	＋

从表中可以看出,当主语为名词性成分时,有的可以位于主语前,也可以位于主语后。例如:

(136) 她这样说着,却自己走过来。 (张炜《柏慧》)
这么一片小树林子,名声却不小。
(汪曾祺《安乐居》)

例(136)前一句的"却"在主语前面,后一句的"却"在主语后面。《大纲》中这样的关联副词有"就、却、也"3个,占关联副词的37.5%。

也有一些只能位于主语后面。例如:

(137) 叶桑终是没有想清楚,在困意袭来时,她便倒头睡了去。 (方方《暗示》)
(138) 回武汉,朋友见我又背鞋回来便有些惊讶,说你这是有购物病,我亦只好自我调侃。
(方方《女士购物病》)

例(137)、(138)的"便"、"亦"都只能位于主语后面。《大纲》中这样的关联副词有"便、乃"等4个,占关联副词的50%。

个别关联副词只能位于主语前面。例如:

(139) 然后眼睛盯着门口,坐在床上一声一声沉静地叫。
(王朔《过把瘾就死》)

第三章
副词在句中的位置

上例的"然后"只能出现在主语前面。《大纲》中这样的关联副词极少,只有"然后"1个,约占关联副词的 12.5%。

当主语为数量(名)时,有的出现在主语前、后都可以。例如:

(140) 凡是尚未挑担挣钱的孩子,就一人一把竹笆,到处去搂。　　　　　　　　　　　　(汪曾祺《大淖记事》)
一尺多长就够了。

(141) 寂静的日子终于一去不返,而随着租金的上涨,馆员的奖金亦一月多于一月。　　　(方方《白雾》)
馆员的奖金一月亦多于一月。

例(140)前一例的"就"在数名主语"一人"前,后一例的在数量名主语"一尺多长"的后面;例(141)前一例的"亦"在数名主语"一月"前,后一例的在数名主语的后面。《大纲》中这样的关联副词有"就、却、也、亦"4个,占关联副词的 50%。

也有个别只能位于主语前或主语后。例如:

(142) 然后四只白手扶着他的胳膊,王太太过来先用小胖食指在针穴轻轻点了两下。　　(老舍《开市大吉》)

(143) 三人便坐在一起默默地吃了一些早点,每人只吃了几口。　　　　　　　　　　　　(余华《一九八六年》)

例(142)的"然后"只能出现在数量名主语"四只白手"的前面,例(143)的"便"只能出现在数名主语"三人"的后面。《大纲》中只能位于数量(名)主语前面的关联副词有"然后"1个[①],占关联副词的12.5%;只能位于数量(名)主语后面的有"便、乃"2个,占关联副的 25%。

当主语为疑问代词时,只能位于主语后面。例如:

(144) 大官大捞,小民小捞,谁也不用讲客气。
　　　　　　　　　　　　　　　　　　　(方方《白雾》)

[①] 正因为"然后"只能出现在主语后面,所以《现代汉语八百词》等著作把"然后"看做连词。

例(144)的"也"只能位于主语"谁"的后面。《大纲》中这样的关联副词很少,只有"就、也"2个,占关联副词的25%。

关联副词虽然有的既可以出现在主语前,也可以出现在主语后,但是这样的关联副词很少,语料库中只发现"就、却、也、亦"4个,而且它们出现在主语前的用例也很少。语料库中这3个关联副词出现在主语前、后的情况大致如下表(见表11):

表 11

副词 \ 位置	主语前	主语后
就	4	64
却	14	207
也	2	415
亦	11	100

从表中可以看出,除了"却"、"亦"出现在主语前面稍多以外,其他两个出现在主语前面的数量都极少,这4个副词出现在主语前、后的平均比例约为1:25,相差十分悬殊。有鉴于此,可以采取"忽略"的态度。

以上情况表明,关联副词出现在主语前,还是出现在主语后,情况也比较复杂,不能一概而论。一般情况下出现在主语后,但有的有时也可以出现在主语前,个别的只能出现在主语前。

吴中伟(1995)曾指出,关联副词有的能位于周遍性主语之前,如果周遍性主语前另有主语,就放在两个主语之间。例如①:

(145)一停电,就什么都干不成了。
(146)问孩子是不是在学校里受到了欺负,她却一句话也不肯说。

例(145)的"就"出现在周遍性主语"什么"的前面,例(146)的"却"只能位于主语"她"和"一句话"之间。

其实,关联副词不光能出现在周遍性主语前,也能出现在非周遍

---

① 以下二例引自吴文。

性主语前。例如：

(147) 从王璟事件以后，这个先进就光线黯淡。

(赵琪《告别花都》)

(148) 有的人利用业余时间干，也有的人旷工干。

(蒋子龙《赤橙黄绿青蓝紫》)

例(147)的"就"位于主语"光线"的前面，但"光线"不是周遍性主语，而是小主语；例(148)的"也"出现在主语"有的人"之前，而"有的人"也不是周遍性主语。

可能有人认为以上副词应该是连词，不是关联副词。这种看法不无道理，因为从功能的角度来看，以上词语确实关联作用比较强，修饰或限制作用非常弱。不过，如果处理为连词也面临着另外一个问题，即以上副词只能出现在周遍性主语或小主语前面，如果周遍性主语或小主语前面还有大主语，则不能放在大主语的前面，以下各例显然都不成立：

(149) *(一停电,)就我们什么都干不成了。

(150) *(问孩子是不是在学校里受到了欺负,)却她一句话也不肯说。

(151) *(从王璟事件以后,)就这个先进光线黯淡。

这样就与刘月华和吕叔湘的连词既可以出现在主语前面，也可以出现主语后面的结论不吻合。正因为如此，所以我们倾向于把以上副词看做为关联副词。

1.2.9 处所副词

《大纲》中的处所副词"处处"一般出现在主语后面[①]。例如：

(152) 他最近处处碰壁。

---

① 语料库中没有发现"处处"位于主语前面的情况，但调查发现"处处"也可以出现在主语前面。例如：

一个人在外，处处你都得小心。

例(152)的"处处"位于主语后面,而且只能位于主语后面。

1.3 结语

综合1.2节中的表1—表6、表8、表10,《大纲》9类副词出现在主语前、后的主要情况如下表(见表12):

表12

副词类别	例词	条件	主语前	比例(%)	主语后	比例(%)
时间副词	不时、刚刚、回头、有时、总(是)	主语为名词性成分	+	45.3	+	45.3
	才、曾、成天、从来、赶紧、正		−		+	53.1
	曾、曾经、顿时、立刻、偶尔	主语为数量(名)	+	14.1	+	14.1
	不时、成天、从来、赶快、刚		−		+	45.3
	曾经、及早、即将、老(是)、先	主语为疑问代词	−		+	7.8
情态副词	忽然、渐渐、接着、默默、顺便	主语为名词性成分	+	8.6	+	8.6
	暗暗、依次、毅然、照例、自行		−		+	90.1
	不断、亲眼、日益、相继、专程	主语为数量(名)	−		+	30.9
语气副词	毕竟、幸亏、也许、一旦、最好	主语为名词性成分	+	55.9	+	55.9
	必定、必将、不定、可巧、难以		−		+	42.2
	果然、几乎、恐怕、其实、恰好	主语为数量(名)	+	33.3	+	33.3
	白白、必、非、还、总算		−		+	18.6
	不料、好在、简直、只有		+	4.9	−	
	不定、到底、几乎、究竟、其实	主语为疑问代词	+	8.8	−	
程度副词	非常、好、极、极度、极其、最		−		+	96.8
范围副词	多半、仅仅、惟独、只、至少	主语为名词性成分	+	34.8	+	34.8
	大半、大都、大多、单、都、共		−		+	56.5
	都、多半、皆、全都、一概、只	主语为数量(名)	−		+	34.8
否定副词	甭、别、不必、不要、不用	主语为名词性成分	+	35.7	+	35.7
	不、不曾、从未、没、没有、莫		−		+	64.3
	甭、别、不用	主语为数量(名)	+			21.4
	甭、别、不要、不用、没、没有	主语为疑问代词	−		+	42.9

第三章
副词在句中的位置

续表

副词类别	例词	条件、位置及比例 条件	主语前	比例(%)	主语后	比例(%)
重复副词	常常、往往	主语为名词性成分	+	15.4	+	15.4
	常、重、重新、反复、又、一再		−		+	84.6
	常、常常、时常、往往、又	主语为数量(名)	+	38.5	+	38.5
	重新、反复、屡次、一再、再三		−		+	38.5
关联副词	就、却、也	主语为名词性成分	+	37.5	+	37.5
	便、乃、一、亦		−		+	50
	就、却、也、亦	主语为数量(名)	+	50	+	50
	便、乃		−		+	25
	然后		+	12.5	−	
	就、也	主语为疑问代词	−		+	25
处所副词	处处		−		+	100

从上表可以看出,除了程度副词、处所副词一般出现在主语后面以外,其他各类副词出现在主语前、后的情况都非常复杂。主语为名词性成分时,时间副词、情态副词、范围副词、否定副词、重复副词、关联副词都半数以上只能出现在主语后面,特别是情态副词和重复副词,前者百分之九十以上只能位于主语后面,后者只能出现在主语后面的超过百分之八十,虽然各类副词也有不少既可以出现在主语前面,也可以出现在主语后面,但是与出现在主语后面的相比,数量要少得多。主语为数量(名)时,时间副词、语气副词、否定副词、重复副词和关联副词有的能出现在主语前面,也能出现在主语后面;有的只能出现在主语后面。情态副词、范围副词多出现在主语后面。主语为疑问代词时,时间副词、否定副词、关联副词一般出现在主语后面,而语气副词则相反,多出现在主语前面。由此可见,副词是出现在主语前面,还是主语后面,跟主语有一定的关系,主语不同,副词的位置常常有所不同。尽管副词位于主语前、后的情况非常复杂,但总的来看,仍以出现在主语后面为常见。

副词出现在主语前面和主语后面,功能也有很大的不同。出现在主语前面,修饰或限制的是整个句子,整个句子有凸显副词的作用,句子的焦点在副词上;出现在主语后面,修饰或限制的是句子的

副词在句中的位置

谓语部分,整个句子没有凸显副词的作用。

标记理论认为,无标记项和有标记项存在着如下对立(参见沈家煊,1999):

> 无标记项:分布范围广 使用频率高
> 有标记项:分布范围窄 使用频率低

从分布范围来看,时间副词、情态副词、语气副词、程度副词、范围副词、否定副词、重复副词、关联副词和处所副词位于主语后面的分布要比位于主语前面的广。

主语为名词性成分时,时间副词"按期、按时、本、才、曾、成天、从来"等34个只能出现在主语后面,占一半以上;"不时、曾经、从小、顿时、刚刚"等29个虽然可以出现在主语前面,也可以出现在主语后面,但是以出现在主语后面为常见。主语为数量(名)时,"不时、成天、从来、赶快、刚、刚刚"等29个只能出现在主语后面;既可以出现在主语前,也能出现在主语后的只有"曾、曾经、顿时"等9个。情态副词绝大多数位于主语后面。

主语为名词性成分时,语气副词"白、白白、必、必定、必将、并"等57个只能出现在主语后面;"毕竟、不禁、不觉、不至于、差点儿、大约"等43个虽然既可以位于主语前,也可以位于主语后,但仍以位于主语后为常见,出现在主语前、后的平均比例约为1∶2.6;主语为数量(名)时,语气副词"白白、必、必定、并、不定、不觉、不至于"等20个只能位于主语后面;"不禁、不宜、差点儿、大约、到底、的确"等30个位于主语前、后都可以,但以出现在主语后面为常见。程度副词绝大多数出现在主语后面。

范围副词都能出现在主语后;既能出现在主语前,也能出现在主语后的有10个。即便是那些能出现在主语前和主语后的,也以出现在主语后为常见,出现在主语前、后的平均比例约为1∶4.6。否定副词、重复副词、关联副词和处所副词不管主语是名词性成分、数量(名)还是疑问代词,都以出现在主语后为常见。

从使用频率来看,时间副词、情态副词、语气副词、程度副词、范围副词、否定副词、重复副词、关联副词和处所副词位于主语后面的也占优势。

以上情况表明,时间副词、情态副词、语气副词、程度副词、范围副词、否定副词、重复副词、关联副词和处所副词位于主语后面是无标记的,是典型分布;位于主语前面是有标记的,是边缘分布。

副词的句法分布呈现这种情况并不奇怪,因为副词也存在着范畴化现象,即副词这个范畴中的成员地位也不一样,有些是原型成员,有些是边缘成员。出现在主语后面可以说是原型副词所具有的句法分布,但是一些边缘副词,像关联副词,本身既有副词的特点,也具有连词的某种或某些特点,因此它们有时可以出现在主语后,有时又可以出现在主语前。正因为如此,任何想把一种词语的句法分布和另一种词语的句法分布截然区分清楚的企图都是徒劳的,过去从分布的角度来对词语进行分类总是理不清词语的类别,根源也就在这里。

由此我们可以得到一些启示:过去多从句法分布上给词语进行分类,像名词可以作主语,可以修饰名词,可以被数量结构修饰;形容词可以被"很"修饰,但不能带宾语等等。这种分类结果是跨类现象比较多,以至于有人得出词无定类的结论。从句法分布上给词语分类并没有错,也符合汉语的特点,问题在于分类的时候不能忽视词语认知上的一些特点,词语本身不但存在着范畴化现象,而且句法分布也存在着典型分布和边缘分布的区别,在对词语进行分类时,应该抓住它们的典型分布,而不必拘泥于边缘分布,这样就能避免词语分类中纠缠不清的现象,使得词语的分类更科学,也更准确。

二 口语中副词作状语的易位现象

2.1 引言

副词作状语一般位于主语后,有时也可以位于主语前,除了这两个位置以外,有时候还可以放在句末,即可以发生易位。副词作状语的这种易位现象,陆俭明(1980a)早就注意到了,他指出单音节副词中只有"都、还、就、快、又、在、正"等7个可以发生易位。例如①:

(1) 快起床吧,八点了,都!
(2) 少先队员呢,还!
(3) 怎么?你走了,就?
(4) 电影开演了,快。
(5) 你游泳了,又?
(6) "老刘呢?""下棋呢,在。"
(7) 先别走,外面下雨呢,正。

双音节副词能发生易位的陆俭明认为只有20多个,像"大概、到底、反正、恐怕、简直、已经、大约、多半、好歹、忽然、居然、索性、幸亏、幸好、也许、正在、逐渐"等,一般都可以发生易位。例如②:

(8) 现在银行开门了吧,大概。
(9) 你今天去不去,到底?
(10) 管他怎么说,我不去,反正!
(11) 怎么起风了,忽然?
(12) 他什么都不会,简直!
(13) 你写了五页了,已经?

朱德熙(1982)、范晓(1998)在自己的著作中也都提到了副词的易位问题,但都限于举例性的说明,缺乏具体、详细的论述。

副词易位是口语中特有的一种句法现象,那么,单音节副词是不是只有以上7个可以发生易位呢?双音节副词是不是也只有以上20多个可以发生易位呢?如果答案是否定的,那么还有哪些副词可以易位呢?影响副词易位的因素又有哪些呢?

---

① 以下各例引自陆文。
② 同上。

2.2 能够易位的副词

据我们考察,单音节副词除以上 7 个以外,还有一些也可以发生易位。例如:

(14) 小心碰着了,再!
(15) 下过雨了,刚。
(16) 来了八个人,才。

例(14)、(15)、(16)的"小心碰着了,再"、"下过雨了,刚"、"来了八个人,才"显然都成立。《大纲》中的副词一共 337 个,其中单音节副词 82 个[①],"才、都、刚、还、就、也、又、再、在、正"等 10 个作状语可以发生易位,约占单音节副词的 12.3%,约占副词总数的 3%。

双音节副词,除了陆俭明提到的 20 多个以外,还有很多也可以发生易位。例如:

(17) 你这是怎么了,到底?
(18) 看一看,不妨。
(19) 他一个人把钱全花了,竟然。
(20) 你去不去,究竟?
(21) 你姐姐不想去,有点儿。

例(17)、(18)、(19)、(20)、(21)的"到底"、"不妨"、"竟然"、"究竟"、"有点儿"也都可以发生易位。《大纲》中双音节副词有 250 个[②],作状语能够发生易位的有"毕竟、不妨、曾经、差点儿、常常、成天、重新、从来、凑巧、大约、到底、倒(是)、的确、反倒、反而、反正、赶紧、赶快、还是、好在、忽然、或许、几乎、简直、竟然、究竟、居然、恐怕、马上、难道、偶尔、恰好、其实、全都、稍微、始终、顺便、似乎、索性、未免、向来、幸好、幸亏、也许、一连、一直、已经、永远、有时、有(一)点儿、预先、早晚、早已、正巧、正在、至多、至少、逐渐、总共、最好"等 60 个,占双音

---

① 包括"倒(是)"、"总(是)"。
② 包括"倒(是)"、"总(是)"和"有(一)点儿"。

节副词总数的24%,约占副词总数的17.8%。

除了单音节、双音节副词可以发生易位以外,多音节副词有的也能发生易位。例如:

(22) 早到家了,说不定。

(23) 那孩子像他妈,有一点儿。

例(22)、(23)中的"说不定"、"有一点儿"也都发生了易位。不过,能够发生易位的多音节副词很少,《大纲》9个多音节副词中只有2个可以发生易位①,约占多音节副词的22.2%,约占整个副词的5.9%。

由此可见,无论是单音节副词、双音节副词,还是多音节副词,都可以发生易位,但能够发生易位的都不太多,这说明副词易位有着严格的限制。

2.3 影响副词易位的因素

2.3.1 与副词的音节有关

从上文可以看出,不光单音节副词可以发生易位,而且双音节、多音节副词(由于多音节副词本来就极少,能够发生易位的更少,下文将不再讨论)也可以发生易位,表面上看,副词能否发生易位与副词的音节没有什么关系,但是实际上却不然。因为单音节副词虽然也能发生易位,但是能够发生易位的很少,不像双音节副词所占的比例那么大,因此,可以得出如下结论:副词能否易位与其音节有一定的关系,双音节副词发生易位的可能性要高于单音节。

为什么双音节副词发生易位的比例要高于单音节的呢?我们认为这里面有着深层的原因。众所周知,现代汉语中双音节词占多数,双音节"是汉语语法结构中最基本的单位"(郭锦桴,1993),这就决定了双音节具有一定的优势。从句法角度来看,作状语的副词易位以后,在副词的前面有一个小的停顿,即易位后处于句末的副词具有一定的独立性,双音节副词由于音节上的优势,处于句末就能站得住;

---

① 包括"有(一)点儿"。

第三章
副词在句中的位置

而单音节副词处于句末就很难站得住,因此就不太容易发生易位。

2.3.2 与副词的类别有关

尽管双音节和单音节副词可以发生易位,但是并不是所有的双音节和单音节副词都能发生易位,能否发生易位,与副词的类别有很大的关系。《大纲》中70个能够发生易位的副词,主要是语气副词、时间副词、情态副词、范围副词、程度副词等。例如:

(24) 大学生呢,还!
(25) 十一点了,大概。
(26) 今天累坏了,简直!
(27) 我们都在这儿,幸亏!

例(24)、(25)、(26)、(27)的"还"、"大概"、"简直"、"幸亏"都是语气副词。

(28) 我们没有见过面,从来。
(29) 电影开演了,眼看。
(30) 他们不认识,一直。
(31) 他们吃饭呢,正在。

例(28)、(29)、(30)、(31)的"从来"、"眼看"、"一直"、"正在"都是时间副词。

(32) 怎么下雨了,忽然?
(33) 下了三天,一连!

例(32)、(33)的"忽然"、"一连"都是情态副词。

(34) 这些地方我们去过了,全都。
(35) 来了二十个人,至少。

例(34)的"全都"、例(35)的"至少"都是范围副词。

(36) 往前挪一挪,稍微。
(37) 我走不动了,有点儿。

例(36)、(37)的"稍微"、"有点儿"都是程度副词。

《大纲》中能够发生易位的单音节和双音节副词一共70个,各类副词所占的数量及比例大致如下表:

词　类	数量、百分比、例词	数量	百分比（％）	例词
	语气副词	34	48.6	还、毕竟、不妨、差点儿
	时间副词	21	30	曾经、成天、从来、赶紧
	情态副词	4	5.7	忽然、顺便、逐渐
	范围副词	4	5.7	全都、至多、至少、总共
	程度副词	2	2.9	稍微、有（一）点儿
	重复副词	4	5.7	常常、重新、又、再
	关联副词	1	1.4	也

从表中可以看出,语气副词能够发生易位的一共34个[①],约占能够发生易位的副词总数的48.6％;时间副词能够发生易位的一共21个,占总数的30％;情态副词能够发生易位的一共4个,约占总数的5.7％;范围副词能够发生易位的只有4个,约占总数的5.7％;程度副词能够发生易位的一共2个,约占总数的2.9％;重复副词能够发生易位的一共4个,约占总数的5.7％;关联副词能够发生易位的只有1个,约占总数的1.4％。这些表明,以上七类副词发生易位形成一种优势序列:

　　语气副词＞时间副词＞情态副词、范围副词、重复副词、程度副词、关联副词

该序列表示越靠近左边,易位的可能性就越大;越靠近右边,易位的可能性就越小。

否定副词、处所副词都不能发生易位。例如:

　　(38) 他没去上海。→＊他去上海,没。
　　(39) 我不爱吃饺子。→＊我爱吃饺子,不。

[①] "就"前面各章中都看作关联副词,本节看做为语气副词。

第三章
副词在句中的位置

(40) 处处都很干净。→ *都很干净,处处。

例(38)、(39)的否定副词"没"和"不"、例(40)的处所副词"处处"显然都不能发生易位。

为什么语气副词、时间副词、情态副词等可以发生易位,而否定副词不能呢?这有着认知上的原因。笔者(2001)曾指出,易位句产生的心理过程是,发话人原以为说出的话就能完全表达自己的意思,但话一出口,又觉得可能会引起听话人的误解,有悖于语用的"真实准则",因为该准则要求要说真话,不说假话和无根据的话。在此准则作用下,发话人又立即在后面追加上原来省略掉的部分,以便让听话人对发话人的意思理解得更确切一些。但是发话人所做的追加多是根据自己的臆测来决定的,即根据交谈的时间、地点以及听话人对交谈内容的了解程度等来决定,因此从发话人的角度来看,发话人对听话人的揣度带有很大的主观性,这样,发话人以为听话人不清楚或以为听话人认为重要的东西,听话人未必就不清楚或未必就认为重要,所以有时候出现羡余也就不可避免。但是,一般情况下发话人认为听话人不清楚或认为重要的东西常常就是听话人不清楚或认为重要的东西,所以后边的追加成分多起着补充说明的作用。也就是说,一般情况下,句子前面的成分把整个句子的调子基本上定了下来,是句子意思的核心。从副词类别的角度来看,语气副词、时间副词、情态副词、范围副词、程度副词等都属于修饰成分,即对句子起着补充说明的作用,不会对句子的意思产生太大的影响。试比较:

(41) 简直不知道说什么。→不知道说什么。
(42) 已经八点了!→八点了!
(43) 怎么忽然不见了?→怎么不见了?
(44) 我全都看过了→我看过了。
(45) 孩子有点儿困了。→孩子困了。

例(41)的"简直不知道说什么"含有"不知道说什么"的意思,例(42)的"已经八点了"当然是"八点了",例(43)的"怎么忽然不见了?"当然也是"怎么不见了?"的意思,例(44)的"我全都看过了"当然是"我看过了",例(45)的"孩子有点儿困了"包含"孩子困了"的意思。可见,以上各例前后两个句子句义虽然有些不同,但是没有发生根本性的变化。

否定副词则不同,它们都会对句子的意思产生根本性的影响。试比较:

(46) 别告诉他。→告诉他。
(47) 他不去。→他去。
(48) 我从未说过。→我说过。

例(46)的"别告诉他"和"告诉他"意思相反,例(47)的"他不去"和"他去"的意思也相反,例(48)前后两个句子的意思也完全相反。这说明否定副词在句子中起着决定性的作用,它是一种新信息,也是一种主要信息,还可以证明这一点的是,否定性答句中的谓语动词可以省略,而否定副词不能省略。例如:

(49) 甲:明天你去吗?
　　　乙:不(去)。
(50) 甲:花开了吗?
　　　乙:没有(开)。

这就决定了否定副词不能发生易位,否则就会使得句子的意思发生混乱。

2.3.3 与副词的语义有关

同一个副词,往往有多个义项,但不是每个义项上都能发生易位。例如:

(51) 现在才八点。→现在八点,才。
　　　我才不去呢!→*我不去呢,才!
(52) 还大学生呢!→大学生呢,还!
　　　他还在图书馆。→*他在图书馆,还。
(53) 都小伙子了!→小伙子了,都!
　　　大家都想去上海。→*大家想去上海,都。

第三章
副词在句中的位置

例(51)的"现在才八点"中的"才"表示数量少,可以发生易位;而"我才不去呢"中的"才"强调确定的语气,不能发生易位。例(52)前一句的"还"表示强调,能发生易位;后一句的"还"表示持续,不能发生易位。例(53)前一句的"都"和后一句的"都"意思也不同,一个能够发生易位,一个不能。

以上情况表明,同一个副词,并不是表示任何意义时都能够发生易位,有的意义上可以易位,有的意义上不能易位,这一点非常重要,不容忽视。但能够易位的副词到底哪些义项上可以发生易位,还有待于进一步加以探索。

2.3.4 与副词后的成分的复杂度有关

据考察,同一个副词在不同的句子中,有的可以发生易位,有的就不能发生易位,这种情况很多。试比较:

(54) 正在喝酒呢!→喝酒呢,正在!
正在喝。→*喝,正在。
(55) 你倒是说呀!→你说呀,倒是!
他倒是痛快。→?他痛快,倒是。
(56) 一直往前走!→往前走,一直!
一直走!→*走,一直!

例(54)、(55)、(56)前一例都成立,后一例都不成立。前一例和后一例的区别在于,前一例的谓语部分都不是一个词,有的句尾有语气词(例(54)、(55)),有的谓语动词前还有别的状语(例(54))。后一例则不然,它们的谓语都是一个词。由此可见,副词能否易位与它后面的成分是不是复杂成分也有直接的关系。

2.3.5 与副词和其修饰的成分形成的结构所作的句法成分有关

副词能否易位与副词和其修饰的成分形成的结构所作的句法成分有直接的关系,一般情况下,副词与其修饰的成分形成的结构作句子的谓语或补语时,该副词才可能发生易位。例如:

(57) 现在都八点了。→现在八点了,都。
(58) 你赶快赶回去!→你赶回去,赶快!

(59) 他幸亏不在这儿！→他不在这儿，幸亏！
(60) 等了大约一个星期。→等了一个星期，大约。

例(57)、(58)、(59)的副词"都"、"赶快"、"幸亏"与被它们修饰的成分一起作句子的谓语，例(60)的副词"大约"与被修饰的成分一起作补语，它们都可以发生易位。

副词与被其修饰的成分形成的结构如果不是作句子的谓语或补语，而是作句子的其他成分，一般不能发生易位。例如：

(61) 至多八十斤就够了。→*八十斤就够了，至多。
(62) 我觉得稍微好了一些。→？我觉得好了一些，稍微。
(63) 全都写完了的可以走。→*写完了的可以走，全都。

例(61)、(62)、(63)的"至多"、"稍微"、"全都"修饰的分别是"八十斤"、"好了一些"、"写完了"，这些副词与被它们修饰的成分形成的结构都不是作句子的谓语或补语，因此都不能易位。

2.4 结语

从前文可以看出，副词作状语能否发生易位与多种因素有关，具体说来，不仅与副词的音节有关系，而且与副词的类别、副词的意义、语体等都有直接的关系。从音节的角度来看，双音节副词比单音节副词更容易发生易位；从类别来看，语气副词、时间副词更容易发生易位，情态副词、范围副词、程度副词等很少能够发生易位，否定副词、处所副词绝对不发生易位。从语义的角度来看，同一个副词，有的义项上可以发生易位，有的义项上则不能发生易位。此外，副词能否发生易位还与副词后面的成分以及副词和被其修饰的成分形成的结构所作的句法成分也有直接的关系。一般情况下，副词后面的成分如果是一个复杂的成分，则该副词可能发生易位；副词与被其修饰的成分形成的结构作句子的谓语或补语时，则该副词可能发生易位。

标记理论认为，无标记项和有标记项存在着如下对立（参见沈家煊，1999）：

无标记项：分布范围广 使用频率高

第三章
副词在句中的位置

有标记项:分布范围窄 使用频率低

从分布范围来看,能够发生易位的副词发生易位时有着严格的句法条件和语用条件,而位于主语后却没有这样的条件限制,这就决定了副词位于句末的句法分布没有位于主语后的广;从使用频率来看,能够发生易位的副词由于受到诸多条件的限制,因此使用频率很低,语料库的统计结果显示,能够发生易位的副词出现在句末的最多用例不超过10例;而位于主语后的用例则相当多。这表明,副词位于主语后是无标记的,是典型分布;位于句末是有标记的,是边缘分布。

附　录

《大纲》中能够发生易位的副词

单音节副词:才　都　刚　还　就　也　又　再　在　正

双音节副词:毕竟　不妨　曾经　差点儿　常常　成天　重新　从来　凑巧　大约　到底　倒(是)　的确　反倒　反而　反正　赶紧　赶快　还是　好在　忽然　或许　几乎　简直　竟然　究竟　居然　恐怕　马上　难道　偶尔　恰好　其实　全都　稍微　始终　顺便　似乎　索性　未免　向来　幸好　幸亏　也许　一连　一直　已经　永远　有时　有(一)点儿　预先　早晚　早已　正巧　正在　至多　至少　逐渐　总共　最好

多音节副词:说不定　有(一)点儿

能够发生易位的副词的类别:

语气副词:还　就　毕竟　不妨　差点儿　凑巧　大约　到底　倒(是)　的确　都　反倒　反而　反正　还是　好在　或许　几乎　简直　竟然　究竟　居然　恐怕　难道　恰好　其实　说不定　似乎　索性　未免　幸好　幸亏　也许　正巧　最好

时间副词:才　曾经　成天　从来　赶紧　赶快　刚　马上　偶尔　始终　向来　一直　已经　永远　有时　预先　早晚　早已　正在　在　正

情态副词:忽然　顺便　一连　逐渐

范围副词:全都　至多　至少　总共

程度副词:稍微　有(一)点儿

重复副词:常常　重新　又　再

关联副词:也

三 两项副词的共现顺序

3.1 引言

副词的共现顺序,白丁(1986)、黄河(1990)、赖先刚(1994)、张谊生(2000)、袁毓林(2002)等都曾作过探索。黄河把 151 个副词分为 11 类:

语气副词:"本、本来、不妨、大概"等

时间副词:"常、常常、曾、曾经"等

总括副词:"全、一概"等

限定副词:"不过、光、仅仅"等

程度副词:"顶、非常、格外"等

否定副词:不

协同副词:"一块儿、一起、一齐"等

重复副词:"重、重新、反复"等

方式副词:"白、分别、亲自、偷偷"等

类同副词:也$_1$

关联副词:才$_4$、就$_3$、又$_1$

通过考察,他发现这些副词的共现顺序是(">"表示前项在前,后项在后,以下同。):

语气>时间>限定>程度>否定>协同>重复>方式

黄河指出,"这个共现顺序是依次递降的,除个别副词外,处于下位的副词总是排在上位副词之后,相邻的两类之间如此,相隔的两类之间亦是如此"。此外,他还认为一些副词,像总括副词"一概、全、都$_1$"、重复副词"再、又$_2$"、类同副词"也$_1$"、关联副词"又$_1$、就$_3$、才$_4$"与其他副词的共现顺序比较灵活。

黄河的考察是定量性的,比较详细,但是有些副词,像关联副词

第三章
副词在句中的位置

并没有出现在他的大共现序列之中,而且,也有不少副词的共现顺序与语言实际不太相符。

张谊生把副词分为评注性副词、限制性副词和描摹性副词三类,并把限制性副词又分为八类(关联副词、时间副词、频率副词、范围副词、程度副词、否定副词、协同副词、重复副词),在此基础上考察了副词的相邻级位顺序、隔位递降顺序和多项综合顺序。这些副词的相邻级位的常规顺序是:

评注＞关联＞时间＞频率＞范围＞程度＞否定＞协同＞重复＞描摹

张谊生的研究视野比较开阔,面比较广,但正如他所言,以上顺序实际语言中也有一些例外。

袁毓林对副词的共现顺序从认知的角度作了解释。他指出,多项副词在谓语动词之前出现时,必须依次遵循以下三个原则:

1. 语篇原则,具有语篇关联作用的词语排在最前面;
2. 范围原则,语义统辖范围大的词语排在其他词语前面;
3. 接近原则,具有语义连接(约束)关系的词语尽可能靠近。

多项副词在谓语动词前的共现语序为:

关联副词＞模态副词[①]＞范围副词＞状态副词

以上语序正如他自己所言,"把副词归为四大类来描写其语序规律的办法,虽然有其简洁明了的一面,但是失之粗疏和僵硬",因此出现很多例外也就在所难免。有鉴于此,他又尝试把类别改为特征,并把多项副词的共现语序表述为:

副词[＋关联]＞副词[＋模态]＞副词[＋范围]＞副词[＋状态]

用语义特征来代替副词的类别虽然具有一定的概括性和准确性,但是操作起来比较困难。

---

① 模态副词包括语气副词和时间副词。

三 两项副词的共现顺序

副词的共现顺序尽管不少学者都做过研究,但目前的研究多偏重于各类副词的总的共现顺序,偏重于大规律的概括,这么做虽然比较经济,概括性比较强,但是例外也不少,从对外汉语教学的角度来看,容易出现一些误导。本节将在现有研究的基础上,以《大纲》中的9类副词为对象,以语料库中的语料为主要依据,逐类、逐个地考察每两类副词的共现顺序。

3.2 副词的共现顺序

3.2.1 时间副词与其他副词

时间副词与其他各类副词的共现顺序分别如下("＜"表示前项在后,后项在前。以下同。)

1. 时间副词＞情态副词

时间副词与情态副词共现时,时间副词一般在前。例如:

(1) 我爱陈玉英,在跟你结婚之前,我们一直偷偷相爱着,就像在跟我结婚之前,你和周仁也偷偷相爱一样。
（陈建功 赵大年《皇城根》）

(2) 在阿勒泰插队的时候,你总是尽量找和额尔齐斯河有缘分的活儿干。　　　　　　（张承志《北方的河》）

(3) 并且新老爷已经请了吵吵过去,在互相商量着,希望能有一个顾全体面的办法。　　　　　（老舍《茶馆》）

例(1)、(2)、(3)的时间副词"一直"、"总是"、"在"分别在"偷偷"、"尽量"、"互相"的前面。

2. 时间副词＜语气副词

时间副词与语气副词共现时,时间副词在后。例如:

(4) 她从挎包里翻出一点儿饼干,也是味同嚼蜡,再也提不起食欲,大约已经进入"饿过了劲儿"的境界吧。
（陈建功 赵大年《皇城根》）

(5) 他金一趟这一辈子,行得端,站得正,忠厚传家,慈善办

第三章
副词在句中的位置

  本,何必老是想不开,苦了自己?
              (陈建功 赵大年《皇城根》)

  (6) 他猫似的眼睛会发光,耳朵比常人大出一倍,似乎一直耷拉着。   (张炜《柏慧》)

例(4)、(5)、(6)的语气副词"大约"、"何必"、"似乎"分别在"已经"、"老是"、"一直"的前面。

  3. 时间副词＞程度副词

  时间副词与程度副词共现时,时间副词一般在前。例如:

  (7) 然而,现在,当他真的撞见——甚至什么也没发生——的时候,他已经非常不快了。
              (陈建功 赵大年《皇城根》)

  (8) 爸爸他没发脾气,默认了你和大立的这门子亲事,已经很不容易了!   (陈建功 赵大年《皇城根》)

  (9) 民国时代,已经不大讲究宅门等级,更不会惹杀头之祸,只要你住得起,没人管你。 (陈建功 赵大年《皇城根》)

例(7)、(8)、(9)的时间副词"已经"分别在"非常"、"很"、"不大"前面。

  4. 时间副词＞范围副词

  时间副词与范围副词共现时,时间副词一般在前面。例如:

  (10) 那不知深浅的女孩儿的歌声,仿佛一下子都退到很遥远很遥远的地方去了。   (王朔《空中小姐》)

  (11) 阿眉和我谈到你的缺点时,一直都是体谅你,并不计较的。   (王朔《空中小姐》)

  (12) 这是一道炖肘棒,肉已全脱骨。 (王朔《痴人》)

例(10)、(11)、(12)的时间副词"一下子"、"一直"、"已"分别在"都"、"都"、"全"前面。

  也有相反的情况。例如:

  (13) 儿女们都已经在餐厅里坐好了,她过来请老爷子入席。   (陈建功 赵大年《皇城根》)

三 两项副词的共现顺序

(14) 我们金家大宅院里的人全都在演戏！
(陈建功 赵大年《皇城根》)
(15) 别别,你们二位都先别急。　　(王朔《痴人》)

例(13)、(15)的"都"分别在"已经"、"先"前面,例(14)的"全都"在"在"前面。这样的范围副词主要有"大半、大都、大多、多半、都、全、全都、只"等①,时间副词主要有"按期、按时、不时、曾、曾经、成天、从来、从小、顿时、赶紧、赶快、刚刚、回头、及早、即将、将、将要、尽快、立即、立刻、马上、偶尔、仍、仍旧、仍然、时时、始终、首先、随后、随即、先、先后、现、依然、一度、一下儿、一下子、一向、一直、已、已经、永远、预先、暂、暂时、暂且、早晚、早已、正、在、正在、总(是)"等。

袁毓林指出,时间副词可以居于总括副词(即范围副词"都、全"等)之前,并且总是居于限定副词之前。实际上总括副词不仅可以居于时间副词之前,如上例(13)、(14)、(15);而且限定副词同样可以位于时间副词之前。例如:

(16) 钱掌柜一声也不出,只偶尔说一句:咱们作的是字号。
(老舍《老字号》)

上例的限定副词"只"位于时间副词"偶尔"前面。

5. 时间副词＞否定副词

时间副词与否定副词共现时,时间副词一般在前。例如:

(17) 好在今天公开谈论这些事儿,已经不算是挖金一趟的墙脚啦。　　(陈建功 赵大年《皇城根》)
(18) 张全义站在门外,把篮子、水桶、药包子一样样地递给她,自己始终不肯迈进门槛一步。
(陈建功 赵大年《皇城根》)
(19) 因为小鼓额一直没有回来,我不得不去她家里一趟。
(张炜《柏慧》)

---

① 这些范围副词并不是都能出现在所列举的时间副词前面。下文列举的副词也存在类似的情况。

第三章
副词在句中的位置

例(17)、(18)、(19)的时间副词"已经"、"始终"、"一直"分别在"不"、"不"、"没有"前面。

也有相反的情况。例如：

> (20) 那天我满怀羞愧地从派出所出来后回了家,而高晋出来后并没有立即离开。　　　　(王朔《动物凶猛》)

例(20)的时间副词"立即"在"没有"后面。这样的时间副词主要有"按期、按时、不时、成天、赶紧、赶快、回头、及早、尽快、老(是)、立即、立刻、马上、偶尔、时时、始终、首先、随后、随即、随时、现、一会儿、一下儿、一下子、一直、永远、有时、暂、预先、在、总(是)"等,否定副词主要有"别、不要、不用、没、没有"等。

6. 时间副词＞重复副词

时间副词与重复副词共现时,时间副词一般在前。例如：

> (21) 金秀可不肯告诉妈妈,老爷子今天已经又有点儿犯糊涂了。　　　　(陈建功 赵大年《皇城根》)
> (22) 只因为害怕触动老爷子的哪根筋,才一再推迟。
> 　　　　(陈建功 赵大年《皇城根》)

例(21)、(22)的时间副词"已经"、"才"分别在"又"、"一再"前面。

袁毓林认为时间副词总是居于重复副词之前,实际情况并非如此。例如：

> (23) 每天一睁眼的第一个念头就是立刻见到她,每次刚分手就又马上想转身找她接着吵。　　(王朔《动物凶猛》)
> (24) 他很想再立即睡过去,但作为一个父亲,总不能是个留恋床铺瞌睡虫般的形象。　　(王朔《我是你爸爸》)

例(23)、(24)的时间副词"马上"、"立即"分别在"又"、"再"后面。这样的时间副词主要有"按期、按时、不时、成天、赶紧、赶快、及早、尽快、立即、立刻、马上、随时、现、一下儿、一下子、预先"等,重复副词主要有"常、常常、时常、又、再"等。

7. 时间副词＜关联副词

时间副词与关联副词共现时,时间副词一般在后。例如:

(25) 她虽然还没走过穴,却已经意识到自己成了穴头儿的摇钱树。　　　　　　　　　(陈建功 赵大年《皇城根》)
(26) 这天我没有出工,就一直躺在炕上。　(张炜《柏慧》)
(27) 我也立刻严肃起来,意识到一定发生了什么严重的事情。　　　　　　　　　　　(王朔《动物凶猛》)

例(25)、(26)、(27)的时间副词"已经"、"一直"、"立刻"分别在"却"、"就"、"也"后面。

也有相反的情况。例如:

(28) 我只记得母亲在分手时对我的告诫:永远也不要对别人提起你的父亲。　　　　　(王朔《动物凶猛》)
(29) 周仁二话都没说,只是好像很急,一下子就把电话给挂上了。　　　　　　(陈建功 赵大年《皇城根》)

例(28)、(29)的时间副词"永远"、"一下子"分别在"也"、"就"前面。这样的时间副词主要有"从来、从小、顿时、而后、赶紧、赶快、回头、立即、立刻、马上、始终、首先、随后、随即、随时、先后、向来、眼看、一会儿、一下儿、一下子、一向、一直、有时、预先、暂且、早已"等,关联副词主要有"便、就、也"等。

8. 时间副词＞处所副词

时间副词与处所副词共现时,时间副词在前。

(30) 作为一个出色的驯马手,他可以把它调教成一匹稀世的赛马,但他却总是处处压抑着它。(冯苓植《雪驹》)

上例的时间副词"总是"在"处处"前面。

3.2.2 情态副词与其他副词

情态副词与时间副词的共现顺序,前文已述。情态副词与其他类别的副词共现情况如下。

1. 情态副词＜语气副词

情态副词与语气副词共现时,情态副词一般在后。例如:

第三章
副词在句中的位置

(31) 我没有征求你的意见,竟独自作主,你说应该吧!
（知侠《铁道游击队》）

(32) 他心想他绝没有遭到别人怀疑的危险,倒不妨亲自去看看那件事的经过,因此他订下了斯戈弗莱尔的车子,以备不时之需。 （雨果《悲惨世界》中译本）

(33) 他自恃足以横行天下的神功竟然接连两人都对付不了,不免稍感心怯,当下不愿恋战,晃身向左避开。
（金庸《神雕侠侣》）

例(31)、(32)、(33)的情态副词"独自"、"亲自"、"接连"分别在"竟"、"不妨"、"竟然"后面。

2. 情态副词＜范围副词

情态副词与范围副词共现时,情态副词一般在后。例如:

(34) 爸爸妈妈便又都一起松了一口气。 （方方《暗示》）

(35) 对其他人就不那么客气,不管人家正在说什么,他懂不懂都胡插嘴,有的话简直没边没沿儿,连我也拿不准该不该认真对待。 （王朔《痴人》）

(36) 把这些困难都一一克服了,摸索出一条有中国特色的新路子、新方法。 （王朔《痴人》）

例(34)、(35)、(36)的情态副词"一起"、"胡"、"一一"分别在"都"后面。

黄河指出,如果总括副词(即范围副词"一概、全、都"等)跟方式副词(即"情态副词")共现,总括副词在前。这种说法有些绝对,实际上有些范围副词可以出现在不少情态副词的后面。例如:

(37) 大家都闭了嘴,气鼓鼓地散开,回到各自的座位,互相看了半天,忽然都笑了,一个个都有些难为情。
（王朔《谁比谁傻多少》）

(38) 这次旅行中遇到的人和事已尽量都留在这个岛上,包括我。 （王朔《一半是火焰,一半是海水》）

例(37)、(38)的情态副词"忽然"、"尽量"分别在"都"前面。这样的情

三 两项副词的共现顺序

态副词主要有"乘机、从头、从中、分别、赶忙、忽然、渐渐、接连、尽量、连忙、连夜、陆续、默默、悄悄、亲笔、亲手、亲眼、亲自、擅自、顺便、私自、随手、偷偷、相继、依次、一道、一个劲儿、一举、一口气、一块儿、一连、一齐、一下子、一一、照例、照样、逐步、逐年、专程"等,范围副词主要有"都、全、全都"等。

3. 情态副词＜否定副词

情态副词与否定副词共现时,情态副词在后。例如:

(39) 这是周仁提的醒儿:你在这边一摊儿,在陈玉英家里又一摊儿,再不赶紧办手续,可就要犯重婚罪啦!

(陈建功 赵大年《皇城根》)

(40) 不过事到如今,没有胡乱干预,扰乱已成之局的道理,惟有装作不解,找件事差遣素香去做。

(高阳《红顶商人胡雪岩》)

例(39)、(40)的情态副词"赶紧"、"胡乱"分别在"不"和"没有"后面。

4. 情态副词＜重复副词

情态副词与重复副词共现时,情态副词一般在后。例如:

(41) 牛老者本来把草帽已摘下来,见别人戴着帽鞠躬,他又赶紧戴上了。 (老舍《牛天赐传》)

(42) 不过这也没关系,您要是觉得不行,我就扔了它,咱们再从头来。 (老舍《鼓书艺人》)

例(41)、(42)的情态副词"赶紧"、"从头"分别在"又"、"再"后面。

也有相反的情况。例如:

(43) 那女人赶紧又把门关上,插好,朝那五跪了下去。

(邓友梅《那五》)

(44) 张全义赶紧倒磁带,从头再听。

(陈建功 赵大年《皇城根》)

例(43)、(44)的情态副词"赶紧"、"从头"分别在"又"、"再"前面。这样的情态副词主要有"暗暗、乘机、从头、从中、独自、分别、赶忙、公

第三章
副词在句中的位置

然、忽然、渐渐、接连、接着、尽量、就地、就近、来回、连忙、连夜、陆续、默默、悄悄、亲笔、亲手、亲眼、亲自、擅自、顺便、私自、随手、随意、特地、特意、偷偷、依次、一道、一个劲儿、一口气、一块儿、一举、一连、一齐、一起、一同、一头、一一、照例、照样、逐渐、逐年、专程"等,重复副词主要有"又、再"等。

黄河认为,"又$_2$"(即表示重复的"又")跟方式副词共现时,总是出现在这些副词的前面,这一结论显然也不符合语言实际。

5. 情态副词＜关联副词

情态副词与关联副词共现时,情态副词一般在后。例如:

(45) 金秀还想说点什么,杨妈却偷偷拽了拽她的衣襟。
（陈建功 赵大年《皇城根》）

(46) 张全义已经是满脸自责的神情了,他知道妻子心肠软,就一个劲儿地说软话。
（陈建功 赵大年《皇城根》）

例(45)、(46)的情态副词"偷偷"、"一个劲儿"分别在关联副词"却"、"就"后面。

也有相反的情况。例如:

(47) 大概觉得有句话不说出来还是憋得慌,尽量就平心静气地说。（陈建功 赵大年《皇城根》）

(48) 所以他说完这句话,赶忙就朝外边走了。
（浩然《夏青苗求师》）

例(47)、(48)的情态副词"尽量"、"赶忙"分别在"就"前面。这样的情态副词主要有"乘机、从头、从中、独自、分别、赶忙、公然、忽然、渐渐、接连、接着、尽量、就地、就近、连夜、陆续、默默、悄悄、亲手、亲自、擅自、顺便、私自、随手、随意、特地、特意、偷偷、一道、一举、一口气、一块、一连、一头、照例、照样、逐步、逐年、自行"等,关联副词主要有"就、也"等。

6. 情态副词＞处所副词

情态副词与处所副词共现时,情态副词一般在前。例如:

三 两项副词的共现顺序

(49) 只要你宽宏大量,声色不动,而且照样处处关心小爷叔的饮食起居,他心里存了个亏欠你的心,依旧是你得宠。　　　　　　　（高阳《红顶商人胡雪岩》）

上例的情态副词"照样"在"处处"前面。

3.2.3 语气副词与其他副词

语气副词与时间副词和情态副词的共现顺序前文已讨论,不再赘述。语气副词与其他副词的共现顺序分别如下。

1. 语气副词＞程度副词

语气副词与程度副词共现时,语气副词在前。例如：

(50) 女人对其害怕又钦佩——他有多么神秘,简直太撩拨人的好奇心了。　　　　　　　　　　　（张炜《柏慧》）
(51) 大立局促不安地站在她的面前,似乎有点手足无措。
　　　　　　　　　　　　（陈建功　赵大年《皇城根》）
(52) 您瞧,长得倒很壮实,模样儿也好看。
　　　　　　　　　　　　（陈建功　赵大年《皇城根》）

例(50)、(51)、(52)的语气副词"简直"、"似乎"、"倒"分别在"太"、"有点"和"很"前面。

2. 语气副词＞范围副词

语气副词与范围副词共现时,语气副词在前。例如：

(53) 可这些其实都是无法言说的。　　　　（张炜《柏慧》）
(54) 话虽这样说,毕竟只是一种猜想。
　　　　　　　　　　　　（陈建功　赵大年《皇城根》）
(55) 老天爷是真够照顾的,太阳又红又大,罩在几乎全是"南蛮子"的新一军官兵头上,脊背暖洋洋的。

　　　　　　　　　　　　　　　　　（张正隆《雪白血红》）

例(53)、(54)、(55)的语气副词"其实"、"毕竟"、"几乎"分别在"都"、"只"、"全"前面。

但也有相反的情况。例如：

第三章
副词在句中的位置

(56) 历代皇帝虽然都似乎颇为重视国子监,不断地订立了许多学规,但不知道为什么。　　(汪曾祺《国子监》)

(57) 你是真没碰见过高人,只可惜你爹妈生养你一场心血全白搭了。　　(王朔《痴人》)

例(56)、(57)的语气副词"似乎"、"白"分别在"都"、"全"后面。这样的语气副词主要有"白、白白、似乎、只是"等,范围副词主要有"都、大半、大都、大多、多半、全都"。

3. 语气副词＞否定副词

语气副词与否定副词共现时,语气副词一般在前。例如:

(58) 我简直不能允许任何人对他有一点轻慢。

(张炜《柏慧》)

(59) 刘秀不记他的仇,反倒有点过意不去,拜刘秀为破房大将军,但是毕竟不敢重用。

(陈建功　赵大年《皇城根》)

例(58)、(59)的语气副词"简直"、"毕竟"分别在"不"后面。

也有相反的情况。例如:

(60) 这么说,我这两年并没白干哪?

(陈建功　赵大年《皇城根》)

(61) 沈二哥不敢多带感情,可是不由的有点骄傲,生命并没白白过去。　　(老舍《沈二哥加了薪水》)

例(60)、(61)的语气副词"白"、"白白"分别在"没"后面。这样的语气副词主要有"白、白白、至于、足以"等,否定副词主要有"不、没、没有"等。

4. 语气副词＞重复副词

语气副词与重复副词共现时,语气副词在前。例如:

(62) 两天以后,周仁果然又登门拜访了。

(陈建功　赵大年《皇城根》)

(63) 如果不是因为多了个心眼儿,恐怕又要惹出一场乱子
来。　　　　　　　　　　（陈建功 赵大年《皇城根》）

例(62)、(63)的语气副词"果然"、"恐怕"分别在"又"前面。

黄河认为"又₂"(即重复副词"又")与语气副词共现,语气副词在前。其实并非完全如此。例如:

(64) 他只能哀叹:又白白跑了一上午。
　　　　　　　　　　（方可 单木《中共情报首脑李克农》）

上例的语气副词"白白"在"又"后面。这样的语气副词主要有"白、白白、差点儿、凑巧、大大、大约、果然、何必、几乎、竟然、居然、难以、偏、偏偏、恰好、恰巧、似乎、索性、无从、正巧、只好、终于、足以"等,重复副词主要有"常、常常、时常、往往、又、再"等。

5. 语气副词＞关联副词

语气副词与关联副词共现时,语气副词一般在前。例如:

(65) 几乎没有一个人能吟诵全篇,这倒也正常。
　　　　　　　　　　　　　　　　　（张炜《柏慧》）
(66) 你如果没有发展的话,其实就没有生存,所以从这个
角度上来说,创新是必然的。
　　　　　　　　　　（张妙弟等《新建高校创新模式的探索》）

例(65)、(66)的语气副词"倒"、"其实"分别在"也"和"就"前面。

张谊生指出,语气副词与关联副词连用时,语气副词在前。实际上也有相反的情况。例如:

(67) 金枝也的确没有酒量,只因为这白兰地甜而不辣,乍
喝起来并不上头,　　　　（陈建功 赵大年《皇城根》）
(68) 这些要都不管用,最后就只好给他点天灯了。
　　　　　　　　　　　　　　　　　　（王朔《痴人》）

例(67)、(68)的语气副词"的确"、"只好"分别在"也"、"就"后面。这样的语气副词有"白、白白、必定、不愧、不免、不定、不禁、不觉、不愧、

不宜、不由得、不至于、差点儿、凑巧、大大、大体、大约、的确、非、高低、姑且、果然、还、简直、尽管、竟、竟然、决、难以、怕、生怕、索性、无从、务必、约、真、正巧、只得、只好、只能、只是、只有、至于、足以"等，关联副词主要有"便、就、也"等。

黄河指出，关联副词"也"可以出现在语气副词之前，但他列举的语气副词只有"居然、竟然、竟、一定、的确"等5个。我们的考察结果显示，能出现在"也"前面的语气副词远不止这些。

6. 语气副词＞处所副词

语气副词与处所副词共现时，语气副词在前。例如：

> (69) 校者对于字句的取舍虽未必处处允当，然其一得之见，往往给读者以有益的启发。
>
> (《读书》2004年1期)

上例的语气副词"未必"在"处处"前面。

3.2.4 程度副词与其他副词

程度副词与时间副词、情态副词、语气副词的共现顺序已经讨论过了，下面主要讨论这类副词与其他5类副词的共现顺序。

1. 程度副词＜范围副词

程度副词与范围副词共现时，程度副词在后。例如：

> (70) 不过，时下的大学生研究生们，嘴儿都很甜。
>
> (陈建功 赵大年《皇城根》)
>
> (71) 重新提了起阿眉，我们都有些歇斯底里。
>
> (王朔《空中小姐》)
>
> (72) 这办公室里我也就和司马还能说到一起，别人全特别坏，你别理她们。 (王朔《痴人》)

例(70)、(71)、(72)的程度副词"很"、"有些"、"特别"分别在"都"、"都"、"全"后面。

2. 程度副词＞否定副词

程度副词与否定副词共现时，程度副词一般在前。例如：

三 两项副词的共现顺序

> (73) 写字台前的周仁似乎同样觉得很不自在,他站起来,跟张全义打招呼。　　(陈建功 赵大年《皇城根》)
>
> (74) 您说:○三所的不少人认为,我已经非常不谦虚了,而我过去并非这样。　　(张炜《柏慧》)
>
> (75) 沉重得无法也无力提起,更不能炫耀。(张炜《柏慧》)

例(73)、(74)、(75)的程度副词"很"、"非常"、"更"分别在"不"前面。

也有相反的情况。例如:

> (76) 校长是个四十多岁的妇人,胖胖的,不很精明,可是心热。　　(老舍《月牙儿》)
>
> (77) 国子监监生的身份不十分为人所看重。
> 　　(汪曾祺《国子监》)

例(76)、(77)的"很"、"十分"分别在"不"后面,这样的程度副词主要有"很、略微、稍、稍微、十分、太"等,否定副词主要有"别、甭、不、不必、不要、不用"等①。

3. 程度副词＜重复副词

程度副词与重复副词共现时,程度副词一般在后。例如:

> (78) 俊芳的父母希望女儿认真考虑自己的婚事,韩老先生主持家政常常很民主。
> 　　(孙见喜《贾平凹的情感历程》)

上例的程度副词"很"在"常常"后面。

4. 程度副词＜关联副词

程度副词与关联副词共现时,程度副词一般在后。例如:

> (79) 哪一个故事也没能写得齐全,只是她的白字与错字却

---

① 黄河认为"很、十分、太"可以出现在否定副词的后面,实际上他的程度副词中的"略微、稍、稍稍、稍微"等也可以出现在否定副词后面。

黄河还指出,反问句中"不"可以出现在"更、更加、越发、格外、有点儿、很、挺、太、顶"前面,并认为这种用法中的"不"是"不是"的紧缩形式。我们赞同这一观点,因此不把这种情况看做"不"出现在程度副词前面。

非常的丰富。　　　　　　　　　　（老舍《四世同堂》）

(80) 金秀也很知趣,不越雷池一步。

（陈建功　赵大年《皇城根》）

例(79)、(80)的"非常"、"很"分别在"却"、"也"后面。

5. 程度副词＜处所副词

程度副词与处所副词共现时,程度副词在后。例如：

(81) 曹宅处处很干净,连下房也是如此；曹宅的饭食不苦,而且决不给下人臭东西吃。　　　（老舍《骆驼祥子》）

上例的"很"在"处处"后面。

3.2.5　范围副词与其他副词

范围副词与时间副词、情态副词、语气副词、程度副词的共现顺序前文已讨论,这类副词与其他5类副词的共现顺序如下。

1. 范围副词＞否定副词

范围副词与否定副词共现时,范围副词一般在前。例如：

(82) 本地土生土长的也有,不过大都不是良家子弟,而是自小染上恶习、学外地人穿上小花袄的败家子。

（张炜《柏慧》）

(83) 所有人都聪明地赞扬了柏老的博学与忠诚,对那本书的其他情形表示一概不知。　　　　（张炜《柏慧》）

(84) 能让你们活活饿死——我撕了你们,这些不是人操的王八蛋！要不用咱,谁都甭想用！　　（王朔《痴人》）

例(82)、(83)、(84)的"大都"、"一概"、"都"分别在"不"、"甭"前面。

也有相反的情况。例如：

(85) 别都叫陈寿预备,外边叫几个菜,再由陈寿预备几个,显着既不太难看,又有家常便饭的味道。

（老舍《新时代的旧悲剧》）

(86) 实际上,我点头时并没全懂。　　（王朔《空中小姐》）

三 两项副词的共现顺序

例(85)、(86)的"都"、"全"分别在"别"、"没"后面。这样的范围副词主要有"单、都、光、仅、仅仅、全、全都、一概"等,否定副词主要有"甭、别、不、不必、不要、不用、没、没有"等。

2. 范围副词＞重复副词

范围副词与重复副词共现时,范围副词多在前。例如:

(87) 把你的车号通报给他的同伴,你今天的遭遇未必不会在城市所有路口都重演一遍。　　　　(方方《定数》)

(88) 临走时,两个阿姨都再三叮嘱我:千万不要用手抓脸,多痒也不要抓。　　　　(王朔《看上去很美》)

(89) 吴婉叹了口气,"你是司马超群的好朋友,好兄弟,找遍天下都再也找不到你们这么好的兄弟朋友了"

(古龙《英雄无泪》)

例(87)、(88)、(89)的"都"分别在"重"、"再三"、"再"前面。

袁毓林指出,总括副词和限定副词一般位于重复副词前面,这话虽然没有错误,但也应该看到,有些重复副词可以位于总括副词前面。例如:

(90) 想了一夜,可现在又全乱了,可能会东一句西一句……我又有点犯心跳了。

(冯骥才《一百个人的十年》)

(91) 水似的茶非常的难喝,可是他告诉自己,以后就得老喝这个,不能再都把钱花在好茶好饭上。

(老舍《骆驼祥子》)

例(90)、(91)的"全"、"都"分别在"又"、"再"后面。这样的范围副词主要有"都、全、全都"等,重复副词主要有"常常、往往、又、重新、再"等。

3. 范围副词＜关联副词

范围副词与关联副词共现时,范围副词一般在后。例如:

(92) 没用半小时,几个"老大哥"就全放倒在那儿了。

(张正隆《雪白血红》)

137

第三章
副词在句中的位置

(93) 不过,她也不是绝对没有机会来,王喜就不止一次邀请过她,却都被她谢绝了。

(陈建功 赵大年《皇城根》)

(94) 杨妈和金秀也都站着。　(陈建功 赵大年《皇城根》)

例(92)、(93)、(94)的"全"、"都"、"都"分别在"就"、"却"、"也"后面。也有相反的情况。例如:

(95) 人的生活变了,草原上的一切都也随着变。

(老舍《内蒙风光》)

上例的"都"在"也"前面。这样的范围副词主要有"大半、大都、大多、都、多半、全都、统统、一概、一共、总共"等,关联副词主要是"也"。

4. 范围副词＜处所副词

范围副词与处所副词共现时,范围副词在后。例如:

(96) 他小时候,尚未成人,处处都要依靠你,你尽了养育之责也就够了。　(王朔《我是你爸爸》)

上例的"都"在"处处"后面。

3.2.6　否定副词与其他副词

否定副词与时间副词、情态副词、语气副词、程度副词、范围副词的共现顺序已经很清楚了,这类副词与重复副词、关联副词和处所副词的共现顺序如下。

1. 否定副词＞重复副词

否定副词与重复副词共现时,否定副词一般在前。例如:

(97) 小王和杜逢时偷偷交换了个眼色,不再说笑,只顾低头吃饭。　(陈建功 赵大年《皇城根》)

(98) 千里搭长棚,终须与君别;好花不常开,好景不常在,得撒手且撒手。　(王朔《痴人》)

(99) 默默地,谁也没再说什么。　(陈建功 赵大年《皇城根》)

例(97)、(98)、(99)的"不"、"没"分别在"再"、"常"、"再"前面。

三 两项副词的共现顺序

袁毓林认为,否定副词只能居于重复副词之前,这一结论与语言实际也有出入。例如:

(100) 吕建国一路上打了好几个喷嚏,就觉着今天又不顺。
（谈歌《大厂》）
(101) 也因自知性命不久,为了报答郭靖养育之恩,决意死拼,遇到险招之时常不自救,却以险招还险招,逼得法王只好变招。　（金庸《神雕侠侣》）

例(100)、(101)的"不"分别在"又"、"常"后面。这样的否定副词主要有"别、不、不必、不要、不用、没、没有"等,重复副词主要有"常、常常、时常、往往、又、再"等。

2. 否定副词＜关联副词

否定副词与关联副词共现时,否定副词一般在后。例如:

(102) 然而,他偷偷地爱上过一个人……可惜谁也不知情。
（陈建功　赵大年《皇城根》）
(103) 妈的,我活着就不让你背叛!　（张承志《北方的河》）
(104) 难道你的本质里就没有那种东西吗?
（张承志《北方的河》）

例(102)、(103)、(104)的"也"、"就"、"就"分别在"不"、"不"、"没"前面。

也有相反情况。例如:

(105) 你自己不也是一样么,你绷紧每一根神经,背着沉重的摄影器材翻山涉水……　（张承志《北方的河》）
(106) 我把这些药材送进去,不就省得您费劲往里倒腾了嘛。　（陈建功　赵大年《皇城根》）

例(105)、(106)的"也"、"就"分别在"不"后面。这样的否定副词主要有"别、不、不必、不要"等,关联副词主要有"也、就"。

3. 否定副词＜处所副词

否定副词与处所副词共现时,否定副词一般在后。例如:

> (107) 偏偏素卿是个侵略性很强,占有欲也很强的女人,恃宠而骄,处处不肯退让。 （琼瑶《水云间》）

该例的"不"在"处处"后。

不过,也有相反的情况。例如:

> (108) 女孩,潇洒一点儿,对朋友不必苛求,不必处处要求完美。 （《市场报》1994年）

该例的"不必"在"处处"前。

3.2.7 重复副词与其他副词

重复副词与时间副词、情态副词、语气副词、程度副词、范围副词、否定副词的共现顺序上文已讨论,这类副词与关联副词、处所副词的共现顺序如下。

1. 重复副词＜关联副词

重复副词与关联副词共现时,重复副词一般在后。例如:

> (109) 收拾完了,他就重新穿起厚蓝布夹袄,挂起驳壳枪。 （欧阳山《三家巷》）
>
> (110) 她也再三跟我说,让我一定要照顾好王先生。 （谌容《梦中的河》）
>
> (111) 世上的事情多么拗人心意啊,生活也常常是这样残缺。 （张承志《北方的河》）

例(109)、(110)、(111)的"重新"、"再三"、"常常"分别在"就"、"也"、"也"后面。

也有相反情况。例如:

> (112) 不过从那儿以后,她再也不难受了。 （刘恒《老卫种树》）

上例的"再"在"也"前面。这样的重复副词主要有"常常、重新、时常、往往、再"等,关联副词主要是"也"。

2. 重复副词＞处所副词

重复副词和处所副词共现时,重复副词一般在前。例如:

(113) 那儿常常处处都是垃圾。

上例的"常常"在"处处"前面。

3.2.8 关联副词与其他副词

关联副词与时间副词、情态副词、语气副词、程度副词、范围副词、否定副词、重复副词的共现顺序前文已述,这类副词与处所副词的共现顺序一般为:关联副词>处所副词。例如:

(114) 可怎么偏偏人家就是说一不二,他就处处受气,唉,真是人比人气死人啊! (谌容《梦中的河》)

上例的"就"在"处处"前面。

也有相反的情况。例如:

(115) 于是就不太服气,他处处就跟他哥哥作对,那么作对也没有办法。 (李晓东《神秘的金字塔》)

上例的"就"在"处处"后面。

3.3 结语

《大纲》9类副词,每两项副词的共现情况大致如下表:

副词类别＼副词类别	时间	情态	语气	程度	范围	否定	重复	关联	处所
时间	—	>	<	>	>*	>*	>*	<*	>
情态	—	—	<	—	<*	<	<*	<*	>
语气	—	—	—	>	>	>*	>*	>*	>
程度	—	—	—	—	<	>*	<	—	—
范围	—	—	—	—	—	>*	<*	<*	<
否定	—	—	—	—	—	—	>*	<*	<*
重复	—	—	—	—	—	—	—	<*	>
关联	—	—	—	—	—	—	—	—	>
处所	—	—	—	—	—	—	—	—	—

(注:"*"表示有相反的情况。)

第三章
副词在句中的位置

从表中可以看出,9类副词没有一类绝对位于其他类副词的前面或后面。像语气副词,以往认为一般位于其他副词的前面,但实际上并非完全如此。语气副词位于时间副词、情态副词、程度副词、重复副词、处所副词前面,虽然大部分也位于范围副词、否定副词、关联副词前,但是也有一些可以位于这三类副词的后面。正因为如此,只用一个大序列就想把所有副词的共现顺序纳入其中,显然是不可能的。况且,本节只是考察了每两类副词的共现情况,可以想见,三类、四类副词共现,情况会更加复杂。还应该指出的是,有些副词根本就不能与其他类别的副词共现,像程度副词和情态副词,过去把他们也列入一个大序列之中,显然不太合适。

影响副词共现顺序的因素很多。黄河认为既有语音上的,也有语义、句法上的,还有语用上的。张谊生指出兼类同形、结构层次、否定辖域、句法功能和强调重点是副词发生变序的动因。袁毓林从句法、语义、语用和认知的角度概括出了三项原则:语篇原则、范围原则、接近原则,并指出多项副词的共现顺序必须依次遵循以上三个原则。三位学者的概括各有各有特色,也都有一定的解释力,比较而言,袁毓林的三个原则概括性比较高,解释力也更强一些。但是通过考察两项副词的共现顺序,我们发现决定副词语序的主要因素是距离象似动因,即概念或认知上更接近的实体在语码的层面上放得也更近(参见张敏,1998)。时间副词放在情态副词、程度副词、范围副词、否定副词、重复副词之前;情态副词放在语气副词、范围副词、否定副词、重复副词、关联副词之后;语气副词放在程度副词、范围副词、否定副词、重复副词、关联副词、处所副词之前;程度副词放在范围副词、重复副词、关联副词、处所副词之后;范围副词放在否定副词、重复副词之前,放在关联副词、处所副词之后;否定副词放在关联副词之后;重复副词放在关联副词之后,都是距离象似动因起作用的结果。拿时间副词和情态副词来说,从反映的概念来看,时间副词与谓语动词的概念距离比较远,而情态副词则与谓语动词的概念距离比较近,因为凡是动作就必然包含着情态,"情态"是动作的一个要素,二者密不可分;而动作并不一定包含"时间"。正因为如此,所以当时间副词和情态副词同时出现时,情态副词紧挨着动词,时间副词在情态副词的前面。

除距离象似动因以外,语用因素也起着非常重要的作用。像时间副词与重复副词、情态副词和重复副词、情态副词和关联副词、语气副词和重复副词、关联副词和处所副词,它们有的可以互为先后,起决定作用的就是语用,当要强调或突出某一个成分时,常常就把该成分放在前面。譬如说情态副词和重复副词,二者共现时,情态副词一般在重复副词后面,但有时也可以在重复副词前面。试比较:

(116) 他又亲自去了一趟。
—— 他亲自又去了一趟。

该例前一句和后一句意思大体相同,不同之处在于:后者强调情态副词"亲自",而前者则没有这种功能。

最后要说明的是,我们强调距离象似动因和语用对副词共现顺序的影响,并不是否认语义、句法等因素的作用,只是与前两种因素相比,它们的影响面要小一些。

4　副词与"地"和"的"

通过考察,本章发现副词作状语带不带"地"不仅与副词的音节有很大的关系,而且与副词的性质、构成方式等也有一定的关系,并指出副词修饰动词性成分带"地"有突出或强调副词的作用。副词修饰谓词性成分形成的"副＋谓词性成分"结构有的能带"的",有的不能;能带"的",大部分带"的"以后是自由的,但也有不少是粘着的。在此基础上,本章还着重考察了"程＋谓词性成分＋的"结构的功能,发现"程＋谓词性成分＋的"结构的主要句法功能是作定语,作主语和宾语的几率很小,而且有一定的条件。

一　副词作状语带"地"的情况

1.1　引言

副词的主要句法功能是作状语,但是除少数副词作状语可以带"地"以外,绝大多数都不能带"地"。例如:

(1) 他们已经到了。
(2) 我曾经去过一次。
(3) 你到底看没看过?
(4) 雨渐渐地小了。
(5) 他们偷偷地出去了。

例(1)、(2)、(3)的"已经"、"曾经"、"到底"后面都不带"地",而且也不能带"地";例(4)、(5)的"渐渐"、"偷偷"后面都带"地",而且也可以不带"地"。试比较:

(6) 雨渐渐地小了。
    雨渐渐小了。
(7) 他们偷偷地出去了。
    他们偷偷出去了。

显然以上二例的前后两个句子都成立。

副词作状语带不带"地",过去也有一些论述。赵元任(1979)认为重叠式副词后面可以用"地",但他并没有指出是所有的重叠式副词都可以带"地",还是部分可以带"地",更没有说明带"地"是强制性的,还是非强制性的。

刘月华(1983)从状语的角度全面考察了带"地"不带"地"的问题,她把状语分成限制性状语和描写性状语,时间副词、语气副词、否定副词、程度副词、重复副词、范围副词和关联副词等属于限制性状语,情态副词属于描写性状语,并认为"限制性状语后一般不用'地'","充任描写性状语的副词后面用不用'地'多数也是自由的,但以不用'地'为最多"。刘月华的结论虽然具有很高的概括性,但是有些不够详细、具体,没有对副词作定量分析,因此,现代汉语中到底哪些副词可以带"地",哪些副词不能带"地";带"地"不带"地"与哪些因素有关;带"地"不带"地"功能上有什么区别,这些问题还难以从中找到现成的答案。为了对副词作状语带不带"地"情况有一个比较全面的了解,本节将以《大纲》中的 337 个副词为对象,对它们带不带"地"逐一进行考察。这种考察主要建立在对语料库统计的基础之上,语料库中没有出现用例的,采用口头调查的方式进行调查。

1.2 《大纲》中的副词带"地"的情况

据统计,《大纲》的 337 个副词中能够带"地"的有"暗暗、白白、不断、不时、不住、常常、成天、大大、大力、大肆、多么、反复、非常、分别、格外、更加、公然、何等、胡乱、缓缓、及早、极度、极力、简直、渐渐、尽

第四章
副词与"地"和"的"

快、尽量、来回、连连、连夜、陆续、略微、默默、偶尔、偏偏、悄悄、任意、日益、稍微、十分、时常、时而、时时、随时、随意、特别、特意、偷偷、万分、万万、一一、一再、永远、再三、逐步、逐渐"等56个。例如：

(8) 这之前她已经暗暗地出卖了我好几次。（张炜《柏慧》）
(9) 爸爸沉默不语，妈妈不断地给叶桑夹着小菜。

（方方《暗示》）

(10) 江面上更加地寂寞。　　　　　　　（方方《暗示》）
(11) 母亲告诉我，她当时后悔的是没听从别人的劝告，尽快地离开这个大院。

（张炜《柏慧》）

例(8)的"暗暗"后面有"地"，例(9)的"不断"后面也有"地"，例(10)的"更加"后面有"地"，例(11)的"尽快"后面也有"地"。

副词作状语能否带"地"与哪些因素有关呢？副词作状语后面能否带"地"不仅与副词的音节有关系，而且与副词的性质、副词的构成方式等都有关系。

当副词为单音节时，都不能带"地"。例如：

(12) 后边的同学全赶了上来。
(13) 大家都去。
(14) 一看就明白了。
(15) 身体很好。
(16) 光说不练。

例(12)的"全"、例(13)的"都"、例(14)的"就"、例(15)的"很"、例(16)的"光"和"不"，后面都不能出现"地"。

当副词为双音节时，虽然很多可以带"地"，但绝大多数不能带。例如：

(17) 他来回地在河边踱着。　　　　　（张承志《北方的河》）
(18) 陆续地小齐、老吴也端着饭菜坐过来。

（王朔《永失我爱》）

(19) 老工长默默地把面包塞进每个人的手里。

（孙少山《八百米深处》）

副词作状语带"地"的情况

  (20) *亲自地去请。
  (21) *他幸好地在那儿。

例(17)、(18)、(19)的"来回"、"陆续"、"默默"后面都能带"地";例(20)、(21)的"亲自"、"幸好"后面带"地"以后句子都不成立。

  不过,双音节副词作状语后面带"地"并不是强制性的,也就是说可以带,也可以不带(但带"地"和不带"地"有些细微的差别,参见1.3)。例如:

  (22) 大家胡乱猜了一顿,结论一致:平常的日子,既没有可庆贺的,也没有可悼念的。 (王朔《无人喝彩》)
    我们去餐车上胡乱地吃了点东西,记不清吃了些什么,但有一点令我至今印象深刻。
         (张佐良《周恩来的最后十年》)
  (23) 他尽量有分寸地说。 (张承志《北方的河》)
    一个有眼光的人,平常总是尽量地注意身体。
         (张炜《激情的延续》)
  (24) "文革"开始后,秘书逐渐减少。
         (张佐良《周恩来的最后十年》)
    耳膜饱受爆炸的冲击,眼睛因硝烟和疲劳而充血、疼痛,逐渐地听觉和视觉都模糊昏花了。
         (张正隆《雪白血红》)

例(22)前一例"胡乱"后面没有"地",后一例有"地";例(23)前一例"尽量"后面没有"地",后一例的后面有"地";例(24)前一例"逐渐"后面没有"地",后一例的后面却有"地"。

  双音节副词一般以不带"地"为常见,56个能带"地"的副词语料库中带"地"、不带"地"的情况大致如下表[①]。

---

  ① 本文统计的是"副词+动词性成分/形容词性成分"结构作谓语的情况,不包括宾语、定语等位置上带"地"不带"地"的情况。

第四章
副词与"地"和"的"

副词	带"地"	不带"地"	副词	带"地"	不带"地"
暗暗	2	66	连夜	1	18
白白	6	21	连连	5	109
不断	3	93	陆续	1	59
不时	22	93	略微	0	11
不住	14	14	默默	111	49
常常	0	125	偶尔	4	86
成天	1	54	偏偏	0	50
大大	6	69	悄悄	39	90
大力	0	2	任意	1	14
大肆	0	7	日益	2	8
多么	4	46	稍微	0	23
反复	14	61	十分	2	156
非常	1	108	时常	3	53
分别	1	79	时而	2	69
格外	11	70	时时	2	33
更加	3	87	随时	4	75
公然	1	24	随意	10	15
何等	6	11	特别	1	121
胡乱	3	8	特意	1	45
缓缓	49	59	偷偷	0	63
及早	2	8	万分	1	10
极度	9	11	万万	0	28
极力	1	36	一一	1	65
简直	2	155	一再	21	50
渐渐	38	77	永远	7	134
尽快	3	24	再三	1	76
尽量	5	66	逐步	3	20
来回	2	51	逐渐	6	58

副词作状语带"地"的情况

从表中可以看出,56个能带"地"的副词,除了"默默"以外,其他的都以不带"地"为常见,带"地"、不带"地"的平均比例约为1∶25,相差十分悬殊[①]。

双音节副词作状语虽然能够带"地",但毕竟是少数。这些能够带"地"的副词,从类别来看,一般多为情态副词、时间副词、程度副词等,其他类副词,像范围副词、否定副词、关联副词等都不能带"地",这说明副词作状语能不能带"地"与副词的类别也有一定的关系。

前文说过,刘月华认为"限制性状语后一般不用'地'","充任描写性状语的副词后面用不用'地'多数也是自由的,但以不用'地'为最多"。从我们的统计来看,《大纲》中限制性副词也有很多可以带"地",262个限制性副词,能够带"地"的有30个,约占限制性副词的11.5%。例如:

> (25) 小妹妹小,又娇,两个姐姐惯着她,不叫她做重活,她就成天地挑花绣朵。　　　　　(汪曾祺《晚饭花》)
> (26) 鼓额低着头,不时地抬头张望。　　(张炜《柏慧》)
> (27) 栖偶尔地也瞥一瞥星子。　　(方方《桃花灿烂》)

例(25)、(26)、(27)的"成天"、"不时"、"偶尔"都是限制性副词,但是

[①] 表格中有些副词,像"常常"、"大力"、"大肆"、"略微"、"偏偏"、"稍微"、"偷偷"、"万万"等语料库中没有发现带"地"的用例,但是调查发现它们也可以带"地"作状语。例如:

(1) 已经五月了,那儿还常常地下雪。
(2) 应该大力地提倡。
(3) 他们大肆地盗窃。
(4) 略微地挪一下就可以。
(5) 偏偏地把他落下了。
(6) 稍微地动一动。
(7) 他偷偷地溜出去了。
(8) 我万万地没想到会出现这种事!

例(1)、(2)、(3)、(4)、(5)、(6)、(7)、(8)的"常常"、"大力"、"大肆"、"略微"、"偏偏"、"稍微"、"偷偷"、"万万"作状语都带"地",而且都能说,因此也算作能带"地"。

第四章
副词与"地"和"的"

都可以带"地"。

描写性副词虽然可以带"地",但并不是多数,75 个描写性副词能带"地"的只有 26 个,约占描写性副词总数的 34.7%。例如:

(28) 渐渐地,两行老泪缓缓地从他的面颊上流淌下来。
（田晓菲《哈得逊河上的落日》）

(29) 咱俩分别地找找金枝和逢时,把那事说说得啦。
（陈建功 赵大年《皇城根》）

(30) 他独自过去,把车夫的脖领解开,就地扶起来,用把椅子戗在背后,用手勒着双肩。　（老舍《骆驼祥子》）

(31) 那位要员亲笔写给焦委员一封信,完全是为谢谢那一筐子桃。　（老舍《文博士》）

(32) 他亲自端碗喂我吃东西。　（王朔《过把瘾就死》）

例(28)、(29)、(30)、(31)、(32)的"缓缓"、"分别"、"就地"、"亲笔"、"亲自"都是描写性副词,前二例都带"地",后三例都没有带"地",也不能带"地"。下列说法都不成立:

(33) *就地地扶起来,用把椅子戗在背后,用手勒着双肩。

(34) *那位要员亲笔地写给焦委员一封信。

(35) *他亲自地端碗喂我吃东西。

为了能进一步说明问题,我们对侯学超的《现代汉语虚词词典》也进行了统计,该词典一共收录了 645 个副词,其中有 520 个限制性副词,能带"地"的有 41 个,约占总数的 7.9%。描写性副词一共 134 个,能带"地"的只有 57 个,约占总数的 42.5%,也就是说大多数描写性副词也不能带"地"。例如:

(36) 你成心捣乱。→ *你成心地捣乱。

(37) 每每想起这件事。→ *每每地想起这件事。

(38) 他擅自离开工作岗位。→ *他擅自地离开工作岗位。

(39) 随口说了出来。→ *随口地说了出来。

例(36)、(37)、(38)、(39)中的"成心"、"每每"、"擅自"、"随口"都是典

型的情态副词,但都不能在这些词语后面用上"地"。

副词带"地"不带"地"与副词的构成方式也有关系,副词的重叠式大多数都能带"地"。例如:

(40) 他偷偷地出去了。
(41) 微微地动了动身。
(42) 早早地来到了教室。

《大纲》中一共有 20 个重叠式副词,其中 14 个可以带"地",约占重叠式副词的 70%。例如:

(43) 她只在默默地做活。　　　　　　　　(张炜《柏慧》)
(44) 我轻轻地开锁,悄悄地进屋,连灯也没开。

(王朔《过把瘾就死》)
(45) 叶桑想着头皮竟发麻,时时地有嗡嗡声袭来。

(方方《暗示》)

例(43)、(44)、(45)中的副词"默默"、"悄悄"、"时时"都是重叠式副词,而且后面都带"地"。

《现代汉语虚词词典》中一共有 32 个重叠式副词,其中 21 个后面可以带"地",约占总数的 66%,也就是说大多数重叠式副词作状语后面都可以带"地"。这些副词是"白白、常常、匆匆、大大、单单、渐渐、连连、略略、每每、明明、默默、偏偏、频频、悄悄、稍稍、时时、死死、偷偷、远远、早早儿、足足"等。

重叠式副词作状语绝大多数后面可以带"地",可以从认知的角度加以解释。汉语中重叠式副词很多是由单音节形容词或动词重叠、虚化而来的,张谊生(2000)列举的 53 个常用重叠式副词中有 39 个是由动词或形容词重叠、虚化而来。《现代汉语虚词词典》中收录的 32 个重叠式副词中,有 21 个是由动词或形容词重叠、虚化而来,例如:

(46) 白—白白、早—早早、远—远远、明—明明
(47) 偷—偷偷、连—连连、默—默默、死—死死

例(46)的重叠式副词都是由单音节形容词重叠、虚化而来的,例(47)

第四章
副词与"地"和"的"

的重叠式副词都是由动词重叠、虚化而来。

张敏(1998)曾指出,汉语形容词的重叠式更具有描写性,主观色彩更多一些,它们不是事物的根本属性。实际上,重叠式副词也更具有描写性,主观色彩也更多一些。例(46)、(47)的单音节形容词或动词修饰动词以后都可以对动作进行分类,但重叠式副词修饰动词(有的甚至不能修饰单个动词)以后却不能对动作进行分类。试比较:

(48) 白吃　　　　早走　　　　远看　　　　明说
　　　白白地吃　　早早地走　　远远地看　? 明明地说
(49) 偷看　　　　连演　　　　默读　　　　死守
　　　偷偷地看　? 连连地演　　默默地看　? 死死地守

例(48)的"白吃"中的"白"是吃的属性,是对"吃"的分类;"早走"中的"早"同样是"走"的属性;是对"走"的分类。"远看"、"明说"情况类似。(49)中的"偷看"中的"偷"是"看"的属性,是对"看"的分类;"连演"中的"连"是"演"的属性,也是对"演"的分类;"默读"、"死守"情况类似。可以验证这一点的是,以上结构一般都可以出现在"这是…"句型中:

(50) 这是白吃。　这是早走。　这是远看。　这是明说。
(51) 这是偷看。　这是连演。　这是默读。　这是死守。

这说明"白吃"、"早走"、"远看"、"明说"、"偷看"、"连演"、"默读"、"死守"确实构成一种类别,"白、早、远、明、偷、连、默、死"是对动作的分类,而"分类属性和事物的概念距离比情状或一般属性更近"(参见张敏,1998),因此"白、早、远、明"等与动词的概念距离最近。实际上这些词与动词结合在一起已经具有熟语性,在人们的认知中,是把这些词修饰动词形成的结构看做了一个整体,因此,它们作状语时后面就不能带"地"。

但例(48)、(49)中的"白白地吃"、"早早地走"、"远远地看"、"明明地说"以及"偷偷地看"、"连连地演"、"默默地读"、"死死地守"中的"白白"、"早早"、"远远"、"明明"、"偷偷"、"连连"、"默默"、"死死"不是动作的属性,而是一种主观认识,正因为如此,所以不能根据它们

副词作状语带"地"的情况

对动作进行分类。可以证明这一点的是这些副词修饰动词形成的结构都不能出现在"这是…"中。例如:

(52) *这是白白地吃　*这是早早地走　*这是远远地看
　　 *这是明明地说
(53) *这是偷偷地看　*这是连连地演　*这是默默地读
　　 *这是死死地守

例(52)、(53)中的各例显然都不成立。这说明"白白地吃"、"早早地走"、"远远地看"、"默默地读"等都不具有指称性,即不能用来指称事物,也说明这些结构中的重叠式副词都不是动词的属性,不能对动词进行分类,这些副词与被修饰的动词之间的概念距离比较远,它们与动词之间结合得比较松。

还能证明这一点的是,"白吃"、"早走"、"远看"、"明说"、"偷看"、"连演"、"默读"、"死守"一般可以加上"的",形成"的"字结构,用来指称人或事物。例如:

(54) 白吃的　早走的　远看的　明说的
(55) 偷看的　连演的　默读的　死守的

例(54)的"白吃的"可以指"白吃的人",也可以指"白吃的东西",即可以用来指称人或事物;"早走的"可以指"早走的人",用来指称人。余例情况类似。例(55)中的"偷看的"可以指"偷看的人",也可以指"偷看的东西",即可以用来指称人或事物;"连演的"可以指"连演的人",也可以指"连演的电影",也可以用来指称人或事物。其他各例情况类似。

然而,"白白地吃"、"早早地走"、"远远地看"、"明明地说"等却不能加上"的"形成"的"字结构,亦即不能用来指称人或事物。例如:

(56) *白白地吃的　*早早地走的　*远远地看的
　　 *明明地说的
(57) *偷偷地看的　*连连地演的　*默默地读的
　　 *死死地守的

第四章
副词与"地"和"的"

例(56)、(57)中的各例显然都不成立。

即便是以上结构中的副词后面不带"地",一般也不能加上"的"。例如:

(58) ＊白白吃的　＊早早走的　＊远远看的　＊明明说的
(59) ＊偷偷看的　＊连连演的　＊默默读的　＊死死守的

例(58)、(59)中的各例同样不成立。

以上情况进一步说明,"白吃"、"早走"、"远看"等中的"白"、"早"、"远"等因为是"吃"、"走"、"看"等的属性,因此二者结合带上"的"以后可以用来指称人或事物;而"白白地吃"、"早早地走"、"远远地看"等中的"白白"、"早早"、"远远"等由于不是"吃"、"走"、"看"等的属性,因此二者结合带上"的"以后就不能指称人或事物。这也进一步证明了重叠式副词与动词之间的概念距离比较远。

Haiman 指出,语言成分之间的距离反映了所表达的概念之间的距离,正因为重叠式副词与谓语动词的概念距离比较远,因此语言距离也同样比较远,这就为它们能带"地"创造了必要条件。另外,由于"地"有凸显它前面的副词的作用,而重叠式状语本身具有更多的描写性,因此,"地"的这种凸显作用与重叠式副词的描写作用是一致的,这就使得重叠式副词带"地"成为了现实。

以上讨论了一些从动词或形容词重叠、虚化而来的双音节副词带"地"的原因,其实也有一些重叠式副词并不是由动词或形容词重叠、虚化而来的,像"仅仅"、"时时",那么为什么这些词语作状语后面也可以带"地"呢?我们认为是语言类推作用造成的。这些词语与前面所讨论的词语在结构上完全一样,即都是重叠式副词,它们的句法功能也一样,即都作状语,因此在人们的心目中是属于同一类,既然前面的词语作状语时可以带"地",那么为什么这些词语作状语时就不能带"地"呢?

1.3 带"地"和不带"地"的区别

张谊生(2000)认为重叠式副词带"地"以后,有突出摹状性的作用。例如:

副词作状语带"地"的情况

(60) 我觉得她真的有点和平常不一样,暗暗感到有些蹊跷,但又不好意思再板着脸。

(61) 我妈开始叹气,开始暗暗地落泪。

在张谊生看来,例(61)的"暗暗地"更突出摹状性。

诚然,重叠式副词带"地"有的的确有突出摹状性的作用,但是也并不是所有的重叠式副词带"地"都具有这种作用。例如:

(62) 他每每地想起这件事……
(63) 偏偏地把老张给落下了。

例(62)、(63)中的"每每"、"偏偏"一个表示时间,一个表示语气,很难说有摹状性,因此这两个副词带上"地"以后就不可能有突出"摹状"的作用了。

由此可见,把重叠式副词后面的"地"解释为"突出摹状性"是有局限性的。

副词作状语有时可以带"地",有时可以不带"地",即带"地"不带"地"是非强制性的,这说明并不是句法结构上的需要,一定有别的作用,这种作用主要体现在语用上。试比较:

(64) 逐渐地追上来了。
逐渐追上来了。
(65) 应该逐步地向前推进。
应该逐步向前推进。
(66) 一再地强调。
一再强调。
(67) 反复地练习。
反复练习。

仔细比较就会发现,以上各例的前一句都有突出副词状语的作用,而后一句却没有这种作用。就拿例(66)来说吧,"一再地强调"通过"地"把副词"一再"和动词"强调"隔开,使得"一再"显得很突出,而"一再强调"的副词"一再"和动词"强调"之间紧密结合在一起,使之成为一个整体,副词"一再"就不可能得到突出。其他各例的前后两句也都有类似的区别。因此,从这个意义上来说,"地"不仅是一个结构助词,而且是一个标记成分,正是由于"地"的这种标记作用,才使得副词显得比较突出。

副词作状语带不带"地"与修辞也有一定的关系。吕叔湘先生(1963)指出,现代汉语双音化的倾向非常强烈,语句中双音节成为占有显著优势的基本语音段落和主要节奏倾向。潘兆明、姚殿芳(1987)认为:"遣词造句达到音节匀称平稳,简单概括地说,就是要求不违反双音节、四音节的节奏倾向,注意协调音节,或者是从同音词里选择音节相称的词语,或者是对词语的音节加以扩充或压缩"。副词后面的"地"有时就起着扩充音节、协调音节的作用。例如:

(68)我常常地想,现在的你,就在我身边露出笑脸。
(69)老赵悄悄地说:"不要把这件事声张出去!"
(70)他在偷偷地看。

例(68)、(69)、(70)中的"想"、"说"、"看"都是单音节的,而"常常"、"悄悄"、"偷偷"都是双音节的,如果没有"地"说起来或听起来就有些不别扭,后面带上"地"以后,就形成了两个双音节,说起来和听起来比较和谐。

1.4 带不带"地"的规律

副词作状语带不带"地"不仅与副词的音节有很大的关系,而且与副词的性质、构成方式等也有着密切的关系,其规律大致如下:

(1)单音节副词不能带"地",双音节副词有的可以带"地",有的不能带"地",能带"地"的是非强制性的,而且以不带为常见。

(2)双音节情态副词、时间副词、程度副词、语气副词、重复副词有的可以带"地",范围副词、否定副词、关联副词、处所副词都不能带"地"。

(3)双音节重叠式副词大部分可以带"地"。

重叠式副词大部分可以带"地",其原因是这些副词与谓语动词的概念距离比较远,这些副词与谓语动词之间不仅可以出现"地",还可以出现其他一些成分。

副词修饰动词性成分带"地"不带"地"语用作用不一样,带"地"时,有突出或强调副词的作用,这时的"地"起着标记的作用。另外,带"地"不带"地"还有修辞的作用,带"地"使得音节比较和谐,说起来、听起来比较顺畅。

由此可见,副词修饰动词性成分带"地"不带"地"是一个十分复杂的问题,本节也只是做了一个初步的探索,还有一些问题并没有得到解释,像双音节时间副词、情态副词、语气副词、程度副词、重复副词为什么有的可以带"地",有的不能带"地";范围副词、否定副词、关联副词、处所副词为什么都不能带"地",这些问题还需要做深入的探讨。

附　　录

《大纲》337个副词中能带"地"的一共56个,这些副词的类别大致如下:

情态副词:	暗暗	不断	不住	大力	大肆	分别	公然	胡乱	缓缓	极力
	渐渐	尽量	来回	连连	连夜	陆续	默默	悄悄	任意	日益
	随意	特意	偷偷	一一	逐步	逐渐				

时间副词:	不时	成天	及早	尽快	偶尔	时而	时时	随时	永远
程度副词:	非常	格外	更加	极度	略微	稍微	十分	特别	万分
语气副词:	白白	大大	何等	简直	偏偏				
重复副词:	常常	多么	反复	时常	一再	再三			

《现代汉语虚词词典》654个副词中能带"地"的一共97个,这些副词的类别如下:

情态副词:	不屑	不住	匆匆	从新	大举	大力	大略	大肆	大致	单独
	陡然	断然	公然	故意	好生	胡乱	急忙	间或	渐渐	接连
	竭力	尽量	紧自	径直	径自	刻意	连连	陆续	贸然	默默
	频频	悄悄	悄然	轻易	死死	偷偷	无端	一味	毅然	逐步
	逐渐									

程度副词:	非常	分外	格外	更加	极力	极其	略略	略为	略微	稍稍
	稍微	稍为	十二分	十分	万分	无比	相当	异常	益发	

第四章
副词与"地"和"的"

```
                愈发
时间副词：不时  成天  赶紧  及时  每每    偶尔  时不时  时刻  时
        始终  随时  一时  永远  暂时    早早
语气副词：白白  大大  单单  多么  好歹    何等  简直    绝对  明明  偏偏
        委实  远远  着实  足足
重复副词：常常  重新  反复  经常  屡次    时常  一再
```

二 "副词＋谓词性成分"结构带"的"情况

2.1 引言

前一节讨论了副词作状语带"地"的情况，本节考察的视野将进一步扩大，放在"副词＋谓词性成分"（为行文方便，以下简称"副＋谓"）上[①]，即要考察"副＋谓"结构带结构助词"的"的情况。

"副＋谓"结构可以带结构助词"的"修饰体词性成分，这一点朱德熙（1982）早就注意到了，他指出"好＋形容词＋的"作定语组成的偏正结构也是独立的感叹句[②]。例如：

（1）好漂亮的衣服！
（2）好大的雨！

他还进一步指出，"这类偏正结构也很少被包含在句子里"。例如：

（3）买了一件很漂亮的衣服。
（4）下了一场很大的雨。

可是不说[③]：

[①] 所谓"谓词性成分"，包括动词性成分和形容词性成分。
[②] 以下二例引自朱先生的《语法讲义》。
[③] 同上。

二 "副词+谓词性成分"结构带"的"情况

(5) *买了一件好漂亮的衣服。
(6) *下了一场好大的雨。

朱德熙认为"真+形容词"总是作谓语或补语,不能作定语[①]:

(7) *真漂亮的房子!
(8) *真听话的孩子!
(9) *真大的雨!

例(7)、(8)、(9)显然都不成立。

朱德熙的观察不仅很细微,而且结论也十分正确。那么汉语中的副词到底哪些修饰谓词性成分形成的"副+谓"结构可以带结构助词"的"?哪些修饰谓词性成分形成的"副+谓"结构不能带"的"?能带"的"的带"的"以后是自由的(既可以作定语,也可以作主语或宾语)还是黏着的(只能作定语)?能不能带"的"又与哪些因素有关?

2.2 "副+谓"结构带"的"情况

"副+谓"结构带结构助词"的"有两种情况,一种是带"的"以后是自由的,一种是带"的"以后是黏着的。本节以《大纲》中的337个副词为对象,按照第一章第二节中的分类,分别考察各类副词修饰谓词性成分形成的"副+谓"结构带"的"情况。为了使考察更客观、更准确,仍以对语料库的统计为主要依据。语料库中没有出现例证的,采用口头调查的方式进行调查。

2.2.1 时间副词

《大纲》中的时间副词"按期、按时、本、不时、才、曾"等,有的修饰谓词性成分形成的"副+谓"结构可以带"的",有的不能。例如:

(10) 当爸爸妈妈看到这个矮小瘦弱、不时咳嗽的姐夫时,全都号啕大哭。　　　　　　　　　　(叶永烈《姐姐》)
(11) 这毕竟是为周恩来物色一个成天跟随在身边工作的

[①] 以下三例引自朱先生的《语法讲义》。

第四章
副词与"地"和"的"

　　　　　保健医生。　　　　　（张佐良《周恩来的最后十年》）
（12）他想象着那个将要用这金红的毛线织成毛衣的陕北
　　　女人的模样。　　　　　（张承志《北方的河》）
（13）滚你妈的,你这个早晚喂王八的小子!

　　　　　　　　　　　　　　（王朔《空中小姐》）
（14）＊顿时就明白的学生不多。
（15）＊回头见的时候再说。
（16）＊及早赶回来的可能性不大。

例（10）的"不时"修饰"咳嗽"、（11）的"成天"修饰"跟随在身边工作"、（12）的"将要"修饰"用这金红的毛线织成毛衣"、（13）的"早晚"修饰"喂王八"以后都可以带"的",但例（14）的"顿时"修饰"就明白"、（15）的"回头"修饰"见"、（16）的"及早"修饰"赶回来"以后都不能带"的"。《大纲》中修饰谓词性成分形成的"副＋谓"结构能带"的"的时间副词有"按期、按时、本、不时、才、曾、曾经、成天、从来、从小、刚、刚刚、即将、将、将要、老（是）、马上、偶尔、仍、仍旧、仍然、时时、首先、随后、随即、随时、先、先后、现、向来、眼看、一度、依然、一向、一直、已、已经、永远、有时、预先、在、暂且、早晚、早已、正、正在、总（是）"等47个①,约占时间副词的 73.4%。

　　时间副词修饰谓词性成分形成的"副＋谓"结构能带"的"的,带"的"以后一般是自由的,既可以作定语,也可以作主语或宾语。例如：

（17）按时完成的可以回家。

---

① 语料库中没有发现"仍旧"、"随即"、"眼看"修饰谓词性成分以后带"的"的用例,但调查发现它们修饰谓词性成分形成的"副＋谓"结构也能带"的"。例如：

（1）仍旧不改的开除!
（2）小偷被随即赶到的民警带走了。
（3）眼看就到手的果实被别人抢走了。

例（1）、（2）、（3）的"仍旧"、"随即"、"眼看"修饰谓词性成分形成的"副＋谓"结构显然都能带"的"。

(18) 本不想去的现在也想去了。
(19) 这边都是才来的。
(20) 这些都是首先要解决的。

例(17)的"按时"修饰"完成"、(18)的"本"修饰"不想去"以后都带"的"作主语,例(19)的"才"修饰"来"、(20)的"首先"修饰"要解决"以后都带"的"作宾语。

2.2.2 情态副词

《大纲》中的情态副词"暗暗、不断、不住、乘机、从头、从中"等,有的修饰谓词性成分形成的"副+谓"结构能带"的",有的不能。例如:

(21) 金秀换好睡衣,坐到床边,看着丈夫,犹豫一下,用尽量委婉的语气说:"……" (陈建功 赵大年《皇城根》)
(22) 大立决定投身于连夜寻找金枝的"义务劳动"。
(陈建功 赵大年《皇城根》)
(23) 方枪枪很得意,像悄悄干好事的"活雷锋"不声不响上了自己的床。 (王朔《看上去很美》)
(24) *徐徐前进的那辆列车要进站了。
(25) *这是忽然想起来的事情。
(26) *每走一步的时候都要仔细想想。

例(21)的"尽量"修饰"委婉"、(22)的"连夜"修饰"寻找金枝"、(23)的"悄悄"修饰"干好事"以后都可以带"的",而例(24)的"徐徐"修饰"前进"、(25)的"忽然"修饰"想起来"、(26)的"每"修饰"走一步"以后都不能带"的"。《大纲》中修饰谓词性成分形成的"副+谓"结构可以带"的"的情态副词有"不断、乘机、从头、从中、大力、大肆、定向、独自、公然、胡、胡乱、互相、缓缓、渐渐、接连、接着、竭力、尽量、就地、就近、来回、连、连夜、陆续、默默、悄悄、亲笔、亲手、亲眼、亲自、任意、日益、擅自、私自、随手、随意、特地、特意、偷偷、瞎、相、相继、依次、一道、一个劲儿、一口气、一块、一连、一齐、一起、一同、一一、硬、照例、直、只

第四章
副词与"地"和"的"

顾、逐步、逐渐、逐年、专程、自行"等 61 个[①],约占情态副词的 75.3%。

情态副词修饰谓词性成分形成的"副+谓"结构能带"的"的,带"的"以后也是自由的。例如:

(27) 乘机溜走的很多。
(28) 定向分配的都没问题。
(29) 这是一块买的。
(30) 还有专程赶来的。

例(27)、(28)的"乘机"、"定向"分别修饰"溜走"、"分配"以后带"的"作主语,例(29)、(30)的"一块"、"专程"分别修饰"买"、"赶来"以后带"的"作宾语。

2.2.3 语气副词

《大纲》中的语气副词"白、白白、必、必定、必将、毕竟、并、不定"等,绝大多数修饰谓词性成分形成的"副+谓"结构不能带"的"。例如:

(31) *老师是毕竟去过一次的人。
(32) *不定去的人不多。
(33) *这是个索性不去的地方。
(34) *他就是幸好在那儿的同学。

---

① 语料库中没有发现"乘机"、"从头"、"从中"、"大力"、"定向"、"胡乱"、"接着"、"就地"、"就近"、"连"、"擅自"、"私自"、"特地"、"特意"、"偷偷"、"相继"、"一个劲儿"、"一口气"、"直"等修饰谓词性成分形成的"副+谓"结构带"的"的用例,但调查发现它们修饰谓词性成分形成的"副+谓"结构也能带"的"。例如:

(1) 乘机溜走的不少。
(2) 从头开始的很多。
(3) 也有从中渔利的。
(4) 胡乱解释的不少。
(5) 连下三天的时候也有。

例(1)、(2)、(3)、(4)、(5)的"乘机"、"从头"、"从中"、"胡乱"、"连"修饰谓词性成分形成的"副+谓"结构都能带"的"。

二 "副词＋谓词性成分"结构带"的"情况

例(31)的"毕竟"修饰"去过一次"、(32)的"不定"修饰"去"、(33)的"索性"修饰"不去"、(34)的"幸好"修饰"在那儿"以后都不能带"的"。

但是也有不少修饰谓词性成分形成的"副＋谓"结构可以带"的"。例如：

(35) 这灵性没声音，却带着似乎命定的音乐感。
（张承志《黑骏马》）
(36) 两年过去，我已经到了只得胡乱娶一个媳妇的年龄。
（王朔《空中小姐》）
(37) 他这才像一个终于被药物控制住的精神病人，疲倦地安静下来。　　　　　　　　　　　（王朔《空中小姐》）
(38) 今天，分明走在一条足以容纳浩浩荡荡的朝山队伍的畅亮山道上。　　　　　　　　（余秋雨《寂寞天柱山》）

例(35)的"似乎"修饰"命定"、(36)的"只得"修饰"胡乱娶一个媳妇"、(37)的"终于"修饰"被药物控制住"、(38)的"足以"修饰"容纳浩浩荡荡的朝山队伍"以后都可以带"的"。《大纲》中这样的语气副词有"白、白白、必、必定、必将、并、不免、不宜、不至于、差点儿、大体、大大、的确、多、多么、非、还、好容易、何等、或许、几乎、简直、据说、决、恰恰、尚、甚至、似乎、未必、约、只得、只有、至于、终、终于、足以"等36个[①]，约占语气副词的35.3%。

语气副词修饰谓词性成分形成的"副＋谓"结构虽然有的可以带"的"，但是带"的"以后多半是不自由的，即一般只能作定语。例如：

---

① 语料库中没有出现"不宜"的用例，但调查发现该词修饰谓词性成分形成的"副＋谓"结构也能带"的"。例如：

有没有不宜吃的东西？

该例的"不宜"修饰谓词性成分形成的"副＋谓"结构显然可以带"的"。

第四章
副词与"地"和"的"

  (39) 尚需进一步确认的不多。
  (40) *只得胡乱娶一个媳妇的是谁?
  (41) *他这才像一个终于被药物控制住的。
  (42) *足以喝下三瓶白酒的没来。

例(39)的"尚"修饰"未完成"以后可以带"的"作宾语,但例(40)的"只得"修饰"胡乱娶一个媳妇"以后带"的"不能作主语,例(41)的"终于"修饰"被药物控制住"以后带"的"不能作宾语,例(42)的"足以"修饰"喝下三瓶白酒"以后带"的"也不能作主语。修饰谓词性成分形成的"副+谓"结构带"的"以后是自由的语气副词很少,只有"白、白白、不宜、大体、尚"5个,约占修饰谓词性成分形成的"副+谓"结构能带"的"的语气副词的13.9%。

  关于语气副词,目前一般认为只能出现在句子中,不能出现在短语中。张谊生(2000)指出"它们(语气副词)一般只能出现在具体的动态的句子中,而不能出现在抽象的静态的短语中"。齐沪扬(2002)认为句子中可以有表示语气的成分,短语中没有。但是,我们的统计结果显示,恰恰有不少语气副词修饰谓词性成分形成的"副+谓"结构可以带"的"作定语,即可以出现在短语中。出现这种情况应该怎么处理呢?不外乎两种办法,一是把能出现在短语中的都剔除出去,即把它们都看做非语气副词;另一个是承认语气副词也有一些可以出现在短语中。这两种处理办法各有优劣。前一种处理办法能够自圆其说,也使得语气副词更"纯粹",但是也有一个问题,即光凭这一点就把很多语气副词,甚至过去认为是典型的语气副词都剔除出去,有些不够妥当。问题还不在于此,更重要的是牵涉到语气副词的分类标准问题,即到底什么样的副词是语气副词,这是一个十分棘手的问题。后一种做法虽然与现有的结论有些出入,但是符合语言事实。我们比较倾向于后一种办法。承认语气副词可以出现在短语中,并不是说所有的语气副词都能出现在短语中。其实,语气副词出现在短语中有着历时的原因,因为语气副词多半是从实词虚化而来的,但是这个演进的过程很长,有些语气副词已经完全虚化了,但有些还没有完全虚化,还多少保留着实词的一些痕迹,正因为如此,所以有些

二 "副词+谓词性成分"结构带"的"情况

语气副词修饰谓词性成分形成的"副+谓"结构可以带"的"作定语。

2.2.4 程度副词

《大纲》中的程度副词"比较、不大、顶、非常、分外"等,修饰谓词性成分形成的"副+谓"结构都可以带"的"。例如:

(43) 然而这位浪漫主义诗人却干了一件不大有诗意的事:他按月购买航空券。 (汪曾祺《钓人的孩子》)

(44) 这里的人们,穿着顶漂亮的衣服。 (鲍昌《芨芨草》)

(45) 这是非常花工夫的一件事。 (张炜《柏慧》)

(46) 一张分外熟悉的面孔,但代英怎么也想不起这个人究竟是谁了。 (张平《十面埋伏》)

(47) 在这万分紧张的斗争生活中,能看到这么多笑脸,使许凤他们不由的精神一振。 (雪克《战斗的青春》)

例(43)的"不大"修饰"有诗意"、(44)的"顶"修饰"漂亮"、(45)的"非常"修饰"花工夫"、(46)的"分外"修饰"熟悉"、(47)的"万分"修饰"紧张"以后都可以带"的"[①]。

有的带"的"以后是自由的。例如:

(48) 最好的没来。/这是最好的。

(49) 特别大的不要。/不要特别大的。

(50) 稍微便宜一点的有没有?/有没有稍微便宜一点的?

例(48)、(49)、(50)的"最"、"特别"、"稍微"修饰形容词性成分形成的"副+谓"结构都能带"的",而且带"的"以后都是自由的,即可以作主语和宾语。《大纲》中这样的程度副词有"比较、不大、顶、非常、更、更加、极其、较、略微、稍、稍微、太、特别、尤其、愈、最"等 16 个,约占程度副词的 51.6%。

[①] 语料库中没有发现"很"修饰谓词性成分带"的"的用例,但调查发现"很"修饰谓词性成分形成的"副+谓"结构也能带"的"。例如:

这是一个很不错的主意。

上例的"很"修饰谓词性成分形成的"副+谓"结构能带"的"。

也有不少带"的"以后是粘着的。试比较：

(51) 好大的一棵树／＊好大的不要。／＊不要好大的。
(52) 很便宜的东西／＊很便宜的没有。／＊没有很便宜的。
(53) 极聪明的一个孩子／＊极聪明的没来。／＊他是极聪明的。
(54) 颇丰的收入／＊颇丰的没有。／＊没有颇丰的。
(55) 挺好的一件事被你弄砸了！／＊挺好的不要。／＊不要挺好的。

例(51)、(52)、(53)、(54)、(55)的"好"、"很"、"极"、"颇"、"挺"修饰形容词性成分形成的"副＋谓"结构带"的"以后都只能作定语，不能作主语或宾语。这类程度副词《大纲》中有"分外、格外、怪、过、过于、好、很、极、极度、颇、十分、挺、万分、有(一)点儿、有一些"等 15 个，约占程度副词的 48.4%。

2.2.5 范围副词

《大纲》中的范围副词"大半、大都、大多、单、都"等，除了"凡、凡是"不能修饰谓词性成分以外，其他 21 个都能修饰谓词性成分。有些修饰谓词性成分形成的"副＋谓"结构可以带"的"，有些也不能。例如：

(56) 这就是仅有的观赏植物了。　　　（汪曾祺《安乐居》）
(57) 仅仅拥有自己历史的人是难以成长起来的：每个人还要拥有自己家族的历史。　　　（张炜《柏慧》）
(58) 你回来时装作一副大人气，鄙夷那些只到过大城市的同学的娇气。　　　（张承志《北方的河》）
(59) ＊共去过三次的(同学)只有两个。
(60) ＊统统扔掉的(东西)都要找回来。
(61) ？这是惟独没吃过的(东西)。

例(56)的"仅"修饰"有"、(57)的"仅仅"修饰"拥有自己历史"、(58)的"只"修饰"到过大城市"以后都可以带"的"，而例(59)的"共"修饰"去过三次"、(60)的"统统"修饰"扔掉"以后都不能带"的"，例(61)的"惟

二 "副词+谓词性成分"结构带"的"情况

独"修饰"没吃过"以后带"的"不自然。《大纲》中修饰谓词性成分形成的"副+谓"结构可以带"的"的范围副词有"大半、大都、大多、单、都、多半、光、皆、仅、仅仅、净、全都、一概、只、至少"等15个[①],约占能修饰谓词性成分的范围副词的71.4%。

范围副词修饰谓词性成分形成的"副+谓"结构带"的"以后一般都是自由的。例如：

(62) 大都不会的我再讲一遍。
(63) 净说瞎话的我们不欢迎。
(64) 这些是全都看过的。

例(62)的"大都"修饰"不会"、(63)的"净"修饰"说瞎话"以后带"的"作主语,例(64)的"全都"修饰"看过"以后带"的"作宾语。《大纲》中这样的范围副词有"大半、大都、大多、单、都、多半、光、净、全都、一概、只、至少"等12个,占修饰谓词性成分形成的"副+谓"结构能带"的"的范围副词的80%。

2.2.6 否定副词

《大纲》中的否定副词"甭、别、不、不必、不曾"等,有些修饰谓词性成分形成的"副+谓"结构可以带"的",有的也不能。例如：

(65) 不好吃的不要。

---

① 语料库中没有发现"大半"、"大多"、"都"、"多半"、"光"、"净"、"全都"修饰谓词性成分形成的"副+谓"结构带"的"的用例,但调查发现它们修饰谓词性成分形成的"副+谓"结构也能带"的"。例如：

(1) 大半吃完了的可以回家。
(2) 最好去一个大多没去过的地方。
(3) 都不吃的给我留着!
(4) 多半看过的就不要买了!
(5) 光会耍贫嘴的不要。

例(1)、(2)、(3)、(4)、(5)的"大半"、"大多"、"都"、"多半"、"光"修饰谓词性成分形成的"副+谓"结构都能带"的"。

(66) 可得赶个礼拜六,不用接孩子的时候。

(张承志《北方的河》)

(67) 没去过的同学不多。
(68) *甭去那儿的人是你。
(69) *别说的同学没有。
(70) *不要客气的时候不多。

例(65)的"不"修饰"好吃"、(66)的"不用"修饰"接孩子"、(67)的"没"修饰"去过"以后都可以带"的",例(68)的"甭"修饰"去那儿"、(69)的"别"修饰"说"、(70)的"不要"修饰"客气"以后都不能带"的"。《大纲》中修饰谓词性成分形成的"副+谓"结构能带"的"的否定副词有"不、不曾、不用、从来、没、没有、未"等7个,占否定副词的50%。

否定副词修饰谓词性成分形成的"副+谓"结构能带"的"的,带"的"以后都是自由的。例如:

(71) 没吃过的多买一点!
(72) 不好看的不要。
(73) 这些书都看过了,没有没看过的。
(74) 把不值钱的都扔了!

例(71)的"没"修饰"吃过"、(72)的"不"修饰"好看"以后带"的"作主语,例(73)的"没"修饰"看过"以后带"的"作宾语,例(74)的"不"修饰"值钱"以后带"的"作"把"的宾语。

以上情况说明,否定副词也不是同质的,"不"、"不曾"、"不用"等是一类,这一类与被修饰的成分形成的"副+谓"结构既可以成句,也可以带"的";"甭"、"别"、"不必"等是一类,它们与被修饰的成分形成的"副+谓"结构只能成句,不能带"的"。

2.2.7 重复副词

《大纲》中的重复副词"常、常常、重、重新、反复"等,绝大多数修饰谓词性成分形成的"副+谓"结构可以带"的"。例如:

二 "副词＋谓词性成分"结构带"的"情况

(75) 詹大胖子还有一件常做的事,是剪冬青树。
（汪曾祺《故人往事》）
(76) 我知道,他已经好了,从我跟他的接触中,我没有发现他有重犯的迹象。 （王朔《痴人》）
(77) ?这是往往容易被忽视的问题。
(78) ﹡又热了的地方不多。

例(75)的"常"修饰"做"、(76)的"重"修饰"犯"以后可以带"的",例(77)的"往往"修饰"容易被忽视"以后带"的"不自然,例(78)的"又"修饰"热了"以后不能带"的"。《大纲》中修饰谓词性成分形成的"副＋谓"结构能带"的"的重复副词有"常、常常、重、重新、反复、复、屡次、时常、一再、再、再三"等 11 个①,约占重复副词的 84.6%。

重复副词修饰谓词性成分形成的"副＋谓"结构能带"的"的,带"的"以后也都是自由的。例如：

(79) 常吃的就那几种。
(80) 反复研究过的不会有问题。
(81) 这是重抄的。
(82) 把重新改过的拿过来。

例(79)的"常"修饰"吃"、(80)的"反复"修饰"研究过"以后带"的"作主语,例(81)的"重"修饰"抄"以后带"的"作宾语,例(82)的"重新"修饰"改过"以后带"的"作"把"的宾语。

2.2.8 关联副词

《大纲》中的关联副词"便、就"等修饰谓词性成分形成的"副＋谓"结构都不能带"的"。例如：

(83) ﹡便去的时候很少。

---

① 语料库中没有发现"屡次"修饰谓词性成分形成的"副＋谓"结构带"的"的用例,但调查发现该词修饰谓词性成分形成的"副＋谓"结构也能带"的"。例如：

屡次不改的开除学籍！

上例的"屡次"修饰谓词性成分形成的"副＋谓"结构显然可以带"的"。

(84) *就复习的同学不多。
(85) *乃大的人才能成功。
(86) *也热的地方还有很多。

例(83)的"便"修饰"去"、(84)的"就"修饰"复习"、(85)的"乃"修饰"大"、(86)的"也"修饰"热"以后都不能带"的"。

2.2.9 处所副词

《大纲》中的处所副词"处处"修饰谓词性成分形成的"副+谓"结构可以带"的"①。例如：

(87) 也有处处碰壁的时候。
(88) 处处都不满意的时候也有。

例(87)的"处处"修饰"碰壁"、(88)的"处处"修饰"都不满意"以后可以带"的"。

不仅如此，带"的"以后也是自由的。例如：

(89) 处处碰壁的是谁谁知道。

上例的"处处"修饰"碰壁"以后带"的"作主语。

2.3 影响"副+谓"结构能否带"的"的因素

不仅不同类别的副词修饰谓词性成分形成的"副+谓"结构在能否带"的"上表现不同，即便是同一类副词修饰谓词性成分形成的"副+谓"结构在能否带"的"上也同样存在着差别，可见影响"副+谓"结构能否带"的"的因素很复杂，但也并非无规可循。据我们观察，影响"副+谓"结构能否带"的"的因素主要有以下两个。

2.3.1 与副词的性质有关

从上文可以看出，语气副词、关联副词大多数修饰谓词性成分形成的"副+谓"结构不能带"的"，而时间副词、情态副词、程度副词、范

---

① 语料库中没有出现"处处"的用例，但调查发现该词修饰谓词性成分形成的"副+谓"结构也能带"的"。

围副词、重复副词等大部分修饰谓词性成分形成的"副+谓"结构可以带"的",这说明"副+谓"结构能否带"的"与副词的性质有一定的关系。

语气副词大部分修饰谓词性成分形成的"副+谓"结构不能带"的",关联副词修饰谓词性成分形成的"副+谓"结构都不能带"的",这是由它们的性质决定的。因为一般只有句子才有语气,也就是说语气副词只能用于句子中,而"的"字结构是一种结构,不是句子,因此语气副词与被其修饰的成分形成的"副+谓"结构自然就不能带"的"。当然,由于语气副词大多是由实词虚化而来的,而虚化过程往往比较长,有的语气副词还处于虚化的过程当中;有些语气副词虽然已经虚化了,但虚化得还不彻底,还多少保留着一些实词的性质。正因为如此,所以就免不了会出现一些语气副词修饰谓词性成分形成的"副+谓"结构能够带"的"的情况。关联副词修饰谓词性成分形成的"副+谓"结构也不能带"的",是因为关联副词的作用是承前启后,离开了前面的部分,关联副词就失去了存在的依托,单独把关联副词和被其修饰的成分提取出来,提取的部分实际上不可能存在,当然就不能带"的"。

2.3.2 与副词的语体有关

同属某一类副词,有的修饰谓词性成分形成的"副+谓"结构可以带"的",而有的却不能,像范围副词,"共"、"统统"修饰谓词性成分形成的"副+谓"结构一般不能带"的",而意义与之相近的"一共"、"总共"、"全都"修饰谓词性成分形成的"副+谓"结构都能带"的"。前者与后者的区别在于,后者是口语词汇,前者是书面语词汇。可见"副+谓"结构能否带"的"与副词的语体也有一定的关系。

应该注意的是,以上两种因素所起的作用不太一样,副词的性质对副词修饰谓词性成分形成的"副+谓"结构能否带"的"起着决定性的作用,而语体的影响是第二位的,并且影响面比较小,是否带有普遍性还需要做进一步的验证。

2.4 与"副+谓"结构带"的"相关的问题

"副+谓"结构能否带"的"情况十分复杂。《大纲》337个副词修饰谓词性成分形成的"副+谓"结构能否带"的",大致情况如下表:

副词类别	能否带"的"	数量	百分比（%）	例　词
时间副词	能	46	74.2	按时、曾、成天、从来、即将
	不能	16	25.8	而后、顿时、回头、及早、早日
情态副词	能	61	75.3	从头、定向、独自、连忙、亲笔
	不能	20	24.7	暗暗、分别、奋勇、连忙、依次
语气副词	能	37	35.6	必定、必将、大大、简直、似乎
	不能	67	64.4	白白、必、反正、务必、幸好
程度副词	能	31	100	比较、不大、顶、非常、更
	不能	0	0	
范围副词	能	15	71.4	大都、都、大多、光
	不能	6	28.6	共、统统、惟独、一共
否定副词	能	7	50	不、不曾、从未、没、没有
	不能	7	50	甭、别、不必、不要、莫、无
重复副词	能	11	84.6	常、重、重新、反复、时常、再
	不能	2	15.4	往往、又
关联副词	能	0	0	
	不能	8	100	便、就、乃、却、也、一、亦
处所副词	能	1	100	处处
	不能	0	0	

《大纲》337个副词，有126个修饰谓词性成分形成的"副+谓"结构不能带"的"，约占总数的37.4%，超过三分之一。能带"的"，大部分带"的"以后是自由的，但是也有不少带"的"以后是粘着的，这样的副词《大纲》中有"必、必定、必将、并、不免、不至于、差点儿、大大、的确、顶、多、多么、非、非常、分外、格外、更加、怪、过、还、好、好容易、何等、很、或许、几乎、极、极其、简直、较、皆、仅、仅仅、据说、决、颇、恰恰、尚、甚至、十分、似乎、挺、未必、硬、约、只得、只有、至于、终、终于、足以"等51个，约占修饰谓词性成分形成的"副+谓"结构能带"的"的副词的24.2%。这些副词既有单音节的，也有双音节的；从类别上来看，主要是语气副词和程度副词。可见副词修饰谓词性成分形成的"副+谓"结构带"的"以后是否自由与副词的类别也有直接的关系。

朱德熙(1978)认为汉语的"VP+的+NP"有两种不同的类型。例如：

二 "副词+谓词性成分"结构带"的"情况

(90) 开车的人
(91) 他讲的故事
(92) 开车的技术
(93) 走路的样子

他认为前二例的中心语"人"和"故事"因为是潜主语和潜宾语,所以都可以省去,也就是说"开车的"、"他讲的"可以指代"开车的人"和"他讲的故事"。但后二例的中心语"技术"和"样子"因为既不是潜主语,也不是潜宾语,所以不能省略。

袁毓林(1995)在朱德熙的基础上又前进了一步,他把"VP+的"称代中心语 NP 的句法、语义规则概括为:只有当"VP+的"跟中心语 NP 同格(属于 VP 中的动词或有价名词的一个格),并且 VP 中的动词(包含隐含的动词)不受中心语支配时,"VP+的"才能称代 NP。尽管袁毓林的结论更全面一些,但是有些问题解释不了,关于这一点,将在后面有关章节中讨论(参见第五章第三节)。这里特别要指出的是,朱德熙和袁毓林的结论都是建立在"VP+的+NP"这一结构存在的基础上的,其实汉语中的"NP+VP+(NP)"不是都能变换为"VP+的+NP",据我们考察,谓语主要成分是一个动词或形容词的"NP+VP+(NP)",一般都能变换为"VP+的+NP"。例如:

(94) 你散步。→散步的人
(95) 我去上海。→我去的地方/去上海的人
(96) 这个菜好吃。→好吃的菜

但如果谓词性成分前面有修饰性成分,情况就不那么简单了。我们发现谓语为副词修饰谓词性成分形成的"NP+VP+(NP)",不少不能变换为"VP+的+NP"。例如:

(97) 你甭去!→*甭去的人
(98) 你不要笑!→*不要笑的人
(99) 我索性不睡了。→*索性不睡的人
(100) 那儿经常下雨。→*那儿经常下的雨
(101) 赶紧吃饭吧!→*赶紧吃的饭

(102) 甭说那话！→ * 甭说的话

以上六例，前三例的 VP 都是带副词状语的复杂成分，它们都不能变换为"VP＋的＋NP"，更不能用"VP＋的"称代中心语，即 NP 了。后三例的 VP 也都是带副词状语的复杂成分，也不能变换为"VP＋的＋NP"，自然也不能用"VP＋的"称代 NP。

以上情况说明，汉语的"NP＋VP＋(NP)"变换为"VP＋的＋NP"是有条件限制的，也就是说汉语中的"NP＋VP＋(NP)"有的可以转换为"VP＋的＋NP"，有的不能转换为"VP＋的＋NP"。当 VP 为副词修饰的谓词性成分，而副词为语气副词、关联副词以及一些否定副词等时，"NP＋VP＋(NP)"一般不能变换为"VP＋的＋NP"。

三 "程度副词＋谓词性成分＋的"结构的性质

3.1 引言

陆俭明(1980b)曾详细考察了程度副词"很、挺、非常、更、最"修饰形容词形成的"程度副词＋形容词＋的"结构的句法功能，他指出，这些程度副词修饰形容词形成的"程度副词＋形容词＋的"结构可以分为甲、乙两类，甲类是"很/挺/非常＋形容词＋的"，乙类是"更/最＋形容词＋的"。这两类在句法功能上有明显的区别：

	主语	谓语	补语	定语
很 A/AB 的	−	＋	＋	＋
挺 A/AB 的	−	＋	＋	＋
非常 A/AB 的	−	＋	＋	＋
更 A/AB 的	＋	＋	−	＋
最 A/AB 的	＋	＋		＋

在语法意义上，甲、乙两类也有区别，甲类不能用来指称事物，乙类可

三
"程度副词+谓词性成分+的"结构的性质

以用来指称事物。正因为如此,陆俭明认为甲类是状态形容词性的,乙类是名词性的。陆俭明还进一步指出,"程度副词+形容词+的"结构的功能跟程度副词的性质有关,甲类中的程度副词"很、挺、非常"是绝对程度副词,乙类中的"更、最"是相对程度副词。

陆俭明的考察十分细致,不过,他只考察了几个常用的程度副词修饰形容词形成的结构带"的"情况,程度副词修饰动词和动词性成分形成的结构带"的"情况没有涉及到。

本章第二节对副词修饰谓词性成分形成的"程度副词+谓词性成分"结构(为行文方便,以下简称"程+谓")带"的"的情况做了统计,虽然也涉及到了"程+谓+的"结构的性质,但是没有做深入的分析。本节将以《大纲》中的"比较、不大、顶、非常、分外、格外、更、更加、怪、过、过于、很、好、极、极度、极其、较、略微、颇、稍、稍微、十分、太、特别、挺、万分、尤其、有(一)点儿、有一些、愈、最"等31个程度副词为对象,在第二节的基础上,以对语料库中的语料统计为主要依据,对"程+谓+的"结构的性质做进一步的探讨。

3.2 "程+谓+的"结构的性质

从前一节可以看出,《大纲》31个程度副词形成的"程+谓"结构只有一些带"的"以后是自由的,即带"的"以后可以作定语,也可以作主语或宾语,《大纲》中这样的程度副词有"比较、不大、顶、非常、更、更加、极其、较、略微、稍、稍微、太、特别、尤其、愈、最"等16个,约占程度副词的51.6%,即一半以上。

陆俭明认为,绝对程度副词修饰形容词形成的结构带"的"是形容词性的,相对程度副词修饰形容词形成的结构带"的"是名词性的,我们对语料库统计的结果,也大体支持这一结论。《大纲》31个程度副词中,绝对程度副词有"不大、顶、非常、分外、格外、怪、过、过于、好、很、极、极度、极其、颇、十分、太、特别、挺、万分、尤其、有(一)点儿、有一些、愈"等23个,除了"非常、极其、太、特别、尤其"以外,其他18个修饰形容词形成的结构带"的"都是形容词性的,不仅如此,修饰动词性成分形成的结构带"的"也是形容词性的。相对程度副词有"比较、更、更加、较、略微、稍、稍微、最"等8个,这些词修饰形容词形

第四章
副词与"地"和"的"

成的结构带"的"都是名词性的,而且修饰动词性成分形成的结构带"的"也是名词性的。

陆俭明指出,"很"、"挺"、"非常"修饰形容词可以带"的"作谓语、定语和补语,这与我们对语料库的统计结果有些出入。"很"、"挺"修饰形容词以后带"的"虽然也有个别可以作谓语和补语,但是并不是"的"字结构。例如:

(1) 司徒聪相当地矜持,"那话说起来很痛苦的,以后……"
  (王朔《痴人》)
(2) 他在上面挺美的。　　　(蒋子龙《赤橙黄绿青蓝紫》)
(3) 戴璐《藤阴杂记》说此官"清简恬静",这几个字眼儿下得很恰当的。　　　(汪曾祺《国子监》)
(4) 你放得挺好的。　　　(王朔《动物凶猛》)

例(1)的"很痛苦的"、(2)的"挺美的"都作谓语,但是这个"的"是语气助词,不是结构助词,也就是说这个"的"是附在句末的,而不是附在"很痛苦"和"挺美"上的;例(3)的"很恰当的"、例(4)的"挺好的"都作补语,这个"的"也不是结构助词,而是语气助词,也是附在句末的。可以证明这一点的是,以上四例中的"的"去掉以后,句子意思基本上一样,只是语气稍有变化。试比较:

(5) 那话说起来很痛苦的。→那话说起来很痛苦。
(6) 他在上面挺美的。→他在上面挺美。
(7) 这几个字眼儿下得很恰当的。→这几个字眼儿下得很恰当。
(8) 你放得挺好的。→你放得挺好。

例(5)、(6)、(7)、(8)前一句都有加强肯定的语气,后一句都没有这种语气。可见,前四句中的"的"是语气助词"的",不是结构助词"的"。

以上情况说明,"很"、"挺"修饰形容词以后带"的"主要作定语,是一种粘着结构。

"非常"修饰形容词带"的"主要作定语和宾语,没有发现作谓语和补语的例子。例如:

三 "程度副词+谓词性成分+的"结构的性质

(9) 那是一种非常结实的粗蓝布,可以鱼目混珠,冒充牛仔布,这里叫"劳动布"的。　　　　　(王朔《看上去很美》)

(10) 言词对于我是非常珍贵的。　　　　　(张炜《柏慧》)

例(9)的"非常"修饰"结实"带"的"作定语,例(10)的"非常"修饰"珍贵"带"的"作宾语。从这个角度来看,"非常"修饰形容词带"的"是名词性的。

当然,以上情况也不排除有这种可能,即由于我们统计的语料库中的语料数量不够大,因此才没有发现"很"、"挺"、"非常"修饰形容词带"的"作谓语和补语的用例。

虽然"程+谓+的"结构有的可以作定语,又可以作主语或宾语,但据统计,带"的"以后绝大多数情况下还是作定语,有些虽然可以作主语或宾语,但出现的几率比较小,而且还有一定的条件限制,一般多出现在"是"字句中。例如:

(11) 最受欢迎的是兔头。　　　　　(汪曾祺《安乐居》)

(12) 更多的是故事,外祖母在夜深人静时忍不住就要回忆那些美好的或担惊受怕的年代。　　　　　(张炜《柏慧》)

例(11)的"最"修饰"受欢迎"带"的"作主语,谓语动词是"是";例(12)的"更"修饰"多"带"的"也作主语,谓语动词也是"是"。

认知语言学认为,语言客体范畴,从语音层面的音位、音素、音节等,到形态学层面的词、词缀、附着词、词法范畴等,到句法层面的词类、短语结构、句子以及功能、句法语义范畴等,都体现出不同程度的原型效应,有中心的典型成员和边缘成员的分别。以上情况说明"程+谓+的"结构的句法功能也存在着范畴化现象,"程+谓+的"结构作定语是典型功能,作主语、宾语等是边缘功能。

其实,能作定语的情况也不同,有些"程+谓+的"结构作定语形成的结构可以作主语或宾语,而有的只能用作感叹句,不能作主语、宾语。例如:

(13) 我只配称作歌手——更多的时候是个自言自语的歌

177

手。 (张炜《柏慧》)
需要拿出更有说服力的证据来!
(14) 稍长一点的那一件我不要了。
因此,这些顽童得到一个稍带侮辱性的称呼,叫做"葩草鬼子"。 (汪曾祺《大淖记事》)
(15) 好骄傲的男人呐,他以为我怀疑他那段英雄史!
(张承志《北方的河》)
＊好漂亮的衣服不多。
＊这儿没有好漂亮的衣服。

例(13)的"更"修饰"多"带"的"作定语,形成的"更多的时候"作主语;修饰"有说服力"带"的"作定语,形成的"更有说服力的证据"作宾语。例(14)的"稍"修饰"长一点"带"的"作定语,形成的"稍长一点的那一件"作主语;修饰"带污辱性"带"的"作定语,形成的"稍带污辱性的称呼"作宾语。例(15)的"好"修饰"骄傲"带"的"作定语,形成的"好骄傲的男人"用作感叹句;修饰"漂亮"带"的"作定语,但形成的"好漂亮的衣服"不能作主语,也不能作宾语。《大纲》中这样的程度副词只有"好"1个,约占修饰谓词性成分形成的"程＋谓"结构能带"的"程度副词的 3.6%。

以上情况说明,程度副词的性质不仅影响到"程＋谓＋的"结构的性质,而且也影响到"程＋谓＋的＋体词性成分"结构的性质,可见,程度副词不仅仅是修饰谓词性成分,其句法作用渗透到了它们修饰谓词性成分形成的结构。以往认为副词的句法功能是作状语,这话虽然没有错,但是只揭示了副词的基本句法功能,副词到底还有哪些作用,还需要做进一步的发掘。

3.3 影响"程＋谓＋的"结构自由、黏着的因素

程度副词为什么有的修饰谓词性成分形成的"程＋谓"结构可以带"的"作定语、主语或宾语,即带"的"以后是自由的,而有的却只能作定语,不能作主语或宾语,即带"的"以后是黏着的呢?这跟程度副词的性质有一定的关系。

三 "程度副词＋谓词性成分＋的"结构的性质

陆俭明(1980)发现程度副词修饰形容词形成的结构的性质有些不同,并据此提出程度副词有绝对程度副词和相对程度副词之分。周小兵(1995)则根据程度副词句法功能的特点,把程度副词分为绝对程度副词和相对程度副词两类,他认为相对程度副词,像"更、更加、稍、稍微、最"等,有的可以用于两项比较,也有一些可以用于多项比较。例如:

(16) 这个比那个更好看。
(17) 弟弟比哥哥稍差一些。
(18) 三个孩子里面他的成绩最好。

绝对程度副词,像"太、怪、非常、很、十分、挺"等,则不能用于比较。下列说法都不成立:

(19) ＊这个比那个太贵。
(20) ＊哥哥的成绩比弟弟非常好。
(21) ＊昨天比今天很热。

上文显示,12个修饰谓词性成分形成的"程＋谓＋的"结构是黏着的都是绝对程度副词。为什么绝对程度副词形成的"程＋谓＋的"结构是黏着的?这有着认知上的原因。因为绝对程度副词含有一定的主观色彩,它们表示的程度的量比较含糊,不像相对程度副词,它们表示的程度的量由于有确定的范围而显得比较清楚,这就决定了绝对程度副词修饰谓词性成分形成的"程＋谓"所表示的性质或状态也同样具有一定的主观性,因此这些结构带"的"以后所反映的事物就会不确定,不容易把握,这显然不利于交际。这大概就是绝对程度副词修饰谓词性成分形成的"程＋谓"带"的"以后一般作定语、不能作主语或宾语的深层原因。

3.4 程度副词的类别及"程＋谓＋的"结构句法功能的范畴化

"程＋谓"结构有的带"的"以后是自由的,既可以作定语,也可以作主语或宾语;有的带"的"以后是黏着的,只能作定语,不能作主语或宾语。从这个角度来说,程度副词也可以作如下分类:

第四章
副词与"地"和"的"

程度副词 { "程+谓+的"自由的
"程+谓+的"黏着的

"程+谓+的"结构作定语形成的结构有的可以作主语、宾语,有的只能用作感叹句,不能作主语、宾语,据此还可以对程度副词作如下分类:

程度副词 { "程+谓+的+名词性成分"只能用作感叹句的
"程+谓+的+名词性成分"不能用作感叹句的

以上分类反映了程度副词在短语层面上的一些特点,能够更深入、更全面的揭示程度副词的本质特性。特别是对对外汉语教学,具有一定的实用价值。

"程+谓+的"结构是自由的还是黏着的,与程度副词的性质有一定的关系。绝对程度副词形成的"程+谓+的"结构一般是黏着的,相对程度副词形成的"程+谓+的"结构一般是自由的。绝对程度副词形成的"程+谓+的"结构是黏着的有着认知上的原因。因为绝对程度副词所表示的程度带有很大的主观色彩,表示的程度的量也比较模糊,像"很大",不同的人,标准可能完全不同,一个人认为"很大",另一个人可能认为"不太大"甚至"很小",这就决定了这些程度副词修饰谓词性成分形成的"程+谓"结构所表示的意义也具有很大的主观色彩,这些"程+谓"结构带"的"以后所指称的事物就会不确定,不容易为受话人所把握,容易出现交际障碍,所以这些结构带"的"以后一般要带上中心语,即经常作定语,而不能作主语或宾语。

"程+谓+的"结构尽管有的可以作定语、主语或宾语,但是作定语是它们的主要句法功能,作主语和宾语的几率比较小,而且有一定的条件,这表明"程+谓+的"结构的句法功能也存在着范畴化现象,作定语是典型功能,作主语或宾语是边缘功能。

附 录

"程+谓+的"是自由的程度副词:比较 不大 顶 非常 更 更加 极其 较 略微 稍 稍微 太 特别 尤其 愈 最

"程+谓+的"是黏着的程度副词:分外 格外 怪 过 过于 好 很 极 极度 颇 十分 挺 万分 有(一)点儿 有一些

三 "程度副词＋谓词性成分＋的"结构的性质

"程＋谓＋的＋名词性成分"只能用作感叹句的程度副词：好
"程＋谓＋的＋名词性成分"不能用作感叹句的程度副词：比较　不大　顶
非常　分外　格外　更　更加　怪　过　过于　很　极　极度　极其　较
略微　颇　稍　稍微　十分　太　特别　挺　万分
尤其　有(一)点儿　有一些　愈　最

5 副词与句子

> 本章首先对《大纲》中的337个副词在陈述句、疑问句、祈使句和感叹句中的分布情况逐类做了考察,发现陈述句中出现的副词类别最多,几乎所有类别的副词都能出现在这种句子中;绝大部分类别的副词也能出现在疑问句中;出现在祈使句中的副词比较少;出现在感叹句中的副词最少,只有少数程度副词和语气副词可以出现在这种句子中。
>
> 其次,对由副词"就"组成的"A 就 A"格式的使用语境、表达的意义以及组成成分、省略情况等进行了详尽的分析。
>
> 最后对由副词"没"和"不"构成的"没有中国人不知道的"及其相关的句式之间的变换关系、意义上的差别等做了细致的考察,指出这些句式尽管构成成分基本相同,但是所表达的意义有很大的差别。

一 副词与句类

1.1 引言

汉语的句子按照功能分为陈述句、疑问句、祈使句、感叹句四类[①]。陈述句语调句尾是下降的,句末是句号;疑问句语调句尾是上

[①] 朱德熙(1982)认为这种分类是按照功能分出来的,持这种观点的还有吴启主(2002)、范晓、张豫峰(2003),北京大学中文系现代汉语教研室编写的《现代汉语》(2006)等;也有学者认为是从语气的角度分出来的,持这种观点的有黄伯荣、廖序东(1985)、张斌(2000)、陈昌来(2000)、房玉清(2001)等。

升的,句末有问号;祈使句带有命令或请求的口吻,语调句尾是下降的,句末一般有感叹号;感叹句语调句尾也是下降的,句末有感叹号。这些句类不仅超语段特征各有特点,而且构成成分也有各自的特点,像祈使句中的谓语动词具有[＋人]、[＋可控]、[＋自主]等特征(参见袁毓林,1993),感叹句多是非主谓句,特指疑问句中有疑问代词或副词等等。

副词出现在以上句类中的情况,很早就有学者注意到了。朱德熙(1982)曾指出"好＋形容词＋的"作定语组成的偏正结构也是独立的感叹句。例如[①]:

(1) 好漂亮的衣服!
(2) 好大的雨!

这是我们掌握的资料中最早涉及到副词与句类问题的文章。

张静(1984)认为疑问句最重要的语法形式是高升语调和疑问语气词,有时兼用疑问代词、语气副词、动词等,并指出常用的副词是"也许"、"莫非"、"大概"、"难道"等。

刘月华(1990)指出:"感叹句并没有独特的句法结构。但有些词语主要出现或只出现在感叹句当中,这些词语都是表示程度很高的副词"。她提到的副词有"多、多么、真、好、太、极"等6个。

袁毓林(1993)讨论了副词独用构成的祈使句,并附带讨论到了表示方式的祈使句,他认为副词"用力、使劲儿、大声儿、一块儿"总要修饰动词,表示动作的方式,它们可以和动词一起构成祈使句。例如[②]:

(3) 用力砸!
(4) 使劲儿拽!
(5) 大声儿唱!
(6) 一块儿走!

---

① 以下二例引自朱先生的《语法讲义》。
② 以下四例引自袁文。

第五章
副词与句子

例(3)、(4)、(5)、(6)中的副词"用力"、"使劲儿"、"大声儿"、"一块儿"显然都可以用于祈使句中。

段业辉(1995)曾对语气副词在句类中的分布做了一些考察,他指出"从整体情况来看,语气副词可以分布在陈述、疑问、感叹等类句子当中,但从具体情况来看,并不是所有的语气副词都可以经常地出现在同一类句子里"。他还对黄伯荣、廖序东主编的《现代汉语》中列举的26个语气副词做了具体的分析,发现能分布在陈述句中的有21个,有20个可以用于疑问句中,能用于感叹句的只有"简直、可"几个。段业辉的考察是很有意义的,尤其是对对外汉语教学,只可惜段文只考察了语气副词,而且考察的范围太小,只限于20几个,其他副词与句类的关系就不甚清楚。

范晓、张豫峰(2003)在谈到感叹句的特点时指出,感叹句中大都有表示程度的副词"好、太、多么"等。

尽管不少学者注意到了副词在各类句子中的分布情况,但基本上是举例性的,缺乏系统的考察和分析。据我们初步考察,并不是所有的副词都能出现在以上四类句子中,有些副词可以出现在四类句子中,但有些副词却只能出现在陈述句、疑问句、祈使句中,而不能出现在感叹句中;还有些副词既不能出现在感叹句中,也不能出现在祈使句中。为了对副词在以上各句类中的分布有一个了解,本节将以《大纲》中337个副词为对象,对它们逐类、逐个进行考察。

1.2 副词在各句类中的分布情况

1.2.1 时间副词

《大纲》中的时间副词都可以出现在陈述句中。例如:

(7)他从小就最听话,最仁义,总是得奖,总是考第一。
(邓友梅《别了,濑户内海!》)
(8)他当了院长后到我家里来过,还几次来信要我到他那里去工作,我始终没有答应。 (蔻丹《裱画的朋友》)
(9)叶桑一直闭着眼睛。 (方方《暗示》)
(10)早晚我会解释清楚的。 (王朔《永失我爱》)

例(7)、(8)、(9)、(10)的"从小"、"始终"、"一直"、"早晚"都能出现在陈述句中。

时间副词也都可以出现在疑问句中。例如：

(11) 他们曾经怜惜过大地吗？　　　　　（张炜《柏慧》）
(12) 你老看我干嘛？　　　　　　　　　（王朔《给我顶住》）
(13) 谁先不理谁的？　　　　　　　　　（王朔《过把瘾就死》）
(14) 你为什么总要和我过不去呢？　　　（方方《暗示》）

例(11)、(12)、(13)、(14)的"曾经"、"老"、"先"、"总"都能出现在疑问句中。

时间副词一般不能出现在感叹句中，但有例外。例如：

(15) 这衣服曾经多么新啊！　　　　　　（张炜《柏慧》）

上例的"曾经"就可以用于感叹句中。不过，这样的时间副词极少，《大纲》中只有"曾经"1个，约占时间副词的1.6%。

时间副词有的能出现在祈使句中，有的不能。例如：

(16) 赶天好了，拿了钱，赶紧给人家送回去。

　　　　　　　　　　　　　　　　　　（汪曾祺《安乐居》）
(17) 请你们出去，立即出去！　　　（王朔《懵然无知》）
(18) 叫她立刻上我这儿来。（蒋子龙《赤橙黄绿青蓝紫》）
(19) 让他们马上发给我准考证。　（张承志《北方的河》）
(20) ？让他们及早赶到！
(21) *你有时去看看！

例(16)、(17)、(18)、(19)的"赶紧"、"立即"、"立刻"、"马上"都能用于祈使句中；但例(20)的"及早"用于祈使句中有些不自然，例(21)的"有时"不能用于祈使句中。《大纲》64个时间副词中，能用于祈使句的很少，只有"按期、按时、赶紧、赶快、回头、立即、立刻、马上、先、现、一会儿、一下儿、一下子、预先"等14个，约占时间副词的21.9%。

1.2.2 情态副词

《大纲》中的情态副词也都能用于陈述句中。例如：

第五章
副词与句子

  (22) 肖超英也喝多了,脸白如纸,鼻尖上、额头上挂满细密的汗珠儿,身上也在不住地出汗。

(王朔《过把瘾就死》)

  (23) 我忽然觉得累了,整个一条右臂又麻又酸。

(张承志《北方的河》)

  (24) 他们互相看了一眼,默默地走进店里,随手关上门,紧紧抱在一起。 (邓友梅《别了,濑户内海!》)

  (25) 我极力想忍住,但还是问了一句。 (张炜《柏慧》)

例(22)、(23)、(24)、(25)的"不住"、"忽然"、"互相"、"极力"都能出现在陈述句中。

  情态副词有的可以出现在疑问句中,有的不能。例如:

  (26) 在这个午夜里,我仿佛听到了你的询问:从头开始吗?

(《柏慧》)

  (27) 这次我看阮籍根本没有哭拜,你为什么独自哭拜?

(《遥远的绝响》)

  (28) 想私自把钱扣下? (《赤橙黄绿青蓝紫》)

  (29) 谁胡乱解释了?

  (30) ?他们的水平在不断提高吗?

  (31) *他不由得哭了起来?

例(26)、(27)、(28)、(29)的"从头"、"独自"、"私自"、"胡乱"都能出现在疑问句中,但例(30)"不断"不太行,例(31)的"不由得"根本就不行。《大纲》中能出现在疑问句中的情态副词有"暗暗、不住、乘机、从头、从中、大力、大肆、定向、独自、分别、奋勇、公然、忽然、胡、胡乱、互相、极力、渐渐、接连、接着、竭力、尽量、就地、就近、来回、连、连连、连夜、陆续、默默、悄悄、亲笔、亲手、亲眼、亲自、任意、擅自、顺便、私自、随手、随意、特地、特意、偷偷、瞎、相、相继、依次、一道、一个劲儿、一举、一口气、一块、一连、一齐、一起、一同、一头、一一、毅然、硬、照例、照样、直、逐步、逐渐、逐年、专程、自行"等69个,约占情态副词的85.2%。

情态副词一般不能出现在感叹句中。情态副词不能出现在感叹句中有着一定的语义基础。感叹句就是表达强烈的感情,而情态副词都是描写动作的情态的,表示动作的伴随状态,带着描写的色彩,这显然与感叹句表达强烈的感情色彩不一致,因此也就决定了这些副词不能出现在感叹句中。

情态副词有的能出现在祈使句中,有的不能。例如:

(32) 你倒是从头说起呀。　　　　　　(王朔《痴人》)
(33) 既昏便息,关锁门户,要亲自点检。

(邓友梅《步入中庭》)
(34) 你只管侍弄你的一亩三分地吧。　　(王朔《痴人》)
(35) *让他暗暗高兴吧!
(36) *你们要极力否认!
(37) *让她连连点头!

例(32)、(33)、(34)的"从头"、"亲自"、"只管"都能出现在祈使句中,例(35)、(36)、(37)的"暗暗"、"极力"、"连连"都不能用于祈使句中。《大纲》81个情态副词,能够出现在祈使句中的有"乘机、从头、大力、定向、独自、分别、奋勇、胡、胡乱、互相、竭力、接着、尽量、就地、就近、来回、连、连夜、悄悄、亲笔、亲手、亲眼、亲自、任意、擅自、顺便、私自、随手、随意、特地、特意、偷偷、瞎、依次、一道、一个劲儿、一举、一口气、一块、一连、一齐、一起、一同、一头、毅然、硬、照例、照样、直、只顾、只管、逐步、逐渐、逐年、专程、自行"等56个,约占情态副词的69.1%。

1.2.3　语气副词

《大纲》中的语气副词绝大多数能用于陈述句中。例如:

(38) 她的衣衫日见褴褛,蓬首垢面,身上甚至出现了难闻的气味。　　　　　　　　　　(王朔《痴人》)
(39) 咱金家说不定确实有仙缘。

(陈建功 赵大年《皇城根》)
(40) 这未免欠严肃。　　(老舍《无名高地有了名》)

第五章
副词与句子

　　(41) 我也正巧在北京开会。　　　　　　（王朔《空中小姐》）

例(38)、(39)、(40)、(41)的"甚至"、"说不定"、"未免"、"正巧"都能出现在陈述句中。《大纲》中这样的语气副词有"白、白白、必、必定、必将、毕竟、并、不定、不妨、不禁、不觉、不愧、不料、不免、不宜、不由得、不至于、差点儿、凑巧、大大、大体、大约、到底、倒（是）、的确、多亏、反、反倒、反而、反正、非、高低、姑且、果然、还、还是、好容易、好在、何必、或许、几乎、简直、尽管、竟、竟然、就是、居然、据说、决、可、可巧、恐怕、明明、难以、怕、偏、偏偏、其实、恰好、恰恰、恰巧、千万、且、尚、甚至、生怕、势必、是否、说不定、似乎、索性、万万、万一、未必、未免、无从、无非、务必、幸好、幸亏、许、也许、约、真、正巧、只得、只好、只能、只是、只有、至于、终、终究、终于、总算、足以、最好"等 97 个，约占语气副词的 95.1%。

　　语气副词有的能出现在疑问句中，有的不能。例如：

　　(42) 到底谁逼谁呀？　　　　　　　　　（王朔《过把瘾就死》）
　　(43) 她难道也会和刘思佳站在一起？
　　　　　　　　　　　　　　　　　（蒋子龙《赤橙黄绿青蓝紫》）
　　(44) *他们偏偏不同意吗？
　　(45) *任务总算完成了？

例(42)、(43)的"到底"、"难道"都能用于疑问句中，但例(44)、(45)的"偏偏"、"总算"都不行。《大纲》中能出现在疑问句中的语气副词有"白、白白、不妨、不宜、不至于、差点儿、大大、大体、大约、到底、倒（是）、反、反倒、反而、非、尽管、竟、竟然、究竟、就是、居然、难道、生怕、是否、万一、未必、未免、许、也许、真、只能、只有、至于、最好"等 34 个，约占语气副词的 33.3%。

　　《大纲》中的语气副词只有"多、多么、何等、可、真"等 5 个可以用于感叹句，约占语气副词的 4.9%。例如：

　　(46) 瞧，多好的天气！　　　　　　　　　（张抗抗《白罂粟》）
　　(47) 妹可真个精灵呀。　　　　　　　　　　　（方方《暗示》）

例(46)、(47)的"多"、"可"、"真"都能用于感叹句中。

《大纲》中的语气副词只有"千万、务必、暂且"等3个可以出现在祈使句中,约占语气副词的2.9%。例如:

(48) 你千万催不得! （蔻丹《裱画的朋友》）
(49) 务必一点到!
(50) 你暂且出去!
(51) ＊你们公然对抗吧!
(52) ＊让大家决不同意!

例(48)、(49)、(50)的"千万"、"务必"、"暂且"都能用于祈使句中;例(51)、(52)的"公然"、"决"虽然用于祈使句中,但所在的句子都不成立。

1.2.4　程度副词

《大纲》中的程度副词都能用于陈述句中。例如:

(53) 他们在男女关系上是比较随便的。
　　　　　　　　　　　　　　（汪曾祺《大淖记事》）
(54) 火顶旺。　　　　　　　　（汪曾祺《黄油烙饼》）
(55) 衣服非常合体。　（蒋子龙《赤橙黄绿青蓝紫》）
(56) 泳衣格外鲜艳。　　　　　（王朔《动物凶猛》）

例(53)、(54)、(55)、(56)的"比较"、"顶"、"非常"、"格外"都能用于陈述句中。

程度副词绝大多数能用于疑问句,但也有不少不能用于疑问句。例如:

(57) 你觉得我们中哪个更漂亮? 　（王朔《动物凶猛》）
(58) 那不是有点儿可笑吗?　　　　　（张炜《柏慧》）
(59) ? 这件衣服顶漂亮?
(60) ＊老师今天分外高兴吗?
(61) ＊队员已极度疲劳吗?

例(57)、(58)的"更"、"有点儿"都能用于疑问句中,例(59)、(60)、

(61)的"顶"、"分外"、"极度"有的用于疑问句中不自然,有的不能用于疑问句中。《大纲》中能用于疑问句的程度副词有"比较、不大、非常、格外、更、更加、怪、过、过于、很、极其、较、略微、稍、稍微、十分、太、特别、挺、有(一)点儿、有一些、最"等 22 个,约占程度副词的 71%。

《大纲》31 个程度副词中,除了"好"可以用于感叹句之外,其他的都不行,能用于感叹句的约占程度副词的 3.2%。例如:

(62) 这峡谷好漂亮哪! (张承志《北方的河》)
(63) *今天的阳光分外灿烂啊!
(64) *绿油油的油菜格外可爱呀!

例(62)的"好"可以用于感叹句,但例(63)、(64)的"分外"、"格外"都不太行。

程度副词除个别以外,一般不能用于祈使句。例如:

(65) 略微慢一点儿!
(66) 稍快一些!
(67) *请比较快!
(68) *请更加热烈一些!
(69) *请过于严厉!

例(65)、(66)的"略微"、"稍"都能用于祈使句,例(67)、(68)、(69)的"比较"、"更加"、"过于"都不行。《大纲》中能用于祈使句的程度副词只有"略微、稍、稍微"3 个,约占程度副词的 9.7%。

1.2.5 范围副词

《大纲》中的范围副词都能用于陈述句中。例如:

(70) 但它们大半是那些真正严肃和纯洁的刊物。

(张炜《柏慧》)
(71) 女同志多半不辨方向。 (杨绛《干校六记》)
(72) 那就光吃菜。 (蒋子龙《赤橙黄绿青蓝紫》)
(73) 我仅对世界人民的解放负有不可推卸的责任。

(王朔《动物凶猛》)

例(70)、(71)、(72)、(73)的"大半"、"多半"、"光"、"仅"都能用于陈述句中。

也都可以用于疑问句中。例如：

(74) 把头不是都是坏人吗？　　　　　（汪曾祺《安乐居》）

(75) 他们不就光是挨顿打吗？

（邓友梅《别了，濑户内海！》）

(76) 不是仅仅想玩弄她吧？　　　　（王朔《给我顶住》）

(77) 你参加革命这么些年也净跑了？

（王朔《看上去很美》）

例(74)、(75)、(76)、(77)的"都"、"光"、"仅仅"、"净"都能用于疑问句中。

这类副词都不能用于感叹句中。下列说法都不成立：

(78) ？他们一个个都多好啊！

(79) ？这些孩子全都多么漂亮呀！

(80) ？至少便宜了一半啊！

例(78)、(79)、(80)的"都"、"全都"、"至少"所在的感叹句都不太自然。

这类副词有的能用于祈使句，有的不能。例如：

(81) 有屁都到外边放去！　　　（姜天明《第九个售货亭》）

(82) 不行，把八个考取的考生全都收拾一下，他们的家产也应全部没收。　　　　　（余秋雨《流放者的土地》）

(83) *大家大都出去！

(84) *同学们大半留下来！

(85) *共一百人到那个地方去！

例(81)、(82)的"都"、"全都"都能用于祈使句中，例(83)、(84)、(85)的"大都"、"大半"、"共"都不能。《大纲》中能用于祈使句的范围副词有"都、凡、凡是、全都、统统、一概"等6个，约占范围副词的26.1%。

1.2.6 否定副词

《大纲》中的否定副词都能用于陈述句中。例如：

(86) 咱们谁都别请。　　　　　　　　（王朔《看上去很美》）
(87) 谁也不要只顾自己。　　　　　　（叶永烈《姐姐》）
(88) 它也不用登记。　　　　　　　　（汪曾祺《八月骄阳》）
(89) 八千岁万万没想到。　　　　　　（汪曾祺《八千岁》）

例(86)、(87)、(88)、(89)的"别"、"不要"、"不用"、"没"都能用于陈述句中。

否定副词有的能用于疑问句中，有的不能。例如：

(90) 这么热的天，又烤着大火，能不出汗吗？
　　　　　　　　　　　　　　　　　（汪曾祺《八月骄阳》）
(91) 这事是不是不必再讲了？
(92) 他从未说过这种话吗？
(93) *你们甭客气？
(94) *大家不要买那儿的衣服吗？
(95) 闲人勿入？

例(90)、(91)、(92)的"不"、"不必"、"从未"都能用于疑问句中，例(93)、(94)、(95)的"甭"、"不要"、"勿"都不能。《大纲》中能用于疑问句的否定副词有"别、不、不必、不曾、不用、从未、没、没有、未"等9个，约占否定副词的64.3%。

否定副词都不能用于感叹句。

否定副词有的可以用于祈使句，有的不能。例如：

(96) 甭谢！我这是给受害的众人报仇！
　　　　　　　　　　　　　　　　　（汪曾祺《八千岁》）
(97) 别笑啦！别笑啦！不准笑！！（孙少山《八百米深处》）
(98) 不要叫首长！　　　　　　　　　（赵琪《告别花都》）
(99) 不用客气！
(100) *不开门！

例(96)、(97)、(98)、(99)的"甭"、"别"、"不要"、"不用"都能用于祈使句,但例(100)的"不"却不行。《大纲》中能用于祈使句的否定副词有"甭、别、不必、不要、不用、莫、勿"7个,占否定副词的50%。

1.2.7 重复副词

《大纲》中的重复副词都能用于陈述句。例如:

(101) 座上客常满。　　　　　　　　(汪曾祺《八千岁》)
(102) 我反复叮嘱着自己。　　　　　　(张炜《柏慧》)
(103) 有一个男的时常来接她。　(汪曾祺《钓人的孩子》)
(104) 一个艺术家为了艺术不得不一再地、有效地回避。
　　　　　　　　　　　　　　　(张炜《仍然生长的树》)

例(101)、(102)、(103)、(104)的"常"、"反复"、"时常"、"一再"都能用于陈述句中。

这类副词也都可以用于疑问句中。例如:

(105) 你记得不,小时候,我常带你去的?　(方方《暗示》)
(106) 你常常有这种感觉吗?　　　　　(张炜《柏慧》)
(107) 你又记错了地方吧?　(邓友梅《别了,濑户内海!》)

例(105)、(106)、(107)的"常"、"常常"、"又"都能用于疑问句中。

这类副词都不能用于感叹句中。

重复副词有的能用于祈使句,有的不能。例如:

(108) 你要常锻炼!
(109) 今后决不许重犯。　(邓友梅《别了,濑户内海!》)
(110) 爷们!您这戏词,可不要再念了哇!
　　　　　　　　　　　　　　　　(汪曾祺《八月骄阳》)
(111) 你要时常锻炼身体!
(112) *以后你要屡次不去上课!
(113) *他要往往一个人上街!

例(108)、(109)、(110)、(111)的"常"、"重"、"再"、"时常"都能用于祈使句中,例(112)、(113)的"屡次"、"往往"不能用于祈使句中。《大

第五章
副词与句子

纲》中能用于祈使句的重复副词有"常、常常、重、重新、反复、市场、一再、再、再三"9个,约占重复副词的69.2%。

1.2.8 关联副词

《大纲》中的关联副词都能用于陈述句中。例如:

(114) 老头说完便走。　　　　　　　　(方方《暗示》)
(115) 一开门,老吕就进来了。　　　　(汪曾祺《安乐居》)
(116) 这么一片小树林子,名声却不小。

(汪曾祺《安乐居》)

例(114)、(115)、(116)的"便"、"一"、"就"、"却"都能用于陈述句中。

这类副词也都能用于疑问句中。例如:

(117) 吃完饭你便去了?
(118) 不这样干就不乱套了?(蒋子龙《赤橙黄绿青蓝紫》)
(119) 别人都知道,你却不知道?

例(117)、(118)、(119)的"便"、"就"、"却"都能用于疑问句中。

关联副词都不能用于感叹句。

关联副词有的能用于祈使句,有的不能。例如:

(120) 下课你就去!
(121) 你们也去吧!
(122) ? 下课你便去!

例(120)、(121)的"就"、"也"都能用于祈使句中,例(122)的"便"却不太行。《大纲》中能用于祈使句的关联副词有"就、也"2个,占关联副词的25%。

1.2.9 处所副词

《大纲》中的处所副词可以用于陈述句。例如:

(123) 处处都是鲜花。

上例的"处处"用于陈述句中。

也可以用于疑问句中。例如:

(124) 公园里处处都是什么?

上例的"处处"用于疑问句中。

也能用于祈使句中。例如:

(125) 一个人在外,处处都要小心!

上例的"处处"用于祈使句中。

但不能用于感叹句。下面的说法不太自然:

(126) ? 这儿处处多么干净呀!

1.3 副词与各句类的关系

本节详细考察了 9 类副词出现在陈述句、疑问句、祈使句、感叹句的情况,这 9 类副词出现在以上四类句子中的情况大致如下表:

句型 副词类别	陈述句	疑问句	感叹句	祈使句
时间副词	+	+	-	+-
情态副词	+	+-	-	+-
语气副词	+(-)	+-	(+)-	(+)-
程度副词	+	+-	(+)-	(+)-
范围副词	+	+	-	+-
否定副词	+	+-	-	+-
重复副词	+	+	-	+-
关联副词	+	+	-	+-
处所副词	+	+	-	+

(注:"+"表示能,"-"表示不能,"()"表示极少)

从表中可以看出,四类句子,陈述句中能出现的副词类别最多,9 类副词中,时间副词、情态副词、程度副词、范围副词、否定副词、重复副词、关联副词、处所副词都可以出现在疑问句中,语气副词绝大多数也可以出现在这种句子中。其次是疑问句,时间副词、范围副词、

第五章
副词与句子

重复副词、关联副词、处所副词都能出现在这类句子中,语气副词绝大部分也可以出现在这种句子中。祈使句中能够出现的副词要少得多,除了处所副词能够出现在这类句子中以外,时间副词、情态副词、范围副词、否定副词、重复副词、关联副词大多数可以出现在这类句子中,语气副词、程度副词很少能够出现在这种句子中。感叹句中能出现的副词类别最少,只有少数语气副词和程度副词可以出现在该句类中。以上情况表明,副词出现在四类句子中呈现一定的优势序列,这个序列大致如下:

陈述句＞疑问句＞祈使句＞感叹句

该序列表示,越往左,副词出现的可能性越大;越往右出现的可能性越小。

从副词的角度来看,语气副词和程度副词可以出现在四类句子中;而时间副词、情态副词、范围副词、否定副词、重复副词和关联副词只能出现在陈述句、疑问句和祈使句中,不能出现在感叹句中;处所副词则只能出现在陈述句和疑问句中。

副词在以上四类句子的分布情况是由句子的性质和副词的性质决定的。陈述句、疑问句中出现的副词种类之所以最多,是因为陈述句是"告诉别人一件事情"(吕冀平,2000),既然是一件事情,那么反映事情的句子中就可以出现事情发生的时间、处所、范围、程度、频率(重复)等,也可以出现说话人对此事的态度,这就决定了时间副词、处所副词、范围副词、程度副词、重复副词、语气副词、否定副词、关联副词等都可以出现在这类句子中。疑问句是"向别人提出一个问题"(吕冀平,2000),因此出现在这类句子中的副词范围也比较广,既可以是时间副词,也可以是语气副词、情态副词、程度副词等。出现在祈使句中的副词比较少,是因为祈使句的目的是"要求对方做一件事情"(吕冀平,2000),这就意味着说话的时候事情没有发生,因此一些与"过去"相关的时间副词、否定副词等不能用于这类句子中,表示性质程度的程度副词也不能出现在这类句子中。感叹句中能出现的副词极少,是因为感叹句的作用在于感叹,"表达说话人强烈的喜悦、赞赏、愤怒、悲痛、恐惧、厌恶、惊讶等感情"(刘月华,1990),所以很多副词,像时间副词、情态副词、范围副词、否定副词、关联副词、处所副词等不能出现在这类句子中。

马庆株(1991)根据动词是否具有[＋可控]的语义特征把动词分为自主性动词和非自主性动词两类,例如：

(127) 拿一个！
(128) 笑一下！
(129) 水流出来了。

例(127)、(128)的动词"拿"、"笑"具有[＋可控]的语义特征,因此是自主性动词；例(129)的"流"具有[－可控]的语义特征,因此是非自主性动词。

实际上副词也存在着这种情况,从前文可以看出,有些副词可以与[＋可控]动词组合,有的却不能。例如：

(130) 马上去！
(131) 你亲自写！
(132) ＊你连连点头！

例(130)的副词"马上"可以与自主性动词"去"组合构成祈使句,例(131)的副词"亲自"可以与自主性动词"写"组合构成祈使句,但例(132)的副词"连连"却不能与自主性动词"点头"组合构成祈使句。据此,我们可以把副词分为自主性副词和非自主性副词[①]。所谓自主性副词,是可以与自主性动词组合构成祈使句的副词,《大纲》中这样的副词有"按期、按时、甭、别、不必、不要、不用、常、常常、乘机、重、重新、从头、大力、定向、独自、都、凡、凡是、反复、分别、奋勇、赶紧、赶

[①] 袁毓林(1993)发现,有些副词可以独立构成祈使句。例如：

(1) 赶紧！要不迟到了。
(2) 赶快！时间不多了。

例(1)、例(2)的副词"赶紧"、"赶快"都单独用作祈使句,因此,他认为有些副词,像"赶紧"、"赶快"等,本身就具有[＋自主]的语义特征。实际上,本节所列举的自主性副词中,有近半数具有[＋自主]的语义特征。

第五章 副词与句子

快、胡、胡乱、互相、回头、接着、竭力、尽量、就、就地、就近、来回、立即、立刻、连、连夜、略微、马上、莫、千万、悄悄、亲笔、亲手、亲眼、亲自、全都、任意、擅自、私自、稍、稍微、时常、顺便、随手、随意、特地、特意、统统、偷偷、勿、务必、瞎、先、依次、一道、一概、一个劲儿、一会儿、一举、一块、一口气、一连、一齐、一起、一同、一头、一下儿、一下子、一再、硬、毅然、也、预先、再、再三、照例、照样、直、只顾、逐步、逐渐、逐年、专程、暂且、自行"等98个,约占29.1%。非自主性副词是不能与自主性动词组合构成祈使句的副词,这类副词数量很大,《大纲》中有239个,约占70.9%。

二 由副词"就"构成的"A 就 A"格式

2.1 引言

"A 就 A"是口语中一种常见的格式。例如:

(1) 去就去,我才不怕呢!
(2) 好就好,不好就不好。
(3) 一个就一个,没关系。

关于这种格式,《现代汉语八百词》早就做了一些探索,该著作认为这种格式的语法意义是表示容忍或无所谓。

赵静贞(1984)曾对这种格式做过专门的研究,她从基本语法意义、构成、类型以及句法功能等方面对"A 就 A"这种格式做了比较详细的探讨,基本上勾画出了这一格式的全貌。

毋庸讳言,过去人们对"A 就 A"这一格式的认识还不够全面,有些结论还不够准确,还有进一步加以探索的必要。

2.2 "A 就 A"表示的语义

赵静贞认为"A 就 A"格式的基本语法意义表示肯定,并从"A 就

二 由副词"就"构成的"A 就 A"格式

A"中前一个 A 和后一个 A 的关系角度,把"A 就 A"表示的语义分成三类:"既然……就……"、"只要……就……"和"如果……就……",这种归纳基本上是正确的,但还不够全面,有些看法似可以商榷。

要搞清楚"A 就 A"表示的语义,必须立足于该格式出现的上下文,即语境。据我们考察,"A 就 A"出现的语境主要有五种,下面就从这五种语境出发,来考察它们所表示的语义。

Ⅰ. 接受建议时

"A 就 A"经常出现的一个语境是:说话的一方提出某种劝说性的建议,希望另一方按照自己的建议去做,另一方如果接受这个建议,就可以用"A 就 A"。例如:

(4) A:这件衣服五十块。
B:贵了点,四十行吗?
A:四十就四十,给你一件吧。
(5) A:你还是说吧! 不说对谁都没好处。
B:说就说,我才不怕呢!
(6) A:这东西就是小点儿,挺甜的,来点儿吧。
B:来点儿就来点儿吧。

例(4)的 B 建议四十块钱成交,A 接受 B 的建议,决定成交,"四十就四十"的意思是"你说四十就四十";例(5)的"说就说"含有"你让说我就说"的意思,也同样表示接受说话人的建议;例(6)的"来点儿就来点儿"意思是"你说来点儿就来点儿",也表示接受说话人的建议。以上三例中的"A 就 A"的意思可以概括为"你说/让 A 就 A",即后一个 A 是对前一个 A 的正面的答复或回应。除此之外,这种格式还有"无所谓"、"无可奈何"等语用含义。

赵静贞把以上语义关系全部概括为"只要……就……",即前 A 是后 A 的条件。以上句子,有的确实可以理解为"只要……就……",如例(5)的"说就说"就可以理解为"只要你让说我就说",但是有的理解为"只要……就……"就有些勉强,像例(4)的"四十就四十"理解为"只要说四十就四十"就有些不够顺当,可见用"只要……

就……"来概括以上各例"A 就 A"的意思不够准确。

赵静贞还认为下列句子也属于这一类。例如[①]：

(7) 反正能做多少活就做多少活。
(8) 得歇会儿就歇会儿。

在《试探》看来,例(7)、(8)的"做多少活就做多少活"、"歇会儿就歇会儿"分别表示"只要做多少活就做多少活"、"只要歇会儿就歇会儿"。其实这二例不属于"A 就 A"格式,因为"能做多少活就做多少活"和"得歇会儿就歇会儿"只能分析为"能做多少活//就做多少活"和"得歇会儿//就歇会儿",而不能分析为"能//做多少活就做多少活"和"得//歇会儿就歇会儿"。

Ⅱ. 表示认同时

说话人对某种情况的不利之处表示认同,并觉得无所谓,这时可以用"A 就 A",该格式末尾常常有语气词"吧"。例如：

(9) A:这儿没空调,有点儿热啊。
　　B:热点儿就热点儿吧,反正时间不长。
(10) A:这东西虽然小点儿,倒是挺好吃的。
　　 B:小点儿就小点儿吧,没关系。
(11) A:你怎么也来了？不是不让你来吗？
　　 B:来了就来了吧,总不能让他回去吧？

例(9)的"热点儿就热点儿"意思为"既然热点儿就热点儿",即表示因果关系。例(10)的"小点儿就小点儿"意思是"既然小点儿就小点儿",也表示因果关系。例(11)情况类似。这些例子中的"A 就 A"的意思可以概括为"既然 A,就 A"。另外这种句子还含有"没关系"、"无所谓"之类的语用含义,正因为如此,所以它们的后续句常常有"没关系"、"无所谓"、"忍一忍"等表示让步的语句。

这种句子表面上看与例(4)、(5)、(6)是一类,其实并不一样。例(4)、(5)、(6)都是非实现句,即表示的是一种未然的情况,而这些句

[①] 以下二例引自赵文。

子表示的都是已然的客观事实,是对客观事实的认可。

Ⅲ. 强调某种态度或情况时

强调某种态度或情况时,也可以用"A 就 A",这种情况下的 A 为否定形式,意思相当于"说 A 就 A"。例如:

(12) 甲:您还是去一趟吧,我求求您了!
　　　乙:不去就不去! 你说什么也没有用。
(13) 甲:你就给他一本吧,他都找我两次了。
　　　乙:不给就不给! 找谁都没用!
(14) 甲:你说没有,可别人说还有啊!
　　　乙:没有就没有! 信不信由你!

例(12)的"不去就不去"意思为"说不去就不去",表示说话人态度很坚决;例(13)的"不给就不给"意思是"说不给就不给",也表示一种坚决的态度。例(14)情况类似。

Ⅳ. 要求做出决断或给出肯定的答复时

说话人发现对方有些犹豫或不能肯定,要求对方做出决断或给出肯定的答复,这种情况下也可以用"A 就 A",不过"A 就 A"后面常常有一个由意义与 A 相反或相关的成分组成的"A 就 A"格式。这种用法又可分为两种情况:当 A 为动词时,"A 就 A"表示"如果想/要 A,就 A"、"如果不想/要 A,就不 A"。例如:

(15) 甲:我又想去,又不想去。
　　　乙:去就去,不去就不去,别这么犹豫不定!
(16) 玩就玩,不玩就不玩,别吞吞吐吐的!
(17) 离就离,不离就不离,快做决断吧!

例(15)的"去就去"后面一个分句是"不去就不去","不去"是对"去"的否定,这种语境中的"去就去,不去就不去"意思相当于"如果想去,就去;如果不想去,就不去",即表示假设关系,而且还含有一种"要当机立断,不要犹豫"的语用含义。例(16)、(17)情况类似。

当 A 为形容词或数量结构时,"A 就 A"表示"如果真/是 A,就说 A"、"如果不 A,就说不 A"等意思。例如:

(18) 甲：这件衣服怎么样？
乙：怎么说呢？不太好说。
甲：好就好，不好就不好，你就直说吧！
(19) 对就对，不对就不对，怎么可能又对又不对呢？
(20) 两天就两天，三天就三天，你实话实说！

例(18)的"好就好"后面有"不好就不好"，"不好"是对"好"的否定，这种语境中的"好就好，不好就不好"意思相当于"如果真好，就说好；如果不好，就说不好"；例(19)的"对就对，不对就不对"意思是"如果对，就说对；如果不对，就说不对"；例(20)的"两天就两天，三天就三天"意思为"如果是两天，就说两天；如果是三天，就说三天"。可见以上各例的"A 就 A"都表示假设关系。另外，它们还都有一种"要实事求是"的语用含义。

值得注意的是，这种用法有着条件的限制，即"A 就 A"不能单用，后面必须有一个由意义跟 A 相反或相关的成分组成的"A 就 A"与之对举。一般情况下，A 为肯定形式的"A 就 A"在前，但 A 为否定形式的"A 就 A"有时也可以在前。试比较：

(21) 去就去，不去就不去，别这么犹豫不定！
不去就不去，去就去，别磨蹭了！
(22) 好就好，不好就不好，是什么样就是什么样。
不好就不好，好就好，是什么样就是什么样。

不过，秩序颠倒后语义上有一些差别，例(21)的前者是着眼于"去"，后者是着眼于"不去"。例(22)情况类似。

Ⅴ．强调极端情况时

强调某种极端情况时，也可以用"A 就 A"。这种情况下的 A 为一个否定形式，"A 就 A"是一个偏句，意思相当于"如果 A，就一定 A"，后面的主句表示 A 的肯定形式的一种极端情况。例如：

(23) 不喝就不喝，喝起来就没完。
(24) 不玩就不玩，玩就玩通宵。

(25) 不看就不看,一看就是三个小时。
(26) 不冷就不冷,冷起来就让人受不了。

例(23)的"不喝就不喝"意思相当于"如果不喝,就一定不喝",例(24)的"不玩就不玩"意思相当于"如果不玩,就一定不玩",表示坚决不做某事或一定不出现某种情况。例(25)、(26)情况类似。这种句子与一般的假设句不同,它们后面一般出现一个对 A 的肯定形式的极端情况的陈述,像例(23)的"喝起来就没完"就是对"喝"的极端情况的陈述,前后形成鲜明的对比。整个复句的意思不在前者,而在后一个分句上,前一个分句只是一个烘托。

值得注意的是,这种"A 就 A"不能单用,必须有后续小句。与前四种不同的是,该语境中的"A 就 A"可以作为始发句。

至此可以看出,不同的语境中,"A 就 A"不仅表示不同的语义,而且常常还包含着不同的语用含义。"A 就 A"表示的语义大致如下表:

	语　境	语　义
Ⅰ	接受建议时	你说/让 A 就 A
Ⅱ	表示认同时	既然 A,就 A。
Ⅲ	强调某种态度或情况时	说 A 就 A
Ⅳ	要求做出决断或给出一个肯定的答复时	如果想/要 A,就 A。 如果不想/要 A,就不 A。 如果真/是 A,就说 A。 如果不 A,就说不 A。
Ⅴ	强调极端情况时	如果 A,就一定 A。

2.3　能出现在"A 就 A"中的成分

出现在"A 就 A"这一格式中的成分很多,A 既可以是动词性成分,也可以是形容词性成分,还可以是名词性成分、数量(名)等。例如:

(27) 去就去,不去就不去。
(28) 好就好,不好就不好。

(29) 一个就一个。
(30) 我说就我说。

但是具体到以上五种语境,各种成分的使用情况就不一样了。
A 为动词性成分时,可以出现在上文提到的五种语境中。例如:

(31) 甲:咱们比一比,看谁喝的多?
　　　乙:比就比,谁先喝?
(32) 甲:喝点儿啤酒怎么样?
　　　乙:喝点儿就喝点儿,要几瓶?
(33) 走就走吧,再说什么也没用。
(34) 没吃饱就没吃饱吧,下次再吃吧。
(35) 不喝就不喝!
(36) 不写就不写!
(37) 来就来,不来就不来,别举棋不定。
(38) 今天去就今天去,明天去就明天去,快做决定吧!
(39) 不干就不干,一干就开夜车。
(40) 不说就不说,说起来没完。

例(31)"比就比"意思为"你说比就比",表示接受别人的建议,例(32)情况类似;例(33)的"走就走"意思相当于"既然想走,就走",例(34)情况类似;例(35)的"不喝就不喝"意思为"说不喝就不喝",例(36)情况类似;例(37)"来就来,不来就不来"意思相当于"如果想来,就来;如果不想来,就不来",例(38)情况类似;例(39)的"不干就不干"意思为"如果不干,就一定不干",例(40)情况类似。

当 A 为形容词性成分时,能出现在 Ⅰ、Ⅱ、Ⅳ 和 Ⅴ 四种语境中。出现在 Ⅰ 中的很多。例如:

(41) 热点儿就热点儿吧,听你的!
(42) 慢点儿就慢点儿,反正我不着急。
(43) 便宜点儿就便宜点儿吧,看在你的面子上。

例(41)、(42)、(43)的"热点儿就热点儿"、"慢点儿就慢点儿"、"便宜

二 由副词"就"构成的"A就A"格式

点儿就便宜点儿"都表示接受别人的建议,含有"你说/让A就A"的意思。

这种句子中的形容词性成分有一个共同的特点,即都是以形容词为中心组成的结构,不能是单个形容词。下列说法都不成立:

(44) *好就好吧,听你的!
(45) *慢就慢吧,反正我不着急。
(46) *便宜就便宜吧,看在你的面子上。

以上三例的A都是单个形容词,由它们构成的"A就A"显然都不成立。

出现在Ⅱ中的也不少。例如:

(47) 有点儿快就有点儿快吧,凑合听算了。
(48) 辣就辣吧,辣也得吃呀。
(49) 不高兴就不高兴吧,我也没办法。

例(47)、(48)、(49)的"有点儿快就有点儿快"、"辣就辣"、"不高兴就不高兴"的意思分别相当于"既然有点儿快,就有点儿快"、"既然辣,就辣"、"既然不高兴,就不高兴",即都含有"既然A,就A"的意思。

出现在Ⅳ中的也很多。例如:

(50) 脏就脏,不脏就不脏,你直说吧!
(51) 漂亮就漂亮,不漂亮就不漂亮,你说实话!
(52) 辣就辣,不辣就不辣,别瞎说!

例(50)的"脏就脏,不脏就不脏"意思相当于"如果真脏就说脏,如果不脏就说不脏",例(51)的"漂亮就漂亮,不漂亮就不漂亮"意思是"如果真漂亮就说漂亮,如果不漂亮就说不漂亮",例(52)情况类似。

出现在Ⅴ中的形容词性成分很少。例如:

(53) 不热就不热,一热就热死人。
(54) 不冷就不冷,一冷就冷死人。
(55) 不疼就不疼,一疼就要命。

据我们考察,常出现在Ⅴ中的形容词有"热、冷、疼、痒、胖"等,其他形容词一般不能出现在这种语境中,下面的句子都不太能说:

(56)？不甜就不甜,一甜就让人受不了。
(57)？不累就不累,累就累得要死。

当A为名词性成分时,一般出现在Ⅰ和Ⅱ中。例如:

(58) A:咱们吃饺子吧。
B:饺子就饺子吧,饺子也不错。
(59) A:让小王去怎么样？
B:小王就小王吧,我没意见。
(60) A:只有黄颜色的了,你要不要？
B:黄颜色就黄颜色吧,来一件。

例(58)、(59)的"饺子就饺子"、"小王就小王"意思分别为"你说吃饺子就吃饺子"、"你让小王去就小王去",即都表示"你说/让 A 就 A",同时还含有"无所谓"或"无可奈何"等语用含义。例(60)的"黄颜色就黄颜色"意思为"既然只有黄颜色的,就来黄颜色的",即表示"既然A,就 A",同时也含有"无所谓"等语用含义。

当A为数量(名)时,可以出现在Ⅰ和Ⅳ中。例如:

(61) 一块就一块吧,我买了。
(62) 三斤就三斤,多少钱？
(63) 一斤就一斤,两斤就两斤,你怎么骗人呢？

例(61)"一块就一块"意思为"你说一块就一块",例(62)情况类似。例(63)的"一斤就一斤,两斤就两斤"的意思是"如果是一斤,就说一斤;如果是两斤,就说两斤"。

2.4 "A 就 A"的省略情况

赵静贞注意到"A 就 A"还有省略式,她指出"A 就 A"中的 A 为代词或代词以外的其他词语时,可以省略"就";当 A 为动宾词组,且宾语多带量词时,A 可部分省略。实际上"A 就 A"的省略形式要比

二 由副词"就"构成的"A就A"格式

赵文提到的复杂得多。

赵静贞认为当 A 为代词以外的词语时,"就"可省去。例如[①]:

(64) 甲:我马上去。
    乙:去去吧。
(65) 甲:你要买的书我没买着,给你买了本杂志。
    乙:杂志杂志吧。

例(64)、(65)的应答句在赵静贞看来都省略了"就"。遗憾的是,她没有具体指出哪些情况下可以省略"就"。我们发现,除了 A 为动词、名词,"就"可以省去以外,A 为"不+动词/形容词"或"形容词+点儿"等时,也同样可以省去"就",但句末必须出现语气词"呗"、"吧"等。例如:

(66) 不去不去呗。
(67) 不好不好呗。
(68) 大点儿大点儿呗。

例(66)、(67)、(68)都省略了"就"。

但 A 为主谓结构或述宾结构时,"就"一般不能省略,下列说法都不成立:

(69) *明天去明天去吧。
(70) *吃点儿吃点儿吧。

赵静贞认为下列情况也省略了"就"[②]:

(71) 愁到无可奈何,他抱着那个罐儿自言自语的嘀咕:"爱怎样怎样,反正这点钱是我的!"
(72) 瞧着给,该给多少给多少!

在赵静贞看来,以上二例的 A 为代词,"A 就 A"中的"就"省略了。其实,这是一种误解,这两例都不属于"A 就 A"格式,因为"爱怎样怎

---

① 以下二例引自赵文。
② 同上。

样"和"该给多少给多少"只能分析为"爱怎样//怎样"和"该给多少//给多少",而不能分析为"爱//怎样怎样"和"该//给多少给多少"。

赵静贞还认为后 A 可以部分省略。例如①:

(73) ……手里得有俩钱,爱吃口什么就吃口,她一向是吃惯了零嘴的。

在她看来,例(73)的"就吃口"后面省略了"什么"。事实上,例(73)并不是"A 就 A"的省略形式,因为"爱吃口什么就吃口"只能分析为"爱吃口什么//就吃口",而不能分析为"爱//吃口什么就吃口"。

其实,"A 就 A"的前 A 也可以部分省略,这又有两种情况:

一是,当 A 为"动+了/着"时,前 A 可以有一种后省略式,即可以省略动态助词。例如:

(74) 学了就学了。→学就学了。
(75) 丢了就丢了。→丢就丢了。
(76) 躺着就躺着。→躺就躺着。
(77) 去过就去过。→去就去过。

例(74)、(75)省略前一个"了"以后句子仍都成立,例(76)、(77)分别省略了前一个"着"和"过"以后句子也都成立。

不过,当 A 为"没+动+过"时,只有完全式而没有省略式。试比较:

(78) 没学过就没学过。→ * 没学就没学过
(79) 没吃过就没吃过。→ * 没吃就没吃过

例(78)、(79)省略了前一个"过"以后句子都不成立。这两例只有完全式,没有省略式,这是由"没+动+过"这种结构的性质决定的,因为这种结构中的"过"不能省略。

二是,当 A 为以形容词为中心组成的结构时,前 A 也有一种后省略式,即可以省去形容词后面的成分。例如:

---

① 该例引自赵文。

(80) 慢点儿就慢点儿。→慢就慢点儿。

(81) 长一些就长一些。→长就长一些。

例(80)"就"前的"慢点儿"省略了"点儿"以后句子仍然成立,例(81)"就"前的"长一些"省略了"一些"以后句子也成立。

值得注意的是,以上省略都是从形式上来说的,如果结合具体的语境,情况就不那么简单了。前文说过"A 就 A"可以出现在五种语境中,不同语境中的"A 就 A"不仅意思不同,而且"A 就 A"中的成分并不是都能省略。一般情况下,Ⅱ中的"就"可以省略。例如:

(82) 去去吧,反正有多的票。

(83) A:这件衣服你穿有点儿大。

B:大点儿大点儿呗,穿着舒服。

例(82)、(83)都省略了"就"。

前 A 部分省略的形式也只能出现在Ⅱ中。例如:

(84) 慢点儿就慢点儿吧,没关系。→慢就慢点儿吧,没关系。

(85) 长一些就长一些吧,就这样!→长就长一些吧,就这样!

例(84)、(85)都属于Ⅱ中的用法,它们都可以省略前 A 的一部分。

2.5 结语

由此可见,"A 就 A"是一种非常复杂的紧缩格式,也是一种复杂的倚变格式。这种格式至少可以出现在五种语境中,不同语境中的"A 就 A"不但语义不同,而且语用含义也不同,不仅如此,充当 A 的成分也不同。该格式中的 A 可以是名词性成分、动词性成分、形容词性成分以及数量(名)等,但这些成分并不是在任何语境中都能出现,有的语境中的 A 可以是名词性成分、动词性成分、形容词性成分、数量(名)等,但有的语境中的 A 只能是动词性成分、数量(名)

等,而不能是名词性成分等。也就是说,不同语境中的"A 就 A"对 A 具有一定的选择性。过去的研究只指出 A 可以是哪些成分,但是没有跟具体的语境结合起来加以考察,这样做显然不周全,其后果是容易产生误导,外国学生在学习时会出现类推泛化的错误。

本节与以往的做法不同,不是只描写"A 就 A"这种格式,只指出出现在这一格式中的词语或结构,而是从"A 就 A"出现的语境入手,找出这一格式出现的不同语境,在此基础上,再描写各语境中"A 就 A"中的 A 的句法条件,这样不仅能够让学生明白"A 就 A"这一格式的构成成分,更重要的是能让他们明白哪种条件下其构成成分是什么,这样便于学生学以致用,也便于学生准确地运用。

前文主要探讨了"A 就 A"的语义、语用、语法等问题,其实"A 就 A"中的语音问题也值得注意。"A 就 A"中的"就"有时重读,有时要轻读。例如:

(86) 不去就不去,你说什么也没用。
(87) 不好看就不好看!
(88) 淡就淡吧,凑合着吃吧。
(89) 不说就不说,说起来就没完。

例(86)、(87)的"就"要重读,例(88)、(89)的"就"则要轻读。

"就"重读、轻读有没有规律呢?同样有规可循,这种规律与"A 就 A"出现的语境有很大的关系。上文指出"A 就 A"可以出现在五种语境中,Ⅰ、Ⅱ、Ⅳ、Ⅴ中的"就"一般都轻读,但Ⅲ中的"就"一般重读。

三 "没有中国人不知道的"及其相关句式

3.1 引言

汉语中由"没"、"不"构成的"没有中国人不知道的"及其相关的句子主要有以下几个:

三 "没有中国人不知道的"及其相关句式

S_1：没有中国人不知道的。
S_2：中国人没有不知道的。
S_3：中国人不知道的没有。
S_4：没有不知道的中国人。

以上四个句式可以码化为：

S_1：没有＋NP＋不(没)＋VP＋的
S_2：NP＋没有＋不(没)＋VP＋的
S_3：NP＋不(没)＋VP＋的＋没有
S_4：没有＋不(没)＋VP＋的＋NP

这四个句式,组成成分相同,表达的意思也相同或相关。S_1"没有中国人不知道的"意思为"中国人什么都知道",S_2"中国人没有不知道的"意思为"中国人什么都知道"或"每个中国人都知道",S_3"中国人不知道的没有"意思为"每个中国人都知道"或"中国人什么都知道",S_4"没有不知道的中国人"意思为"每个中国人都知道"。由此可见,S_2、S_3的意思相同,S_2、S_3的意思包含了S_1和S_4的意思,S_1和S_4意思上形成互补。

不仅如此,以上四个句式还存在着可逆的变换关系：

$S_1 \longleftrightarrow S_2$：
没有中国人不知道的。→中国人没有不知道的。

$S_1 \longleftrightarrow S_3$：
没有中国人不知道的。→中国人不知道的没有。

$S_1 \longleftrightarrow S_4$：
没有中国人不知道的。→没有不知道的中国人。

$S_2 \longleftrightarrow S_3$：
中国人没有不知道的。→中国人不知道的没有。

$S_2 \longleftrightarrow S_4$：
中国人没有不知道的。→没有不知道的中国人。

$S_3 \longleftrightarrow S_4$：
中国人不知道的没有。→没有不知道的中国人。

以上情况表明,这四个句式关系十分密切,它们不仅意义相同或相关,而且还存在着可逆的变换关系,不过,它们之间的变换是有条件的,也就是说,同属于 S_1、S_2、S_3、S_4 的句子,有的相互之间存在着一定的变换关系,而有的相互之间却不存在相应的变换关系。尤其值得注意的是,变换以后,句义有的没有发生变化,而有的则发生了变化。

正因为如此,外国学生常常搞不清楚这些句式意义上的差别,该用 S_2 时却用了 S_1,该用 S_3 却用了 S_4。例如:

* 雷锋非常有名,没有中国人不知道的。

该例是外国学生说出来的句子,其中的"没有中国人不知道的"显然用错了地方,应改为"中国人没有不知道的"。

有鉴于此,本节将对这些句式之间的变换关系、变换条件以及语义上的差别做一个全面的考察。

3.2 各句式之间的变换关系

3.2.1 S_1 的种类及与其他句式的变换关系

S_1 由于组成成分的不同,可以分为两类:

$S_1 a$

(1) 没有中国人不知道的。
(2) 没有上海没去过的。
(3) 没有老张没喝过的。

$S_1 b$

(4) 没有他不知道的。
(5) 没有你不插嘴的。
(6) 没有我们没去过的。

$S_1 a$ 的 NP 是名词"中国人"、"上海"和"老张",$S_1 b$ 的 NP 是代词"他"、"你"和"我们"。

$S_1 a$ 的 NP 一般可以移到"没有"的前面,即可以变换成 S_2。例如:

三 "没有中国人不知道的"及其相关句式

(7) 没有中国人不知道的。→中国人没有不知道的。
(8) 没有上海没去过的。→上海没有没去过的。
(9) 没有老张没喝过的。→老张没有没喝过的。

例(7)移位以后意思发生了变化,"没有中国人不知道的"意思为"中国人什么都知道";而"中国人没有不知道的"意思为"每个中国人都知道"或"中国人什么都知道",即出现了歧义。例(8)移位以后意思基本上没有发生变化,"没有老张没喝过的"意思为"老张什么都喝过","老张没有没喝过的"意思也是"老张什么都喝过"。例(8)情况类似。类似前者的例子还有:

(10) 没有同学们不喜欢的。→同学们没有不喜欢的。
(11) 没有孩子们不明白的。→孩子们没有不明白的。

类似后者的例子还有:

(12) 没有爸爸没去过的。→爸爸没有没去过的。
(13) 没有老张不会的。→老张没有不会的。

同属一种句式,为什么前者变换以后有歧义呢? 这是因为前者变换以后语义关系发生了变化。例如:

(14) 没有中国人不知道的。→中国人没有不知道的。

这两个句子的句法结构关系分别如下:

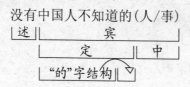

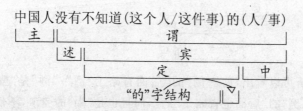

前一例的"没有中国人不知道的"是述宾结构,宾语"中国人不知道的"中的"的"后面省略了名词"人"或"事",即"中国人不知道的"是"中国人不知道的(人/事)"。后一例的"中国人"是整个句子的主语,是谓语"没有不知道的"陈述的对象,其宾语"不知道的"实际上是"不知道(这个人/这件事)的(人/事)",即"不知道"后面省略了"这个人"或"这件事"等,"的"后省略了"人"或"事"。虽然两例的"的"后都省略了"人",但后一例的"人"可以是非定指的,这时整个句子的意思相当于"中国人没有不知道的人/事",即中国人什么人都知道;也可以是定指的,这时的"人"属于"中国人"中的一员,整个句子的意思相当于"中国人中没有不知道这个人/这件事的人",即"中国人都知道这个人/这件事"。而前一例中的"人"是非定指的,指一切的人。更重要的是,从语义关系来看,后一例的"人"既可以是"知道"的施事,也可以是受事;而前一例的"人"只是"知道"的受事,显然语义关系不同。

那么为什么有的句子变换以后句义不发生变化呢?像:

(15)没有老张没喝过的。→老张没有没喝过的。

例(15)前后两句句义完全一样,这同样可以从语义关系方面得到解释。这两个句子的句法结构关系分别如下:

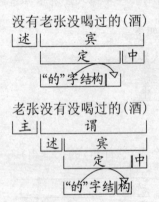

通过分析可以看出,前一例"的"后面省略了"酒","酒"是"喝"的受事;后一例"的"后面也省略了"酒",而且也是"喝"的受事,不仅如此,

三 "没有中国人不知道的"及其相关句式

两例的动词"喝"的施事都是"老张"。可见,虽然它们的句法结构关系不同,但是语义关系完全一样,因此意思一样也就理所当然了。

S_1b 的代词一般也可以移到"没有"的前面变换成 S_2。例如:

(16) 没有他不知道的。→他没有不知道的。
(17) 没有你不插嘴的。→你没有不插嘴的。

例(16)的"没有他不知道的"的"他"移到"没有"的前面以后,句子仍成立,而且意思基本没变。例(17)的"没有你不插嘴的"变换以后情况类似。

但是有的变换后句义有所变化。例如:

(18) 没有我们没去过的。→我们没有没去过的。
(19) 没有大家不赞成的。→大家没有不赞成的。

例(18)的"没有我们没去过的"意思为"每个地方我们都去过",但是"我们没有没去过的"意思为"每个地方我们都去过"或"我们每个人都去过",即出现了歧义。例(19)的"没有大家不赞成的"意思为"所有的事情大家都赞成",但是"大家没有不赞成的"意思为"大家每个人都赞成"或"所有的事情大家都赞成",也出现了歧义。以上句子变换后有歧义的原因与 S_1a 变换后的句子有歧义情况类似,也是语义关系不同造成的,在此不再赘述。

S_1a、S_1b 变换为 S_2 以后句义是否发生变化有规可循,其规律大致如下:

当 NP 为复数名词或代词时,变换成的 S_2 句义一般发生变化,否则变换成的 S_2 句义基本上不变。

S_1a 也能变换为 S_3。例如:

(20) 没有中国人不知道的。→中国人不知道的没有。
(21) 没有上海没去过的。→上海没去过的没有。
(22) 没有老张没喝过的。→老张没喝过的没有。

例(20)变换以后意思发生了变化,"没有中国人不知道的"意思为"中

第五章
副词与句子

国人什么都知道",而"中国人不知道的没有"除了有"中国人什么都知道"的意思之外,还有"每个中国人都知道"的意思,即出现了歧义。而例(21)、(22)变换以后句义基本上没变。

S_1b 也能变换成 S_3。例如:

(23) 没有他不知道的。→他不知道的没有。
(24) 没有你不插嘴的。→你不插嘴的没有。
(25) 没有我们没去过的。→我们没去过的没有。

例(23)、(24)变换后句义基本没变,但例(25)变换以后句义发生了变化,"没有我们没去过的"意思是"每个地方我们都去过了",而变换后的"我们没去过的没有"意思是"我们每个人都去过了"或"每个地方我们都去过了",即出现了歧义。

S_1a、S_1b 变换为 S_3 以后句义是否发生变化也有规可循,这种规律与 S_1a、S_1b 变换成 S_2 的类似。S_1a、S_1b 变换成的 S_3 有的之所以句义发生了变化,也是因为语义关系发生了变化。

S_1a 有的能变换成 S_4,有的不能。例如:

(26) 没有中国人不知道的。→没有不知道的中国人。
(27) 没有上海没去过的。→＊没有没去过的上海。
(28) 没有老张没喝过的。→＊没有没喝过的老张。

例(26)能变换为 S_4,但句义发生了变化。"没有中国人不知道的"意思为"中国人什么都知道","没有不知道的中国人"意思为"每个中国人都知道"。该例变换成的 S_4 句义发生变化的根本原因也是语义关系发生了变化。例(27)、(28)都不能变换成 S_4,原因是变换后的"没去过的上海"和"没喝过的老张"之类的说法不成立。

S_1b 都不能变换成 S_4。例如:

(29) 没有他不知道的。→＊没有不知道的他。
(30) 没有你不插嘴的。→＊没有不插嘴的你。
(31) 没有大家不支持的。→＊没有不支持的大家。

例(29)、(30)、(31)变换以后显然都不成立。这些句子之所以不能变

三 "没有中国人不知道的"及其相关句式

换成 S_4,是因为"他"、"你"和"大家"都是代词,汉语的代词前面一般不能出现限定性成分,因此就不存在"不知道的他"、"不插嘴的你"和"不支持的大家"之类的说法。

S_1a、S_1b 虽然同属一种句式,但是变换关系却不完全相同。S_1a、S_1b 都能变换为 S_2、S_3,不过变换以后有的句义发生了变化,即出现了歧义,之所以出现这种情况,是因为变换后句子的语义关系发生了变化。S_1a 有的能变换成 S_4,有的不能;但 S_1b 都不能变换成 S_4。

3.2.2 S_2 的种类及与其他句式的变换关系

S_2 也有两类:

S_2a

(32) 中国人没有不知道的。

(33) 同学们没有不会的。

(34) 老刘没有没喝过的。

S_2b

(35) 他没有不插嘴的。

(36) 他们没有不说我的。

(37) 大家没有不支持他的。

S_2a 的 NP 为名词,S_2b 的 NP 为代词。

S_2a 有的能变换成 S_1。例如:

(38) 中国人没有不知道的。→没有中国人不知道的。

(39) 同学们没有不会的。→没有同学们不会的。

(40) 老刘没有没喝过的。→没有老刘没喝过的。

但变换后有的句义发生了变化,有的没发生变化。例(38)的"中国人没有不知道的"意思为"每个中国人都知道"或"中国人什么都知道",即有歧义;但"没有中国人不知道的"意思为"中国人什么都知道",歧义消除了。例(39)的"同学们没有不会的"意思为"每个同学都会"或"同学们什么都会",但"没有同学们不会的"意思为"同学们什么都会",歧义也消除了。例(40)变换以后句义没发生变化。

第五章
副词与句子

S_2a 也有不能变换成 S_1 的。例如：

(41) 学生没有不会英语的。→ *没有学生不会英语的。
(42) 中国人没有不知道他的。→ *没有中国人不知道他的。

例(41)、(42)变换以后都不成立。

以上各例属于同一种句式，但是前三例都能变换成 S_1，后两例却不能，原因何在？通过考察我们发现，S_2a 中的 VP 如果是一价动词，那么都可以变换成相应的 S_1；如果 VP 是二价动词，而且两个核心格(即施事、受事等)都出现了，"VP＋的"不能提取外围格或环境格(时间、处所、工具等)(参见袁毓林，1995)，也不能自指，那么都不能变换成相应的 S_1，否则也能变换成 S_1。试比较：

(43) 学生没有不会的。→没有学生不会的。
(44) 中国人没有不知道的。→没有中国人不知道的。
(45) 小偷没有不偷东西的。→没有小偷不偷东西的。

例(43)、(44)的"会"、"知道"都是二价动词，但只出现了一个核心格(施事)，因此变换为 S_1 以后句子都成立。例(45)的动词"偷"也是二价动词，两个核心格(施事、受事)都出现了，但"VP＋的"可以自指，即"小偷不偷东西的"指"小偷不偷东西的事情"，所以也能变换为 S_1。

S_2b 都能变换成 S_1。例如：

(46) 他没有不插嘴的。→没有他不插嘴的。
(47) 他们没有不说我的。→没有他们不说我的。
(48) 大家没有不支持他的。→没有大家不支持他的。

例(46)、(47)、(48)变换为 S_1 以后句子都成立。

能变换为 S_1 的，变换后有的句义发生了变化，有的不发生变化。例(46)"他没有不插嘴的"意思为"他什么事(时候)都插嘴"，"没有他不插嘴的"意思也是"他什么事(时候)都插嘴"。例(47)"他们没有不说我的"意思为"他们每个人都说我"或"他们什么事(时候)都说我"，即有

218

歧义;而"没有他们不说我的"意思为"他们什么事(时候)都说我",一个歧义消除了。例(48)"大家没有不支持他的"意思为"大家每个人都支持他","没有大家不支持他的"意思为"大家什么事都支持他"。

S_2a 都可以变换为 S_3,而且句义不发生变化。例如:

(49) 中国人没有不知道的。→中国人不知道的没有。
(50) 同学们没有不会的。→同学们不会的没有。
(51) 老刘没有没喝过的。→老刘没喝过的没有。

例(49)、(50)、(51)变换为 S_3 后,句义都没发生变化。就拿例(49)来说,"中国人没有不知道的"意思为"中国人什么都知道"或"每个中国人都知道";"中国人不知道的没有"意思也是"中国人什么都知道"或"每个中国人都知道"。其他二例情况类似。

S_2b 也都能变换为 S_3,而且变换以后句义也不发生变化。例如:

(52) 他没有不插嘴的。→他不插嘴的没有。
(53) 他们没有不说我的。→他们不说我的没有。
(54) 大家没有不支持他的。→大家不支持他的没有。

例(52)的"他没有不插嘴的"变换为"他不插嘴的没有"意思基本一样,其他二例情况类似。

S_2a 有的能变换成 S_4。例如:

(55) 领导没有不支持的。→没有不支持的领导。
(56) 小偷没有不偷东西的。→没有不偷东西的小偷。

例(55)、(56)变换后都成立,但变换后句义有的发生了变化。例(55)的"领导没有不支持的"意思为"每个领导都支持"或"领导什么都支持",即有歧义;"没有不支持的领导"意思为"每个领导都支持",歧义消除了。例(56)变换后句义没发生变化。

S_2a 也有不能变换成 S_4 的,如:

(57) 同学们没有不会的。→*没有不会的同学们。
(58) 老刘没有没喝过的。→*没有没喝过的老刘。

(59) 饭没有不会吃的。→ *没有不会吃的饭。

例(57)、(58)、(59)变换以后显然都不成立,其原因是变换后的"不会的同学们"、"没喝过的老刘"、"不会吃的饭"都不成立。

$S_2 b$ 都不能变换成 S_4。例如:

(60) 他没有不插嘴的。→ *没有不插嘴的他。

(61) 他们没有不说我的。→ *没有不说我的他们。

例(60)、(61)变换后也不成立,其原因是"他"、"他们"前面都不能出现限定性成分。

由此可见,$S_2 a$、$S_2 b$ 虽然是同一个句式,但适应的变换关系却不尽相同。$S_2 a$ 有的能变换为 S_1,有的不能;$S_2 b$ 都能变换成 S_1。值得注意的是,$S_2 a$、$S_2 b$ 变换为 S_1 以后,有的句义发生了变化。$S_2 a$、$S_2 b$ 都可以变换成 S_3,而且变换后句义不发生变化。$S_2 a$ 有的可以变换成 S_4,有的不行;$S_2 b$ 都不能变换成 S_4。因此,从变换关系的角度来看,$S_2 a$ 变换的范围要广一些。

3.2.3 S_3 的种类及与其他句式的变换关系

与 S_2 类似,S_3 也有两类:

$S_3 a$

(62) 中国人不知道的没有。

(63) 老张没喝过的没有。

(64) 上海没去过的没有。

$S_3 b$

(65) 大家不支持的没有。

(66) 我没看过的没有。

$S_3 a$ 都能变换为 S_1。例如:

(67) 中国人不知道的没有。→没有中国人不知道的。

(68) 老张没喝过的没有。→没有老张没喝过的。

不过后一例变换以后句义没有发生变化,而前一例变换以后句义发生了变化。例(67)的"中国人不知道的没有"意思为"每个中国人都知道"或"中国人什么都知道",即有歧义;但"没有中国人不知道的"意思为"中国人什么都知道",歧义消除了。

S_3b 也能变换为 S_1。例如:

(69) 大家不支持的没有。→没有大家不支持的。
(70) 我没看过的没有。→没有我没看过的。

第二例变换后句义没有发生变化,但第一例变换后句义却发生了变化。例(69)的"大家不支持的没有"意思为"大家都支持"或"大家什么都支持",即有歧义;而"没有大家不支持的"意思为"大家什么都支持",歧义消除了。

S_3a、S_3b 变换成 S_1 以后句义是否发生变化同样有规可循,其规律与 S_1 变换为 S_2 的类似。

S_3a 都能变换成 S_2,而且变换以后句义不发生变化。例如:

(71) 中国人不知道的没有。→中国人没有不知道的。
(72) 老张没喝过的没有。→老张没有没喝过的。

例(71)的"中国人不知道的没有"意思为"每个中国人都知道"或"中国人什么都知道","中国人没有不知道的"意思也是"每个中国人都知道"或"中国人什么都知道",可见变换前后意思没有发生变化。例(72)情况类似。

S_3b 也能变换为 S_2,而且句义也不发生变化。例如:

(73) 大家不支持的没有。→大家没有不支持的。
(74) 我没看过的没有。→我没有没看过的。

例(73)的"大家不支持的没有"意思为"大家什么都支持"或"大家都支持";"大家没有不支持的"除了有"大家什么都支持"的意思以外,也有"大家都支持"的意思。例(74)的"我没看过的没有"意思为"(这些东西)我都看过","我没有没看过的"意思也是"(这些东西)我都看过"。

S_3a 有的能变换成 S_4。例如:

(75) 中国人不知道的没有。→没有不知道的中国人。

(76) 小偷不偷东西的没有。→没有不偷东西的小偷。

但变换后后一例的句义没有发生变化,而前一例的句义却发生了变化。例(75)的"中国人不知道的没有"意思为"中国人什么都知道"或"每个中国人都知道",即有歧义;而"没有不知道的中国人"意思为"每个中国人都知道",歧义消除了。

S_3a 也有不能变换成 S_4 的。例如:

(77) 老张没喝过的没有。→*没有没喝过的老张。

(78) 同学们不会的没有。→*没有不会的同学们。

例(77)、(78)变换以后显然都不能说,因为"没喝过的老张"、"不会的同学们"都不成立。

S_3b 都不能变换为 S_4。例如:

(79) 大家不支持的没有。→*没有不支持的大家。

(80) 我没看过的没有。→*没有没看过的我。

例(79)、(80)变换后也都不成立,因为汉语的代词前面一般不能出现限定性成分,即汉语中不存在"不支持的大家"、"没看过的我"之类的说法。

从上文可以看出,同样是 S_3,由于组成成分不同,所适应的变换关系也不同。S_3a、S_3b 都能变换为 S_1,不过变换后有的句义发生了变化。之所以出现这种情况,是因为变换后句子的语义关系发生了变化。S_3a、S_3b 都能变换为 S_2,而且变换后句义不发生变化。S_3a 有的能变换为 S_4,有的不能;而 S_3b 都不行。

3.2.4 S_4 的种类及与其他句式的变换关系

S_4 比较单一,只有一种:

(81) 没有不知道的中国人。

(82) 没有不偷东西的小偷。

(83) 没有没去过的地方。

三 "没有中国人不知道的"及其相关句式

(84) 没有不迟到的时候。

(85) 没有不去的理由。

S_4 有的可以变换成 S_1。例如：

(86) 没有不知道的中国人。→没有中国人不知道的。

(87) 没有不偷东西的小偷。→没有小偷不偷东西的。

变换后有的句义没发生变化,但有的句义却发生了变化。例(87)的"没有不偷东西的小偷"意思为"小偷都偷东西",变换后的"没有小偷不偷东西的"意思也是"小偷都偷东西",变换前后意思一样。例(86)的"没有不知道的中国人"意思为"每个中国人都知道",变换后的"没有中国人不知道的"意思为"中国人什么都知道",显然意思发生了变化。

S_4 也有不能变换成 S_1 的。如：

(88) 没有没去过的地方。→﹡没有地方没去过的。

(89) 没有不迟到的时候。→﹡没有时候不迟到的。

(90) 没有不去的理由。→﹡没有理由不去的。

例(88)、(89)、(90)变换后显然都不成立,其原因是"地方没去过的"、"时候不迟到的"、"理由不去的"都不成立。

S_4 有的能变换成 S_2。如：

(91) 没有不偷东西的小偷。→小偷没有不偷东西的。

(92) 没有不透风的墙。→墙没有不透风的。

(93) 没有领导不支持的。→领导没有不支持的。

变换后有的句义没有发生变化,但有的发生了变化。例(91)的"没有不偷东西的小偷"意思为"小偷都偷东西",变换后的"小偷没有不偷东西的"意思也是"小偷都偷东西";例(92)的"没有不透风的墙"意思为"墙都透风",变换后的"墙没有不透风的"意思也是"墙都透风"。但例(93)的"没有领导不支持的"意思为"领导什么都支持",而变换后的"领导没有不支持的"意思为"每个领导都支持"或"领导什么都支持",显然意思发生了变化。

第五章
副词与句子

S_4 也有不能变换为 S_2 的。如：

(94) 没有没去过的地方。→﹡地方没有没去过的。
(95) 没有不迟到的时候。→﹡时候没有不迟到的。
(96) 没有不去的理由。→﹡理由没有不去的。

例(94)、(95)、(96)变换后的句子都不成立,这是因为变换以后句子的主语"地方"、"时候"和"理由"分别与谓语部分"没有没去过的"、"没有不迟到的"和"没有不去的"缺乏语义上的关联。

S_4 有的可以变换成 S_3,有的则不能。例如：

(97) 没有不知道的中国人。→中国人不知道的没有。
(98) 没有不偷东西的小偷。→小偷不偷东西的没有。
(99) 没有没去过的地方。→﹡地方没去过的没有。
(100) 没有不迟到的时候。→﹡时候不迟到的没有。
(101) 没有不去的理由。→﹡理由不去的没有。
(102) 没有没吃过的东西。→﹡东西没吃过的没有。

例(97)、(98)变换后都成立,但有的句义发生了变化。例(97)的"没有不知道的中国人"意思为"每个中国人都知道",变换后的"中国人不知道的没有"意思为"中国人什么都知道"或"每个中国人都知道",即句子出现了歧义。例(98)变换后句义没发生变化。例(99)、(100)、(101)、(102)变换以后都不成立,其原因与 S_4 变换成的 S_1 不成立一样。

可见,S_4 有的可以变换成 S_1、S_2、S_3,有的却不能。能变换的,有的变换以后句义发生了变化,出现这种情况的原因是变换以后句子的语义关系发生了变化。

前文四个句式之间的变换关系大致如下表(见表1—表4)：

表1

		S_2	S_3	S_4
S_1	$S_1 a$	+	+	+−
	$S_1 b$	+	+	−

表2

S_2		S_1	S_3	S_4
	$S_2 a$	+−	+	+−
	$S_2 b$	+	+	−

表3

S_3		S_1	S_2	S_4
	$S_3 a$	+	+	+−
	$S_3 b$	+	+	−

表4

	S_1	S_2	S_3
S_4	+−	+−	+−

（注："+"表示能；"−"表示不能；"+−"表示有的能，有的不能。）

从表中可以看出，S_1 和 S_3、S_2 和 S_3 存在着可逆的变换关系，但 S_1 和 S_2 之间以及 S_1、S_2、S_3 与 S_4 之间的变换却有一定的限制条件。S_1 都能变换为 S_2，但 S_2 有的能变换为 S_1，有的不能。一般情况下，VP 为一价动词时都能变换为 S_2；VP 为二价动词时，如果 VP 的两个核心格都出现了，而且"VP+的"不能提取外围格或环境格，也不能自指，都不能变换为 S_2。S_1、S_2、S_3 中的 NP 如果是一个非定指名词，那么可以变换为 S_4；如果是一个代词或定指名词，都不能变换为 S_4；S_4 中的 NP 如果与 VP 没有语义关系或组合在一起不能成为一个结构，那么不能变换为 S_1、S_2 或 S_3。

能变换的句子变换以后有的句义发生了变化，有的并没发生变化，是否发生变化取决于句子的语义结构关系，如果变换以后句子的语义结构关系发生了变化，那么变换后的句子句义必然发生变化。

通过上文的考察，既搞清了这四个句式之间句义上的差别，也搞清了它们之间的变换的条件，不仅如此，还搞清了同一个句式内部由于组成成分的不同而在变换上存在的差别。这不但能够加深我们对这四个句式的认识，而且对对外汉语教学也具有一定的参考价值，能够让学生明白这四个句式虽然组成成分相同，句义相同或相关，彼此之间存在着一定的变换关系,但是这种变换是有条件的,不是随意的,从而避免由于类推泛化而出现错误。

3.3 与句式相关的问题

朱德熙(1978)指出,汉语的"VP+的+NP"有两种不同的类型。例如:

(103) 开车的人
(104) 他讲的故事
(105) 开车的技术
(106) 走路的样子

他认为前二例的中心语"人"和"故事"因为是潜主语和潜宾语,所以都可以省去,也就是说"开车的"、"他讲的"可以指代"人"和"故事"。但后二例的中心语"技术"和"样子"因为既不是潜主语,也不是潜宾语,所以不能省略。

袁毓林(1995)在朱德熙的基础上又前进了一步,他认为提取施事、受事、当事或结果的"VP+的"是自由的,既能作定语,也能称代中心语独立作主宾语;提取时间、处所、工具、与事等的"VP+的"是黏着形式,它通常只能作定语,不能称代中心语独立作主宾语。尽管袁毓林的结论涵盖范围更大一些、更全面一些,但是有些问题仍解释不了。例如:

(107) 没有他不回家的时候。
(108) 没有你不说我的时候。
(109) 没有你不插嘴的时候。

例(107)、(108)、(109)中的"他不回家的时候"、"你不说我的时候"和"你不插嘴的时候"中"时候"不是施事、受事,也不是当事、结果,而是时间,按照现有的结论,应该不能称代中心语,但实际情况却恰恰相反。试比较:

(110) 没有他不回家的时候。→没有他不回家的。

三 "没有中国人不知道的"及其相关句式

(111) 没有你不说我的时候。→没有你不说我的。

(112) 没有你不插嘴的时候。→没有你不插嘴的。

显然,例(110)、(111)、(112)的中心语都可以省略,即"VP+的"可以称代中心语。

情况还不止此,下列句子中的中心语也同样可以省略:

(113) 中国人不知道这件事情的(人)没有。

(114) 学生不会英语的(人)没有。

(115) 我说的是他吃饭的样子,不是走路的(样子)。

例(113)、(114)"的"后面都可以省略中心语"人",这个"人"与"VP+的"不同格,即不是 VP 的施事、受事、当事或结果等,"人"与"中国人"是包含和被包含的关系;例(115)也可以省略中心语"样子",但"样子"与"VP+的"也不同格,既不是施事、受事等,也不是时间、处所等,"VP+的"与"样子"是等同关系,即"VP+的"是自指。由此可见,"VP+的+NP"中的"VP+的"称代 NP 时,"VP+的"提取的一般是施事、受事、当事和结果等核心格,"VP+的"提取时间、处所、工具、与事等外围格或环境格时,一般作定语,但有时也可以作主语或宾语,不过这种称代有条件限制,常常与一定的句式有关。这些情况说明,"VP+的+NP"中的"VP+的"称代 NP 时存在原型效应,NP 为施事、受事、当事或结果等所谓的核心格时,"VP+的"称代 NP 属于典型范畴,NP 为时间、处所、工具等外围格或环境格时,"VP+的"称代 NP 都属于非典型范畴。抑或说前者的称代是一种无标记形式,后者的称代是一种有标记形式:

无标记 "VP+的"称代施事、当事、受事或结果等

有标记 "VP+的"称代处所、工具、与事、时间、原因等

典型范畴和非典型范畴之间的界限并不十分清楚,存在过渡带,即"VP+的"称代 NP 时存在一个优势序列:

"VP+的"称代施事、当事、受事或结果等>"VP+的"称代处所、工具、与事>"VP+的"称代时间、原因

第五章
副词与句子

以上连续统表示越靠左,"VP+的"称代 NP 的可能性越大;越靠右,"VP+的"称代 NP 的可能性越小。正因为如此,过去试图找出"VP+的+NP"中的 NP 为何种格或何种条件时"VP+的"不能称代 NP 的努力不具有现实性。

参考文献

〔法〕白梅丽　1987　现代汉语中"就"和"才"的语义分析,《中国语文》第 5 期。
北京大学中国语言文学系汉语教研室编　1962　《现代汉语》,京华印书局。
陈昌来　2000　《现代汉语句子》,华东师范大学出版社。
陈垂民　1988　说"不"和"没有"及其相关句式,《暨南大学学报》第 1 期。
陈瑞衡　1978　说说结构助词"的"、"地"的用法——兼议定语和状语的定义,
　　《湖南教育》第 1 期。
陈天权　1990　汉语副词的语法功能,《云南教育学院学报》第 1 期。
陈月明　1999　时间副词"在"与"着$_1$",《汉语学习》第 4 期。
储泽祥、肖扬、曾庆香　1999　通比性的"很"字结构,《世界汉语教学》第 1
　　期。
戴浩一、薛凤生主编　1994　《功能主义与汉语语法》,北京语言学院出版社。
丁声树　1979　《现代汉语语法讲话》,商务印书馆。
丁　全　1987　汉语词类划分标准的今昔,《南都学刊》第 4 期。
董秀芳　2003　"不"与所修饰的中心词的黏合现象,《当代语言学》第 1 期。
段业辉　1995　语气副词的分布及语用功能,《汉语学习》第 4 期。
方　梅　1994　北京话句中语气词的功能研究,《中国语文》第 2 期。
方　梅　2004　从章法到句法——汉语口语后置关系从句研究,《庆祝〈中国语
　　文〉创刊 50 周年学术论文集》,商务印书馆。
范方莲　1983　程度副词的几个问题,《语法研究和探索》(一),北京大学出版
　　社。
范开泰、张亚军　2000　《现代汉语语法分析》,华东师范大学出版社。
范　晓　1998　《汉语的句子类型》,书海出版社。
范　晓　2000　《短语》,商务印书馆。
范　晓、张豫峰　2003　《语法理论纲要》,上海译文出版社。
房玉清　2001　《实用汉语语法》(修订本),北京大学出版社。
冯成林　1980　试论汉语时间副词和时间名词的划分标准——从"刚才"的词

性谈起,《语言教学与研究》第2期。
冯胜利　　1997　　《汉语的韵律、词法与句法》,北京大学出版社。
冯胜利　　1998　　论汉语的"自然音步",《中国语文》第1期。
符达维　　1986　　对双重否定的几点探讨,《福建论坛》(文史哲版)第6期。
甘玉龙　　1984　　"的"、"地"合并简说,《语文战线》第9期。
甘玉龙　　1986　　也谈"的"、"地"的分合问题,《徐州师范学院学报》第1期。
高名凯　　1955　　再论汉语的词类区别,《汉语的词类问题》(一),中华书局。
高名凯　　1986　　《汉语语法论》,商务印书馆。
古建军　　1983　　从副词的归属谈词类划分问题,《陕西师范大学学报》第2期。
关文新　　1992　　自由副词初探,《吉林大学学报》第3期。
郭春贵　　1997　　时间副词"已经"和"都"的异同,《世界汉语教学》第2期。
郭锦桴　　1993　　《汉语声调语调阐要与探索》,北京语言学院出版社。
郭昭穆、汪坤玉　　1985　常见的双重否定的结构类型和运用,《南充师范学院学报》第1期。
郭志良　　1991　　时间副词"正"、"正在"和"在"的分布情况,《世界汉语教学》第3期。
国家汉语水平考试委员会办公室考试中心　2001　《汉语水平词汇与汉字等级大纲》,经济科学出版社。
贺　阳　　1992　　试论汉语书面语的语气系统,《中国人民大学学报》第5期。
贺　阳　　1994　　"程度副词+有+名"试析,《汉语学习》第2期。
侯学超　　2000　　《现代汉语虚词词典》,北京大学出版社。
胡明扬　　1981　　北京话的语气助词和叹词,《中国语文》第5、6期。
胡明扬　　1988　　语气助词的语气意义,《汉语学习》第6期。
胡明扬主编　1996　《现代汉语词类问题考察》,北京语言学院出版社。
胡明扬主编　2004　《词类问题考察续集》,北京语言大学出版社。
胡裕树　　1979　　《现代汉语》(修订本),上海教育出版社。
黄　河　　1990　　常见副词共现时的顺序,《缀玉集》,北京大学出版社。
黄景欣　　1962　　读《说"的"》并讨论现代汉语研究的几个方法论问题,《中国语文》第8、9期。
黄伯荣、廖序东　1997　《现代汉语》,高等教育出版社。
黄国营　　1988　　《语篇分析概要》,湖南教育出版社。
黄国营　　1992　　语气副词在"陈述—疑问"转换中的限制作用及其句法性质,《语言研究》第1期。
蒋绍愚　　1997　　"把"字句略论:兼论功能扩展,《中国语文》第4期。

劲　松　1992　北京话的语气和语调,《中国语文》第 2 期。
赖先刚　1994　副词的连用问题,《汉语学习》第 2 期。
黎锦熙　1992　《新著国语文法》,商务印书馆。
李敬国　1998　句子前时间副词特点分析,《社科纵横》第 5 期。
李　泉　1996　副词和副词再分类,载《现代汉语词类问题考察》,北京语言学院出版社。
李　泉　2004　从分布上看副词的再分类,《词类问题考察续集》,北京语言大学出版社。
李　宏　1999　副词"反正"的语义语用分析,《语言教学与研究》第 4 期。
李芳杰　1988　从不用"地"看"的"、"地"合并的功能,《武汉大学学报》第 2 期。
李临定　1986　《现代汉语句型》,商务印书馆。
李林立　2004　关联词语及其分类,胡明扬主编《词类问题考察续集》,北京语言大学出版社。
李少华　1996　现代汉语时间副词的分类描写,《荆州师范专科学校学报》第 4 期。
李　瑛　1992　"不"的否定意义,《语言教学与研究》第 2 期。
李　迎　1991　"不"和"没有"的比较,《武汉教育学院学报》第 4 期。
李玉宝　1989　汉语中"不……不……"的几种构成形式及语义关系,《山西师范大学学报》第 1 期。
李宇明　2000　《汉语量范畴研究》,华中师范大学出版社。
李运熹　1993　范围副词的分类及语义指向,《宁波师院学报》第 2 期。
李晓琪等　1997　《汉语常用词用法词典》,北京大学出版社。
李一平　1985　跟"的"字有关的两种语言现象,《汉语学习》第 6 期。
廖秋忠　1984a　现代汉语中动词的支配成分的省略,《中国语文》第 4 期。
廖秋忠　1984b　语气与情态评价,《国外语言学》第 4 期。
廖秋忠　1986　现代汉语篇章中的连接成分,《中国语文》第 6 期。
廖秋忠　1991　篇章与语用和句法研究,《语言教学与研究》第 4 期。
刘丹青　2005　汉语关系从句标记类型初探,《中国语文》第 1 期。
刘公望　1981　试析"的"的几种用法,《兰州大学学报》第 2 期。
刘公望　1990　名助词"的"与"的"字短语,《北京师范大学学报》第 4 期。
刘月华　1983　《实用现代汉语语法》,外语教学与研究出版社。
刘月华　1990　《句子的用途》,人民教育出版社。
刘颂浩　1993　程度副词"怪"用法的一点补充,《汉语学习》第 3 期。
伶　军　1985　关于副词的归属问题,《天津师范大学学报》第 5 期。

林　曙　1993　确定范围副词的原则,《上海师范大学学报》第1期。
林文金　1983　关于双重否定的几个问题,《福建论坛》第5期。
卢甲文　1983　副词"不"和"没有"初探,《安阳师范专科学校学报》第4期。
陆丙甫　1979　读《"的"字结构和判断句》,《中国语文》第4期。
陆俭明　1979　谈谈跟"的"字有关的几种语病,《中国语文》第3期。
陆俭明　1980a　口语中的易位现象,《中国语文》第1期。
陆俭明　1980b　"程度副词＋形容词＋的"一类结构的语法性质,《语言教学与研究》第2期。
陆俭明　1983　"的"字结构和"所"字结构,《语法研究和探索》(一),北京大学出版社。
陆俭明、马　真　1985　《现代汉语虚词散论》,北京大学出版社。
陆俭明　1986　周遍性主语句及其他,《中国语文》第3期。
陆俭明　1993a　《八十年代中国语法研究》,商务印书馆。
陆俭明　1993b　《现代汉语句法论》,商务印书馆。
陆俭明主编　2000　《面临新世纪挑战的现代汉语语法研究》,山东教育出版社。
陆俭明　沈　阳　2003　《汉语和汉语研究十五讲》,北京大学出版社。
陆俭明　2005　《作为第二语言的汉语本体研究》,外语教学与研究出版社。
陆世光　1981　谈副词的内部分类,《天津师范学院学报》第2期。
吕冀平　2000　《汉语语法基础》,商务印书馆。
吕叔湘　1963　现代汉语单双音节初探,《中国语文》第1期。
吕叔湘　1965　"被"字句、"把"字句动词带宾语,《中国语文》第4期。
吕叔湘　1979　《汉语语法分析问题》,商务印书馆。
吕叔湘主编　1980　《现代汉语八百词》,商务印书馆。
吕叔湘　1981　关于"的、地、得"和"做、作",《语文学习》第3期。
吕叔湘　1982a　"的"和"地"的分合问题,《北京晚报》3月20日。
吕叔湘　1982b　《中国文法要略》,商务印书馆。
吕叔湘　1985　肯定、否定、疑问,《中国语文》第4期。
马建忠　1983　《马氏文通》,商务印书馆。
马庆株　1992　《汉语的动词和动词性结构》,北京大学出版社。
马　真　1985　"稍微"和"多少",《语言教学与研究》第3期。
马　真　1988a　程度副词在表示程度比较的句式中的分布情况考察,《世界汉语教学》第2期。
马　真　1988b　《简明实用汉语语法》,北京大学出版社。

马　真　1989　说副词"有一点儿",《世界汉语教学》第 4 期。
马　真　1991　普通话里的程度副词"很、挺、怪、老",《汉语学习》第 2 期。
马　真　2004　《现代汉语虚词研究方法论》,商务印书馆。
孟建安　1996　谈双重否定句式,《修辞学习》第 2 期。
齐沪扬　1987　谈单音节副词的重叠,《中国语文》第 4 期。
齐沪扬　2000　《现代汉语短语》,华东师范大学出版社。
齐沪扬　2002　《语气词与语气系统》,安徽教育出版社。
齐沪扬、张谊生、陈昌来主编　2002　《现代汉语虚词研究综述》,安徽教育出版社。
裘荣棠　1992　谈"动+的"短语的几个问题,《中国语文》第 3 期。
钱乃荣等　1995　《汉语语言学》,北京语言学院出版社。
钱敏汝　1990　否定载体"不"的语义—语法考察,《中国语文》第 1 期。
屈承熹　1991　汉语副词的篇章功能,《语言教学与研究》第 2 期。
屈承熹　2005　《汉语认知功能语法》,黑龙江人民出版社。
饶长溶　1988　"不"偏指前项的现象,《语法研究和探索》(四),北京大学出版社。
邵敬敏　1987　80 年代副词研究的新突破,《语文导报》第 2 期。
邵敬敏　1997　从"才"看语义与句法的相互制约关系,《汉语学习》第 3 期。
沈家煊　1993　"语用否定"考察,《中国语文》第 5 期。
沈家煊　1994　"好不"不对称用法的语义和语用解释,《中国语文》第 4 期。
沈家煊　1999　《不对称和标记论》,江西教育出版社。
沈家煊　2005　跟副词"还"有关的两个句式,《现代汉语语法的功能、语用、认知研究》,商务印书馆。
沈　阳　1994　祈使句主语省略的不同类型,《汉语学习》第 1 期。
石毓智　2000　论"的"的语法功能的同一性,《世界汉语教学》第 1 期。
石毓智　2001　《肯定和否定的对称与不对称》,北京语言文化大学出版社。
施关淦　1988　试论时间副词"就",《语法研究和探索》(四),北京大学出版社。
史淑娟　1988　"没有"能跟"并不"、"不"相提并论吗?,《新疆师范大学学报》第 2 期。
史　军　1982　结构助词"的、地、得",《文科教育》第 3 期。
史锡尧　1980　"的"字词组初探,《语文学习》第 6 期。
史锡尧　1990　副词"才"的语法组合功能、语义、语用考察,《烟台大学学报》第 2 期。
史锡尧　1991　副词"才"和"都"、"就"语义的对立和配合,《世界汉语教学》第 1

期。

史锡尧　1995　"不"否定的对象和"不"的位置:兼谈"不"、副词"没"的语用区别,《汉语学习》第1期。

孙承欢　1993　略谈"不"和"没有",《荆门大学学报》第4期。

孙汝建　1995　结构助词"的"、"地"的分合问题,《扬州师范学院学报》第4期。

孙汝建　1999　《语气和口气研究》,中国文联出版社。

孙余兵　1995　论"的$_3$"和"的$_4$",《江苏教育学院学报》第1期。

唐正大　2006　与关系从句有关的三条语序类型原则,《中国语文》第5期。

田　野　1993　"的"的性质和它的结构功能,《盐城师范专科学校学报》第2期。

王国璋　1981　现代汉语中"的"的几种用法,《语文战线》第6期。

王建勤　1981　一种特殊的"的"字结构,《语文教学》第11期。

王　志　1998　时间副词"正"的两个位置,《中国语文》第2期。

王洪君　2000　汉语的韵律词与韵律短语,《中国语文》第6期。

王　珏　1992　可受程度副词修饰的动词短语,《解放军外国语学院学报》第1期。

王　力　1985　《中国现代语法》,商务印书馆。

王希杰　1990　《数词·量词·代词》,人民教育出版社。

王钟林　1982　副词与其他词类的区别,《语言文学》第5期。

王宗联　1993　程度副词"很"和"最",《四川师范大学学报》第2期。

吴福祥　2005　《汉语语法化研究》,商务印书馆。

吴洁敏　1984　否定副词"不"和"没有"试析,《语言学年刊》第1期。

吴洁敏　2001　《汉语节律学》,语文出版社。

吴启主　2002　《汉语构件语法语篇学》,岳麓书社。

吴　羽　1986　关于否定的否定,《中国语文》第1期。

吴中伟　1995　关联副词在周遍性主语之前,《汉语学习》第6期。

夏齐富　1996　程度副词再分类试探,《安庆师范学院学报》第2期。

肖奚强　1993　试论祈使义句教学,《汉语学习》第6期。

肖奚强　2002　《现代汉语语法与对外汉语教学》,学林出版社。

邢福义　1962　关于副词修饰名词,《中国语文》第5期。

邢福义　1997　《汉语语法学》,东北师范大学出版社。

徐　杰　1985　"都"类副词的总括对象及其隐现位序,《汉语学习》第1期。

徐　杰、李英哲　1993　焦点和两个非线性语法范畴:"否定"、"疑问",《中国语文》第2期。

杨德峰　1998　口语中述语与补语之间的易位现象,《中国语研究》(日本)第40号。
杨德峰　2000　副词的功能分类,《北大海外教育》第3辑。
杨德峰　2001　也论易位句的特点,《语言教学与研究》第5期。
杨德峰　2005　语气副词用于短语中初探,《汉语学习》第4期。
杨　猛　1998　多余的"地",《语文月刊》第10期。
杨　云　1999　不受程度副词"很"修饰的心理动词,《云南教育学院学报》第1期。
杨荣祥　1999　现代汉语副词次类及其特征描写,《湛江师范学院学报》第1期。
姚锡远　1998　"的"字短语研究拾遗,《语文研究》第2期。
赵元任　1979　《汉语口语语法》,商务印书馆。
叶长荫　1977　谈"双重否定",《哈尔滨师范学院学报》第4期。
袁毓林　1993　《现代汉语祈使句研究》,北京大学出版社。
袁毓林　1995　谓词隐含及其句法后果——"的"字结构的称代规则和"的"的语法、语义功能,《中国语文》第4期。
袁毓林　2000　论否定句的焦点、预设和辖域歧义,《中国语文》第2期。
袁毓林　2002　多项副词的语序原则及其认知解释,《语言学论丛》第二十六辑,商务印书馆。
张爱民　1992　单一否定副词的移位问题,《徐州师范学院学报》第4期。
张爱民　1994　单一否定副词移位问题探讨,《语法研究与语法应用》,北京语言学院出版社。
张宝林　1996　关联副词的范围及其与连词的区分,《现代汉语词类问题考察》,北京语言学院出版社。
张伯江　1998　从话语角度论证语气词"的",《中国语文》第2期。
张桂宾　1997　相对程度副词与绝对程度副词,《华东师范大学学报》第2期。
张　静　1961　论汉语副词的范围,《中国语文》8月号。
张　静　1984　《词、词组、句子》,黑龙江人民出版社。
张　敏　1998　《认知语言学与汉语名词短语》,中国社会科学出版社。
张明莹　2000　说"简直",《汉语学习》第1期。
张孝忠　1984　"不"和"没(有)"用法举例——兼与英语"not"和"no"的对比,《语言教学与研究》第4期。
张一莉　1991　含"没有"语词的判断形式简析,《逻辑与语言学习》第2期。
张谊生、吴继光　1994　略论副词"才"的语法意义,《语法研究与语法应用》,北京语言学院出版社。

张谊生　1995　状词与副词的区别,《汉语学习》第1期。
张谊生　1996　副词的连用类别和共现顺序,《烟台大学学报》第2期。
张谊生　2000　《现代汉语副词研究》,学林出版社。
张谊生　2004　《现代汉语副词探索》,学林出版社。
张亚军　2002　《副词与限定描状功能》,安徽教育出版社。
张豫峰　2006　《现代汉语句子研究》,学林出版社。
张志公　1959　《汉语语法常识》,新知识出版社。
张宗正　1985　否定句、双重否定句和三重否定句,《语文导报》第9期。
赵静贞　1984　"A就A"格式试探,《语言教学与研究》第4期。
赵　薇　1991　"没有＋NP＋VP"结构考察,《镇江师范专科学校学报》第1期。
赵元任　1979　《汉语口语语法》,商务印书馆。
赵金铭　1979　"的"、"地"源流考,《语言教学与研究》第4期。
赵学武　1998　"地"、"的"辨,《语文建设》第10期。
赵载华　1990　"的、地、得"语义用法源流概说,《逻辑与语言学习》第5期。
郑剑平　1996　副词修饰含"不/没有"的否定性结构情况考察,《四川师范大学学报》第2期。
郑懿德　1988　时间副词"在",《语法研究和探索》(四),北京大学出版社。
中国社会科学院语言研究所词典编辑室　1997　《现代汉语词典》(修订本),商务印书馆。
周　刚　1999　表示限定的"光"、"仅"、"只",《汉语学习》第1期。
周小兵　1987　"刚＋V＋M"和"刚才＋V＋M",《中国语文》第1期。
周小兵　1991　表示限定的"只"和"就",《第三届国际汉语教学讨论会论文选》,北京语言学院出版社。
周小兵　1992　试析"不太A",《语法研究和探索》(六),语文出版社。
周小兵　1995　论现代汉语的程度副词,《中国语文》第2期。
周小兵　2002　《对外汉语教学中的副词研究》,中国社会科学出版社。
朱德熙　1961　说"的",《中国语文》第12期。
朱德熙　1978　"的"字结构和判断句,《中国语文》第1、2期。
朱德熙　1982　《语法讲义》,商务印书馆。
朱景松　1996　否定副词管到哪里,《语文建设》第11期。
朱林清、王建军　1995　汉语词类研究述评,《南京师范大学学报》第1期。

索引

说明：
条目后面的第一个数字为章数，第二个数字为节数，第三、四个数字为小节序号。

B

必然语气 2.1.1.2;2.1.1.3;2.1.1.4
必要语气 2.1.1.2;2.1.1.3
边缘成员 3.1.1.3;4.3.3.2
边缘分布 3.1.1.3;3.2.2.4
变换 4.2.2.4;5.3.3.1;5.3.3.2
标记 3.1.2.1;4.1.1.3;4.1.1.4
标记理论 3.1.1.3;3.2.2.4
表明语气 2.1.1.2
表情语气 2.1.1.2
宾语 3.1.1.3;4.2.2.2;4.3.3.2;
　　4.3.3.3;4.3.3.4;5.3.3.3
补语 3.2.2.3;3.2.2.4;4.2.2.1;
　　4.3.3.1
不及物动词 1.1.1.3;3.1.1.1
不定语气 2.1.1.2
不平语气 2.1.1.2

C

诧异语气 2.1.1.2;2.1.1.3;2.1.1.4
超语段 5.1.1.1
陈述句 5.1.1.1;5.1.1.3
陈述语气 2.1.1.2;2.1.1.4
揣测语气 2.1.1.2
程度副词 1.1.1.1;1.2.2.1;1.2.2.2;
　　1.2.2.3;2.2.2.2;2.2.2.3;
　　3.1.1.2;3.1.1.3;3.2.2.3;
　　3.2.2.4;3.3.3.1;3.3.3.2;
　　3.3.3.3;4.1.1.1;4.1.1.2;
　　4.1.1.4;4.2.2.2;4.2.2.4;
　　4.3.3.1;4.3.3.2;4.3.3.3;
　　4.3.3.4;5.1.1.2;5.1.1.3
重叠副词 1.1.1.1;4.1.1.1;4.1.1.2;
　　4.1.1.3;4.1.1.4
重复副词 1.1.1.1;1.2.2.1;1.2.2.2;
　　1.2.2.3;3.3.3.2;3.3.3.3;
　　2.3.3.4;3.1.1.2;3.1.1.3;
　　3.2.2.3;3.2.2.4;3.3.3.1;
　　3.3.3.2;3.3.3.3;4.1.1.1;
　　4.1.1.2;4.1.1.4;4.2.2.2;
　　4.2.2.3;4.2.2.4;5.1.1.2;
　　5.1.1.3
处所副词 1.1.1.1;1.2.2.1;1.2.2.

2;1.2.2.3;2.2.2.2;2.2.2.3;
3.1.1.2;3.1.1.3;3.2.2.3;3.2.
2.4;4.1.1.4;4.2.2.2;4.2.2.4;
5.1.1.2;5.1.1.3
词法 3.1.1.2;4.3.3.2
词类 3.1.1.2;4.3.3.2
词缀 3.1.1.2;4.3.3.2
催促语气 2.1.1.2

D

当事 5.3.3.3
大主语 3.1.1.2
地位副词 1.1.1.1
典型范畴 5.3.3.3
典型分布 3.1.1.3;3.2.2.4
定语 4.2.2.1;4.2.2.2;5.1.1.1;5.3.3.3
定指 5.3.3.2
动宾词组 5.2.2.4
动词性成分 2.2.2.1;2.2.2.2;2.2.2.3;2.2.2.4;5.2.2.5
动态助词 1.1.1.2
短语 2.2.2.4;4.2.2.2

F

反诘语气 2.1.1.1;2.1.1.2;2.1.1.4
范畴 3.1.1.3
范围副词 1.1.1.1;1.2.2.1;1.2.2.2;1.2.2.3;2.2.2.2;2.2.2.3;3.1.1.2;3.1.1.3;3.2.2.3;3.2.2.4;3.3.3.1;3.3.3.2;3.3.3;4.1.1.1;4.1.1.2;4.1.1.4;4.2.2.2;4.2.2.4;5.1.1.2;5.1.1.3

范围原则 3.3.3.1;3.3.3.3
范畴化 3.1.1.3;4.3.3.2;4.3.3.4
方式副词 1.1.1.2;3.3.3.1
非典型范畴 5.3.3.3
非定指 5.3.3.2
非句子副词 2.2.2.4
非确认语气 2.1.1.2;2.1.1.3;2.1.1.4
非自主性动词 5.1.1.3
非自主性副词 5.1.1.3
分布范围 3.1.1.3;3.2.2.4
否定副词 1.1.1.1;1.2.2.1;1.2.2.2;1.2.2.3;2.2.2.2;2.2.2.3;3.1.1.2;3.1.1.3;3.2.2.3;3.2.2.4;3.3.3.1;3.3.3.2;3.3.3.3;4.1.1.1;4.1.1.2;4.1.1.4;4.2.2;4.2.2.4;5.1.1.2;5.1.1.3
否定语气 2.1.1.2
附着词 3.1.1.2;4.3.3.2

G

概念距离 3.1.1.2;4.1.1.2;4.1.1.4
感叹句 4.2.2.1;5.1.1.1;5.1.1.3
感叹语气 2.1.1.2;2.1.1.3;2.1.1.4
高谓语 1.1.1.2
格 4.2.2.4
功能 1.1.1.1;1.2.2.2;2.2.2.1;2.2.2.2;2.2.2.3;2.2.2.4;3.1.1.2
功能语气 2.1.1.2;2.1.1.4
工具 5.3.3.2;5.3.3.3
共现顺序 3.3.3.1;3.3.3.2;3.3.3.3
关联副词 1.1.1.2;1.2.2.1;1.2.2.2;1.2.2.3;2.2.2.2;2.2.2.3;2.

2.2.4;3.1.1.1;3.1.1.2;3.1.1.3;3.2.2.3;3.2.2.4;3.3.3.1;3.3.2;3.3.3.3;4.1.1.1;4.1.1.2;4.1.1.4;4.2.2.2;4.2.2.4;5.1.1.2;5.1.1.3

管辖范围 3.1.1.2

H

核心成员 3.2.2.3
核心格 5.3.3.2;5.3.3.3
互补 5.3.3.1
话题 3.1.1.2
环境格 5.3.3.2;5.3.3.3
或然语气 2.1.1.2;2.1.1.3;2.1.1.4

J

及物动词 1.1.1.3;3.1.1.1
假设关系 5.2.2.2
假设语气 2.1.1.2
价 4.2.2.4;5.3.3.2
焦点 1.2.2.2
侥幸语气 2.1.1.2;2.1.1.3;2.1.1.4
接近原则 3.3.3.1;3.3.3.3
结构助词 4.1.1.3;4.2.2.1;4.2.2.2;5.2.2.4
紧缩复句 5.2.2.5
句调 2.1.1.3;2.2.2.1
句法 3.2.2.3;3.2.2.4;4.2.2.4;4.3.2;5.2.2.5
句法成分 3.2.2.3;3.2.2.4
句法功能 2.2.2.1;3.3.3.3;4.1.1.1;4.1.1.2;4.3.3.1;4.3.3.2;5.2.2.1
句法功能分类 1.1.1.3

句法结构 4.1.1.3;5.3.3.2
句法结构关系 5.3.3.2
句类 5.1.1.1
句式 5.3.3.1;5.3.3.2;5.3.3.3
句子副词 2.2.2.4
距离象似动因 3.1.1.2;3.3.3.3
决定语气 2.1.1.2

K

可能语气 2.1.1.2
可逆 5.3.3.1
肯定语气 2.1.1.1;2.1.1.2
口语 3.2.2.1;3.2.2.3;3.2.2.4;4.2.2.3;5.2.2.1
夸张语气 2.1.1.2;2.1.1.3

L

类同副词 3.3.3.1
类推 4.1.1.2
类推泛化 5.2.2.5;5.3.3.2
连续统 5.3.3.3
料定语气 2.1.1.2;2.1.1.3;2.1.1.4
料悟语气 2.1.1.2
领悟语气 2.1.1.2;2.1.1.3;2.1.1.4
论理语气 2.1.1.2
履义语气 2.1.1.2;2.1.1.4

M

描摹性副词 1.1.1.2,3.3.3.1
名词性成分 3.1.1.2;5.2.2.3;5.2.2.5
命令语气 2.1.1.2
命题 3.1.1.2
模态副词 3.3.3.1

模态语气 2.1.1.2;2.1.1.4

N

能产性 5.2.2.3
能力语气 2.1.1.2;2.1.1.4
能愿语气 2.1.1.2;2.1.1.4
黏着 4.2.2.1;4.2.2.4;4.3.3.3;4.3.3.4
黏着形式 5.3.3.3

P

偏句 5.2.2.2
偏正结构 4.2.2.1;5.1.1.1
评注性副词 1.1.1.2;3.1.1.1
评判语气 2.1.1.2;2.1.1.4

Q

祈使句 5.1.1.1;5.1.1.3
祈使语气 2.1.1.2;2.1.1.4
歧义 5.3.3.2
潜宾语 4.2.2.4;5.3.3.3
潜主语 4.2.2.4;5.3.3.3
情感语气 2.1.1.2
情态副词 1.1.1.1;1.2.2.1;1.2.2.2;1.2.2.3;2.2.2.2;2.2.2.3;3.1.1.2;3.1.1.3;3.2.2.3;3.2.2.4;3.3.3.1;3.3.3.2;3.3.3.3;4.1.1.1;4.1.1.2;4.1.1.4;4.2.2.2;4.2.2.3;4.2.2.4;5.1.1.2;5.1.1.3
请求语气 2.1.1.2
强调 4.1.1.3
强调语气 2.1.1.3
轻读 5.2.2.5

确认语气 2.1.1.2;2.1.1.3;2.1.1.4

R

让步复句 2.1.1.2
让步关系 2.1.1.1
忍受语气 2.1.1.2
认知 3.1.1.2;3.1.1.3;3.2.2.3;4.1.1.2
认知语言学 4.3.3.2
认知语气 2.1.1.2;2.1.1.4

S

省略 3.2.2.3;4.2.2.4;5.2.2.4;5.3.3.2;5.3.3.3
施事 3.1.1.2;5.3.3.2;5.3.3.3
时间副词 1.1.1.1;1.2.2.1;1.2.2.2;1.2.2.3;2.2.2.2;2.2.2.3;3.1.2;3.1.1.3;3.2.2.3;3.3.3.1;3.3.3.2;3.3.3.3;4.1.1.1;4.1.1.2;4.1.1.4;4.2.2.2;4.2.2.3;4.2.2.4;5.1.2;5.1.1.3
实体词 1.1.1.1
使用频率 3.2.2.4
始发句 5.2.2.2
受事 3.1.1.1;5.3.3.2;5.3.3.3
书面语 3.2.2.3;4.2.2.3
数量副词 1.1.1.1;3.1.1.1
数量结构 3.1.1.2;3.1.1.3;5.2.2.2
数量(名)3.1.1.2;5.2.2.3;5.2.2.5
述宾结构 5.2.2.4;5.3.3.2
述题 3.1.1.2

T

体词性成分 3.1.1.1;4.2.2.1

索 引

W

外围格 5.3.3.2;5.3.3.3
委婉语气 2.2.2.3
谓词性成分 3.1.1.1;4.2.2.1;4.2.2.2;4.2.2.3;4.2.2.4
谓语 2.2.2.2;2.2.2.3;2.2.2.4;3.2.2.3;3.2.2.4;4.2.2.1;4.2.2.4
未然 5.2.2.2
无标记 3.1.1.3;3.2.2.4;5.3.3.3
无奈语气 2.1.1.3

X

羡余 3.2.2.3
限定副词 3.3.3.1
限制性副词 1.1.1.2
小主语 3.1.1.1;3.1.1.2
协同副词 1.1.1.2;3.3.3.1
形容词性成分 1.1.1.1;1.1.1.3;2.2.1;2.2.2.3;2.2.2.4;5.2.2.3;5.2.2.5
形式 1.1.1.2
形态 1.1.1.2
形态学 3.1.1.2;4.3.3.2
性态副词 1.1.1.1
修辞 4.1.1.4
虚化 4.1.1.2;4.2.2.2;4.2.2.3
选择复句 2.1.1.2
询问语气 2.1.1.2;2.1.1.4

Y

疑问代词 3.1.1.2;3.1.1.3
疑问副词 1.1.1.1
疑问句 5.1.1.1;5.1.1.3
疑问语气 2.1.1.2;2.1.1.4
已然 5.2.2.2
意义 1.1.1.1;1.2.2.3;3.2.2.4
意愿语气 2.1.1.2;2.1.1.4
意志语气 2.1.1.2
义项 1.2.2.3;3.2.2.4
易位 3.2.2.1;3.2.2.2;3.2.2.3;3.2.2.4
音节 3.1.1.2;3.2.2.1;3.2.2.2;3.2.2.3;3.2.2.4;4.1.1.2;4.1.1.4;4.2.2.4
音位 3.1.1.2
因果关系 5.2.2.2
因素 3.1.1.2
优势序列 3.2.2.3;3.2.24;5.1.1.3
有标记 3.1.1.3;3.2.2.4;5.3.3.3
与事 5.3.3.3
语调 5.1.1.1
语法意义 5.2.2.1;5.2.2.2
语境 5.2.2.2;5.2.2.3;5.2.2.5
语篇原则 3.3.3.1;3.3.3.3
语气 2.1.1.1;2.1.1.2;2.1.1.3;2.1.1.4;4.2.2.2
语气词 2.1.1.1;2.1.1.2;5.2.2.4
语气副词 1.1.1.1;1.1.1.2;1.2.2.1;1.2.2.2;1.2.2.3;2.2.2.2;2.2.2.3;2.2.2.4;3.1.1.2;3.1.1.3;3.2.2.3;3.2.2.4;3.3.3.1;3.3.2;3.3.3.3;4.1.1.1;4.1.1.2;4.1.1.4;4.2.2.2;4.2.2.3;4.2.2.4;5.1.1.2;5.1.1.3
语气功能 2.1.1.1
语势 2.1.1.2

语体 3.2.2.3;3.2.2.4;4.2.2.3
语意 2.1.1.2
语义 3.2.2.3;4.2.2.2;5.1.1.2;5.2.2.5
语义范畴 3.1.1.2;4.3.3.2
语义关系 5.2.2.2;5.3.3.2
语义结构关系 5.3.3.2
语义特征 5.1.1.3
语音 3.2.2.3;5.2.2.5
语用 3.2.2.4;3.3.3.3;4.1.1.3;5.2.2.5
语用含义 5.2.2.2;5.2.2.5
原型成员 4.3.3.2
原型效应 4.3.3.2;5.3.3
允许语气 2.1.1.2;2.1.1.4

Z

真宾语 1.1.1.3
真实准则 3.2.2.3
中心成员 3.2.2.3
中心语 1.1.1.2;3.1.1.1;4.2.2.4;5.3.3.3
重读 5.2.2.5
周遍性主语 3.1.1.2;3.1.1.3
主句 5.2.2.2
主题 3.1.1.2
主谓结构 5.2.2.4
主谓谓语句 3.1.1.1
主语 2.2.2.2;2.2.2.3;2.2.2.4;3.1.1.1;3.1.1.2;3.1.1.3;4.2.2.2;5.3.3.3
状语 3.2.2.1;3.2.2.2;3.2.2.3;3.2.2.4;4.1.1.1;4.1.1.2;4.1.1.3;4.1.1.4
准定语 1.1.1.2
自主性动词 5.1.1.3
自主性副词 5.1.1.3
自由 4.2.2.1;4.2.2.2;4.2.2.4;4.3.3.2;4.3.3.3;4.3.3.4;5.3.3.3
总括副词 3.3.3.1;3.3.3.2

后记

《汉语水平词汇与汉字等级大纲》问世已经十多年了。这部大纲无论是在汉语水平考试方面,还是在对外汉语教材编写、课堂教学等方面,都发挥了巨大的、不可估量的指导作用。该大纲一共收录了337个副词,这些副词有些过去虽然有过一些论述,但是十分零散,很不系统,而且大多不是从学习者的角度来研究的,因此缺乏针对性、实用性。众所周知,副词是对外汉语教学的一个重点,也是一个难点,作为"汉语水平考试"的一部重要大纲,有必要对这些副词做一个详细的、系统的分析。笔者是从事对外汉语教学的教师,深感有责任和义务来做这项工作。出于这种认识,笔者很早就开始对"词汇大纲"中的副词进行研究,经过几年的努力,终于完成了这部书稿。

本书首次对《汉语水平词汇与汉字等级大纲》中收录的副词进行定量、定性分析,这么做的目的有两个:一是希望通过研究,能够让读者,特别是从事对外汉语教学的教师,对"词汇大纲"中的副词有一个全面、系统的了解,以利于教学和编写教材。二是希望能够为国家汉语水平考试委员会办公室考试中心将来对"词汇大纲"进行修订时提供一些参考。由于本人水平有限,书中不当之处在所难免,敬请专家和读者批评、指正。

本书在编辑、出版过程中,得到了不少支持和帮助。北京大学出版社汉语及语言学编辑室的沈浦娜主任、杜若明副主任,在出版立项十分紧张的情况下,优先给予立项;恩师赵金铭教授百忙之中欣然为本书作序;张谊生教授不仅拨冗披阅了书稿,而且给予了充分的肯定,并提出了一些宝贵的建议。在此一并表示诚挚的感谢!

杨德峰

2008年5月